AF478024

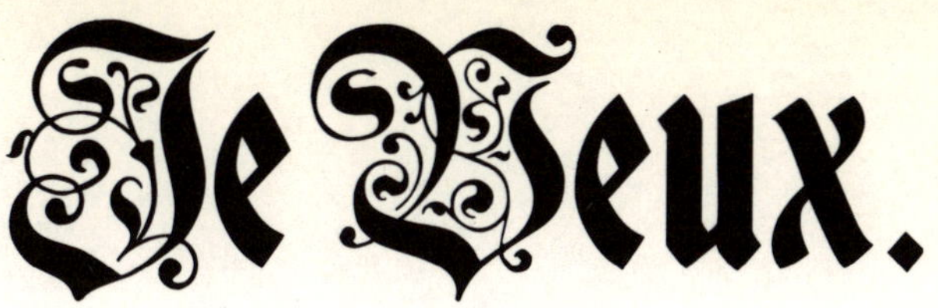

Je Veux.

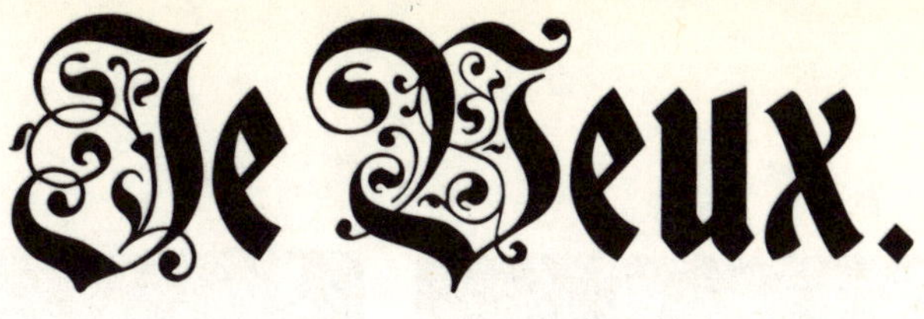

Demandez donc à un artiste ce qu'il veut aujourd'hui : il vous le dira sans hésiter, librement et sans complexe. 230 artistes ont ainsi répondu à l'appel de onestar press en décidant, chacun selon son mode, de dire simplement "Je Veux."
Les 230 "Je Veux." sont réunis en un seul livre et font écho à tous ces livres déjà faits d'une collection dont le propre est de grossir de jour en jour, de tous ces *veux* que les artistes d'aujourd'hui formulent au monde qui est le nôtre.

Ask an artist what he/she wants today, and he/she will answer freely, without any hesitation or complex. Thus 230 artists have responded to onestar press's request by deciding, each in his/her own way, to simply say "I Want."
The 230 responses to "I Want." have been brought together in a single book that recalls all the books already in our collection, which grows apace day by day, while it also articulates the desires of the artists who make up our world.

Nun fragen Sie bitte einen Künstler danach, was er heute will : er wird es Ihnen ohne zu zögern, frei und ohne Komplexe sagen. 230 Künstler sind dem Aufruf von onestarpress gefolgt und haben sich jeder auf seine Weise entschlossen, ganz einfach „Ich will." zu sagen.
Diese 230 „Ich will." sind in einem Buch zusammen gefasst und gleichzeitig beziehen sie sich auf all jene schon veröffentlichten Bücher einer Sammlung, die jeden Tag wächst, enstanden aus den Wünschen, die die Künstler von heute in dieser unserer Welt formulieren.

Chiedete a un artista ciò che vuole oggi: ve lo dirà senza esitare, liberamente e senza complessi. 230 artisti hanno così risposto all'invito di Onestar Press decidendo, ciascuno a suo modo, di dire semplicemente "Voglio".
I 230 "voglio" sono raccolti in un libro unico che riecheggia i libri già realizzati per una collana pensata per accrescersi ogni giorno con i desideri che gli artisti di oggi inviano al nostro mondo.

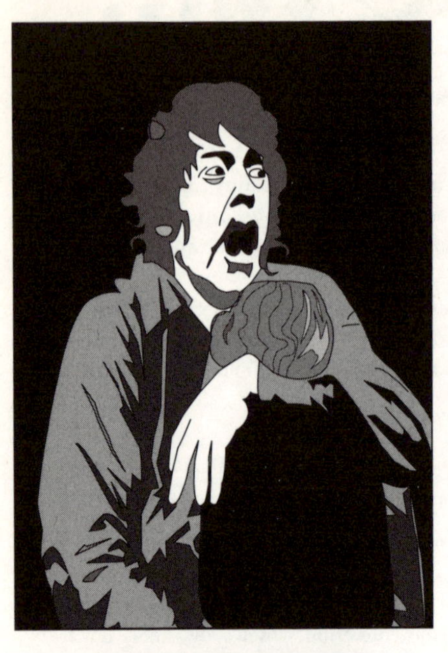

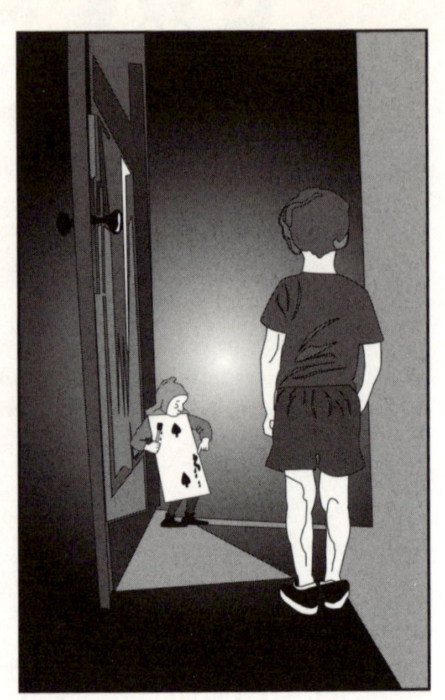

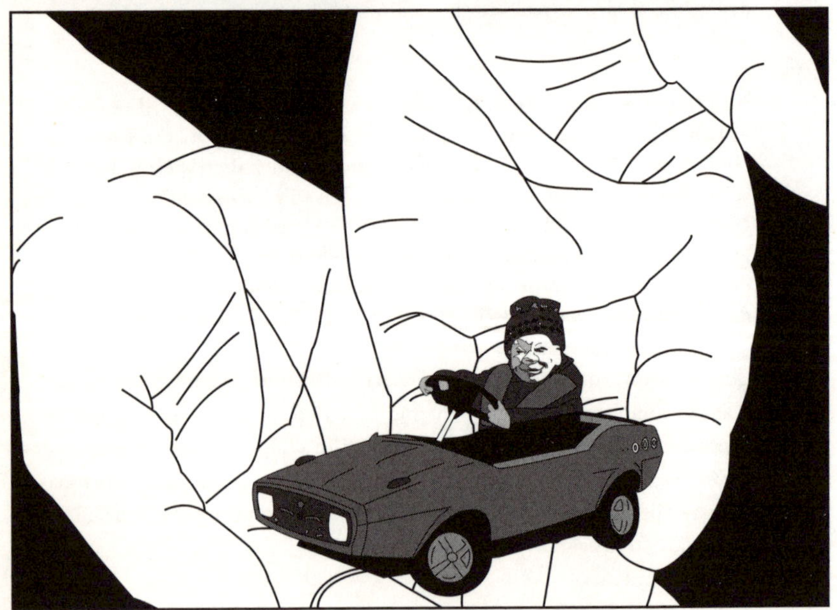

Virginie Barré

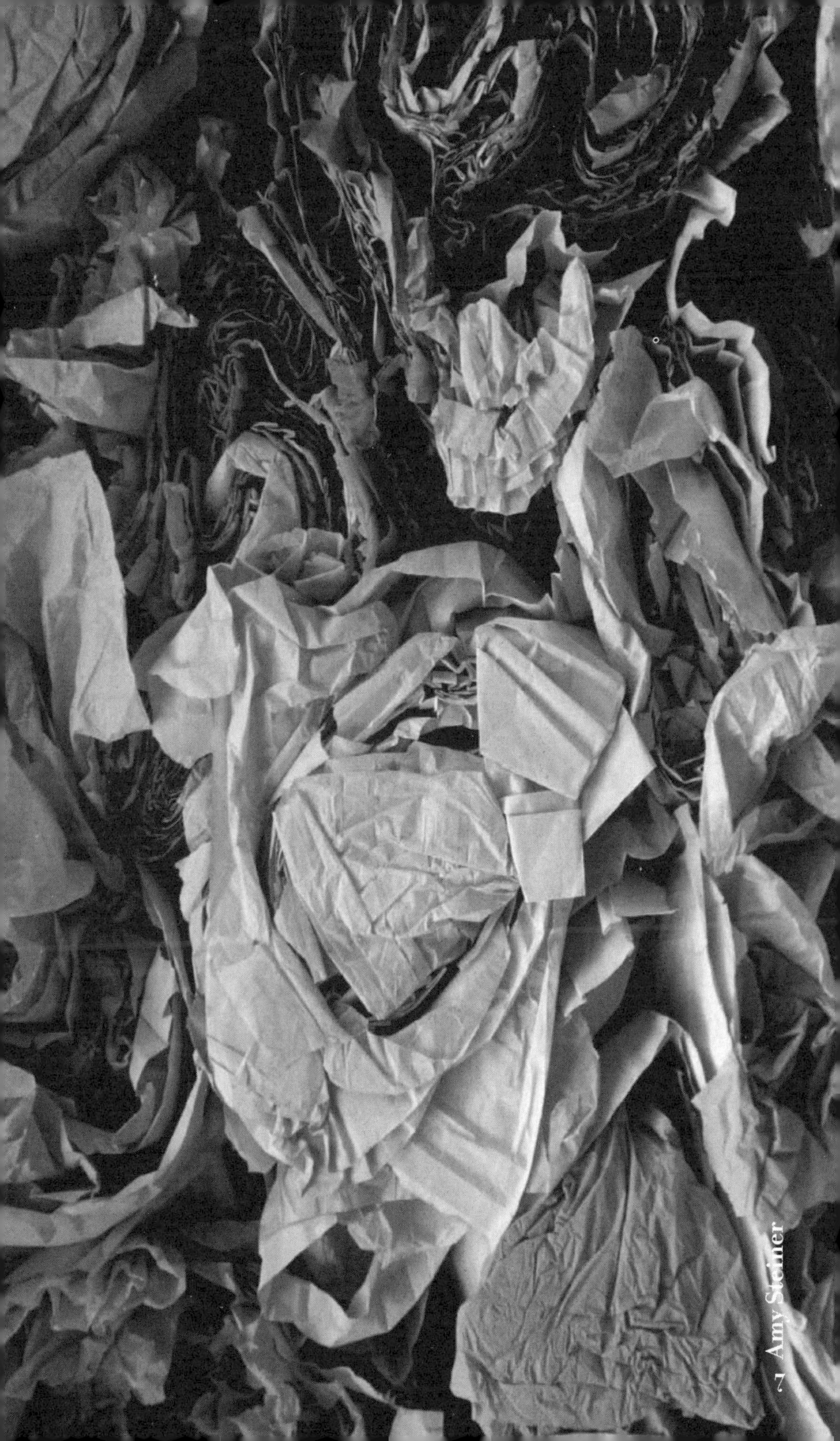

Amy Steiner

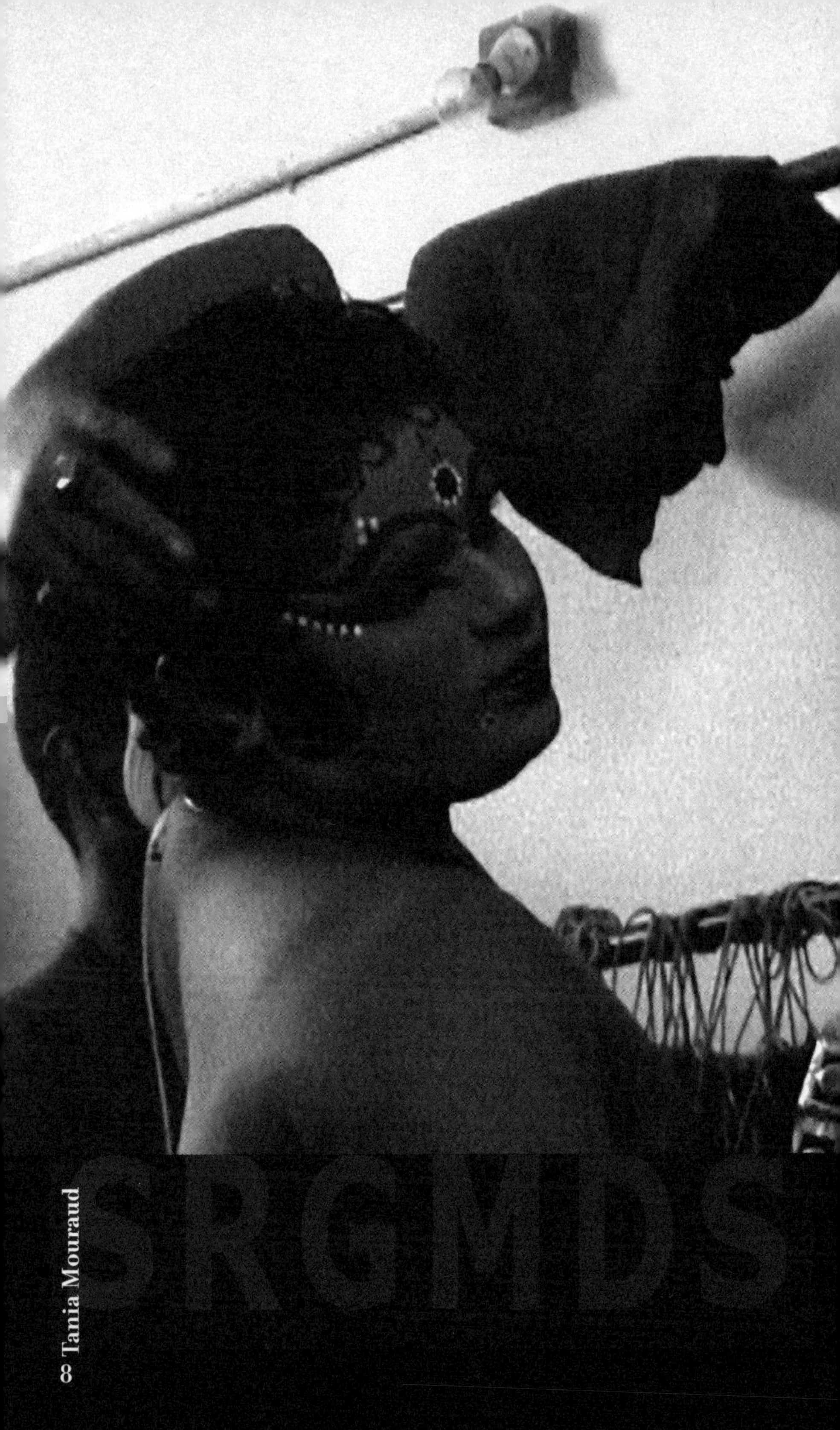

8 Tania Mouraud

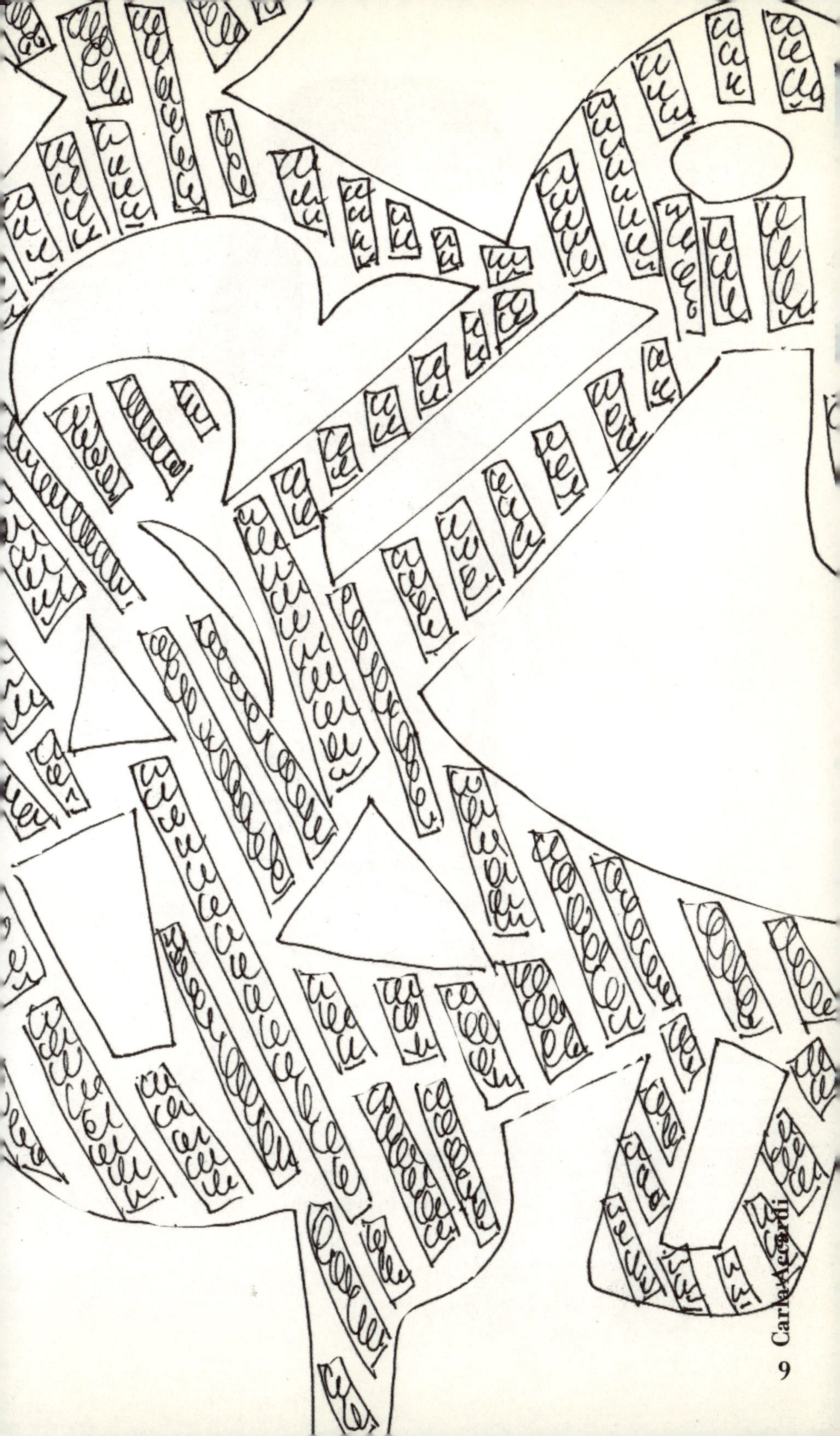
Carol Agardi

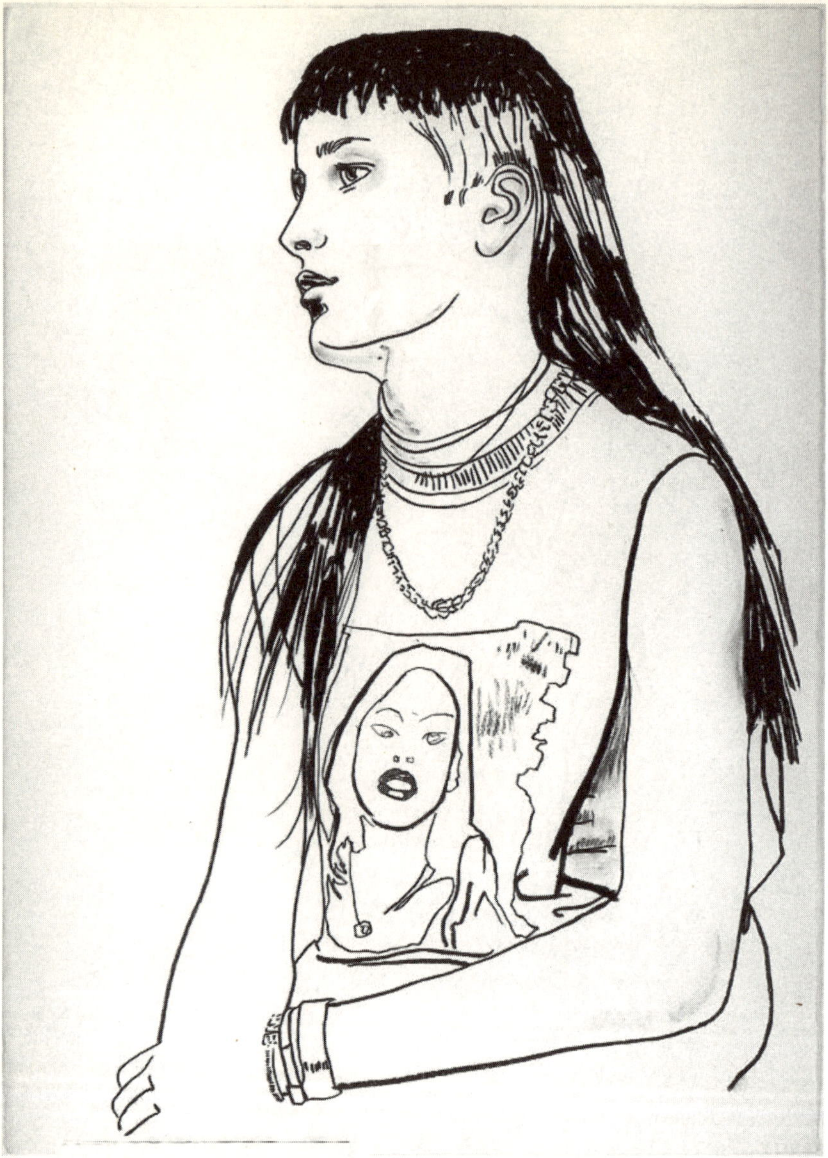

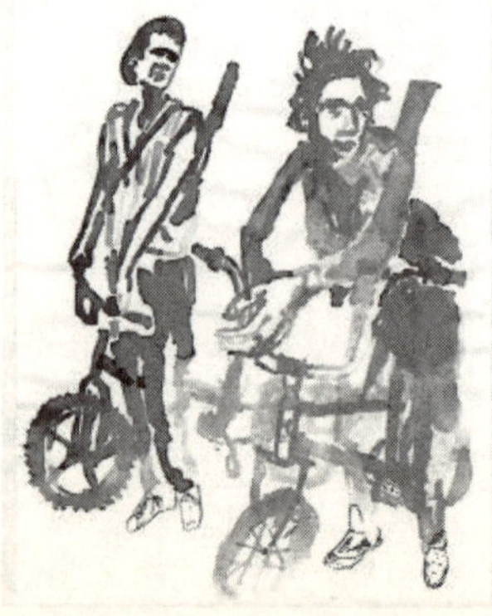

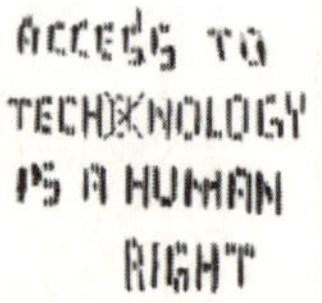

ACCESS TO
TECHNOLOGY
IS A HUMAN
RIGHT

JE VEUX
UNE SUITE
ET PAS
UNE FIN

PHILIPPE CAZAL

I want to be

zen

but

I never

will

Slavica Perkovic

**

M'appellerait quelqu'un
Par le nombre que
Je suis. Durerait l'amour
Encore longtemps et
Saisirait dans les mots avec violence ce que
Nous sommes. Reste entre
Chair et sang
La brèche. Le bonheur
Là où il touche
Effraie la profondeur
<u>(des Cheveux)</u>.

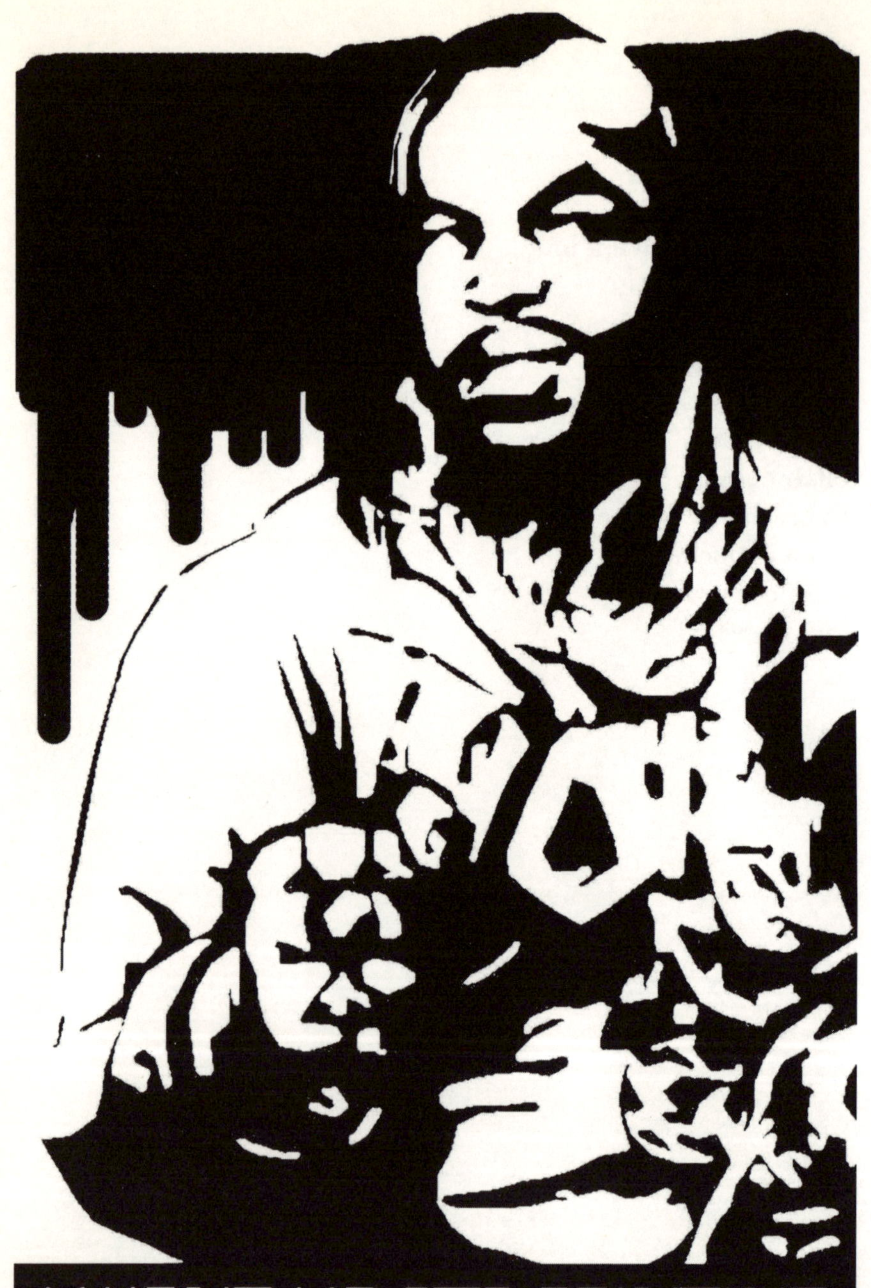

Joris Bacquet

14

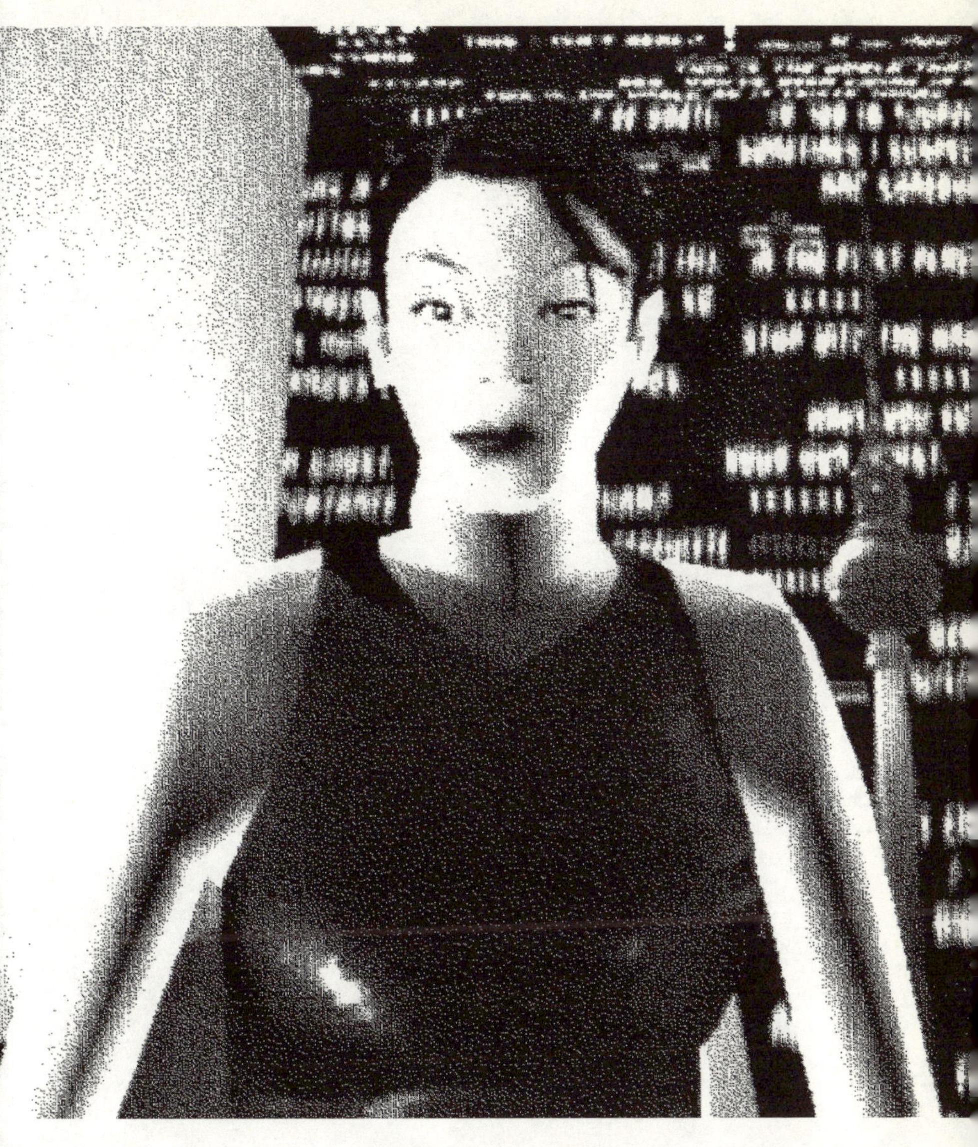

15 Felix S. Huber

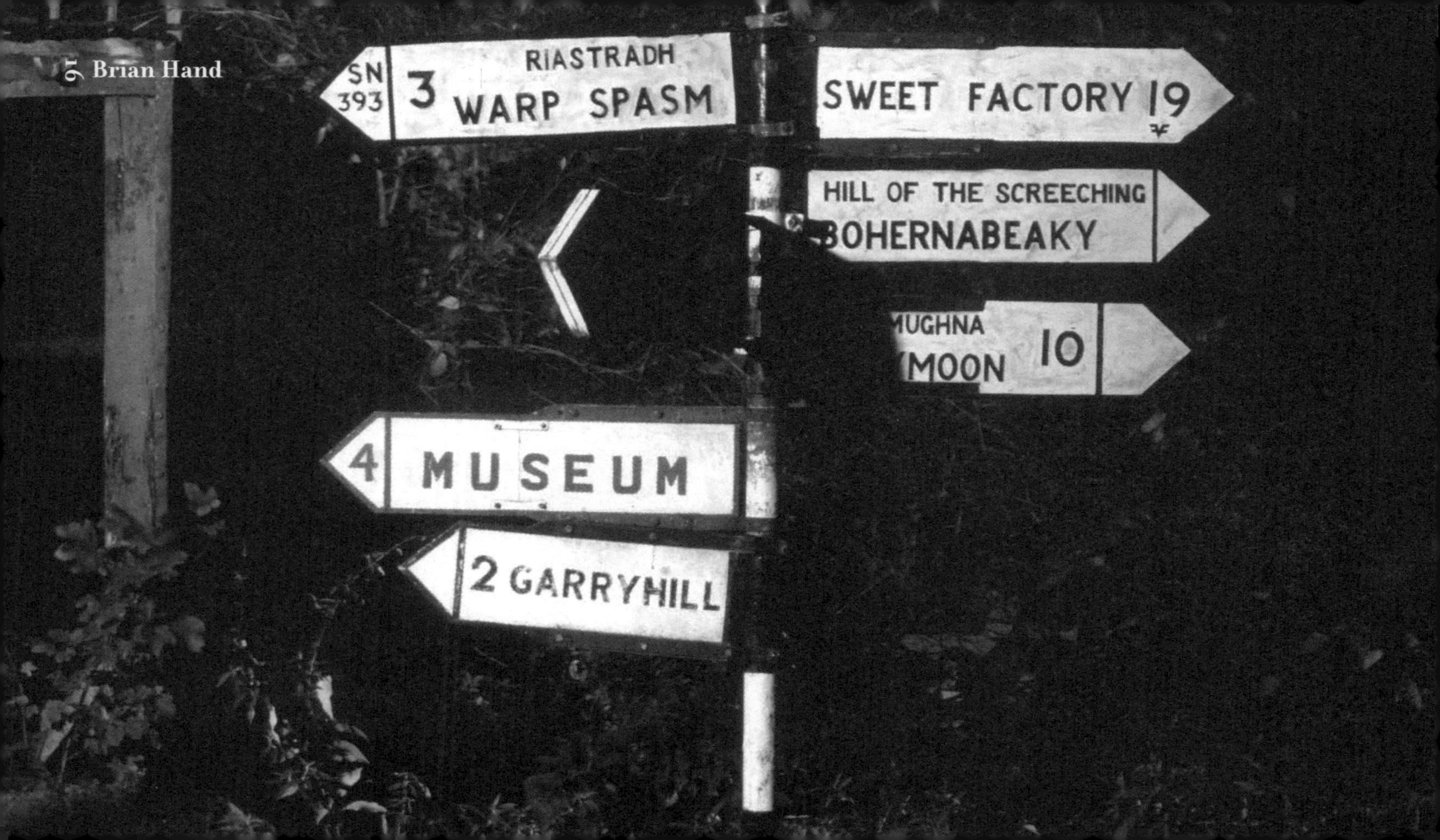

SWEET FACTORY 19
HILL OF THE SCREECHING
BOHERNABEAKY
MUGHNA
MOON 10
RIASTRADH
3 WARP SPASM
SN 393
MUSEUM 4
2 GARRYHILL

generation

mart & linkage

demon first

doubtful garden

hermit futon

awash kipper

timon patternon

happy-clappy ritz

sherbert & serge

joke & dingo crampon

treacly ermine

some sailor would

central foyer

curated by hands rich orbits

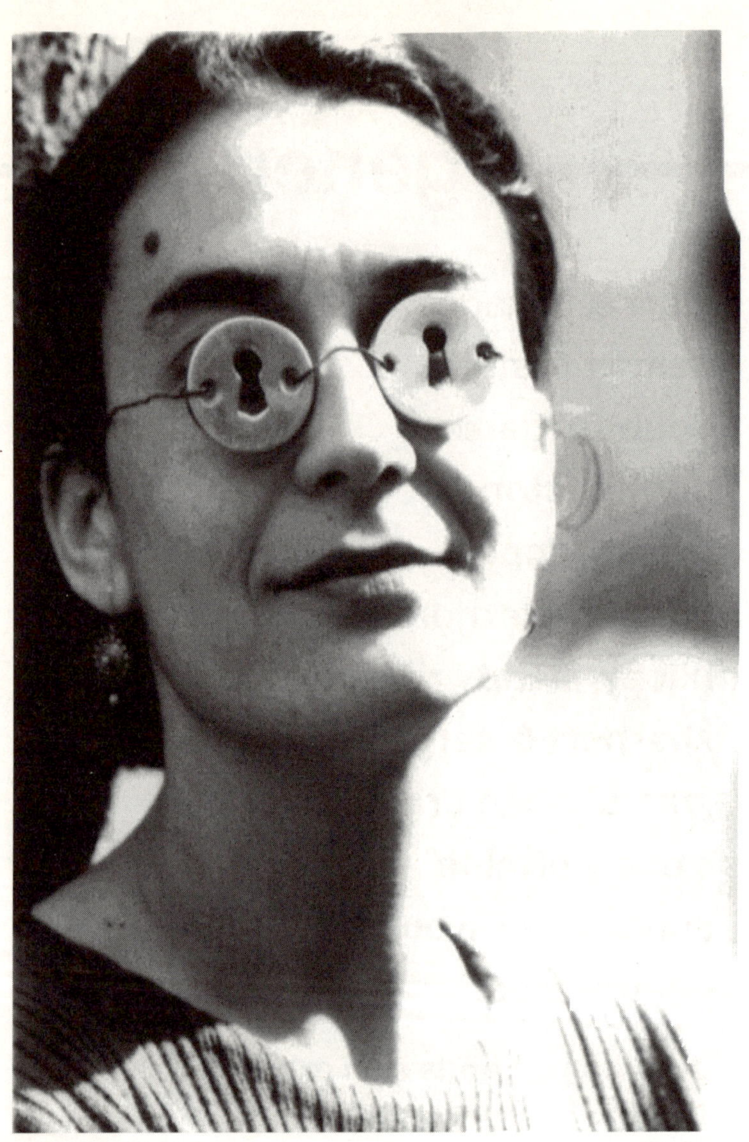

 Bruna Esposito

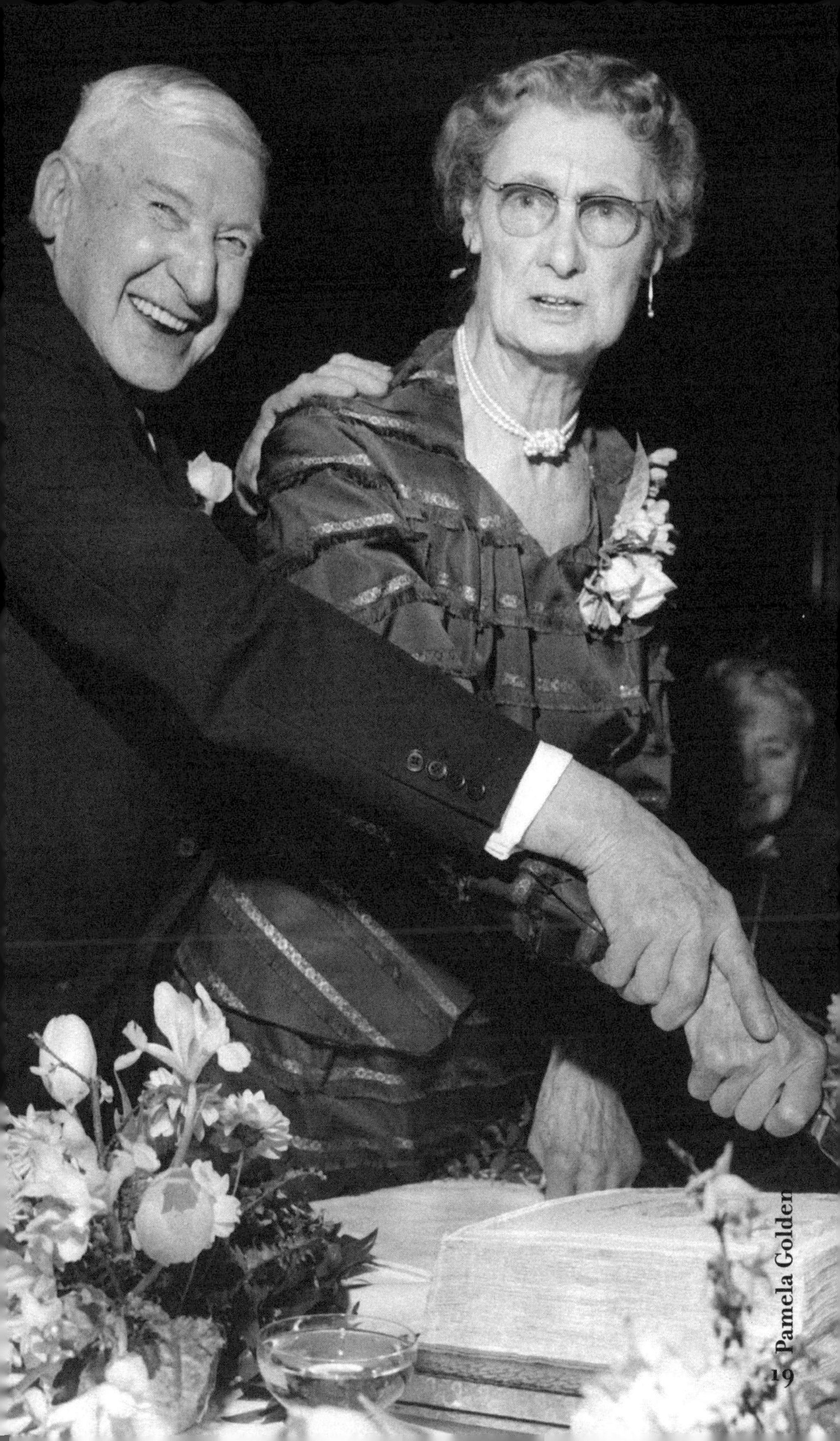
Pamela Golder

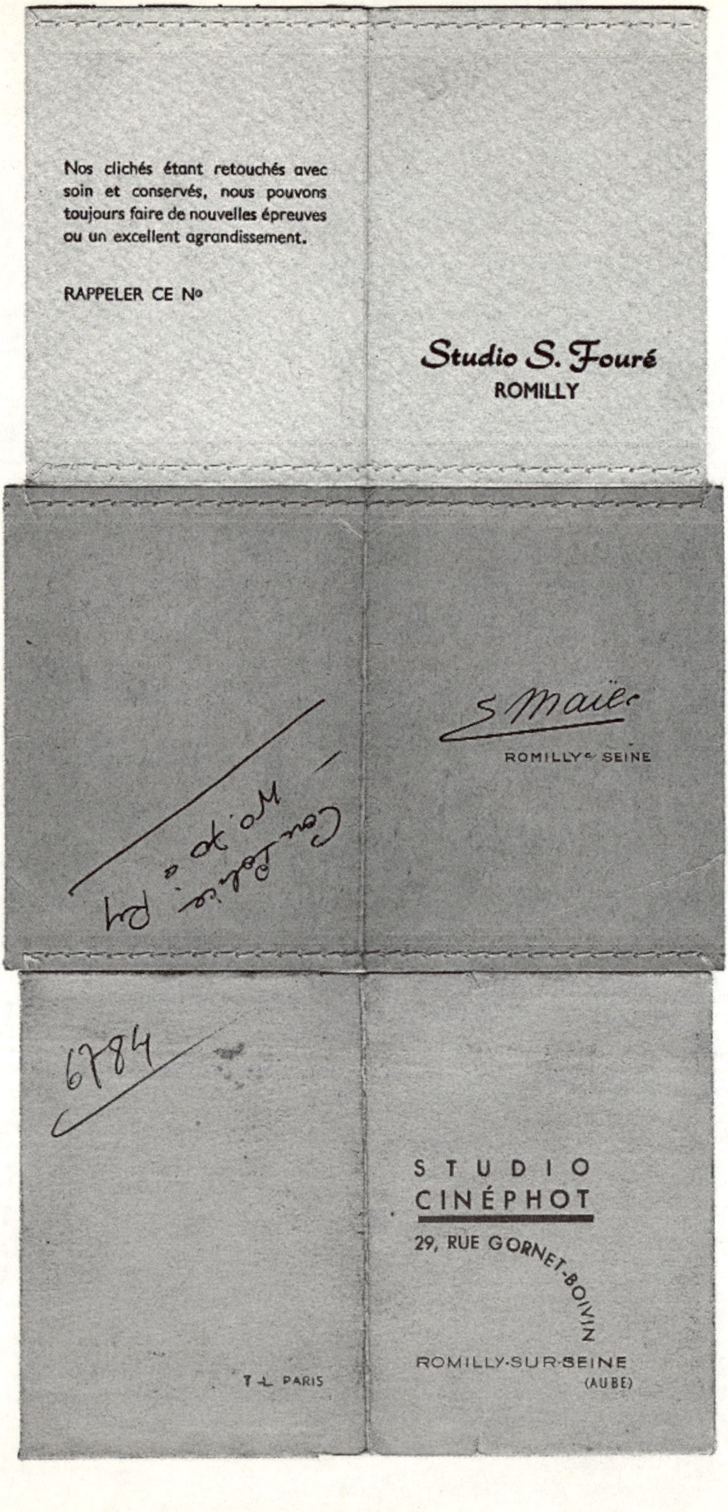

Nos clichés étant retouchés avec soin et conservés, nous pouvons toujours faire de nouvelles épreuves ou un excellent agrandissement.

RAPPELER CE No

Studio S. Fouré
ROMILLY

S Maïe
ROMILLY-s-SEINE

6784

T L PARIS

STUDIO
CINÉPHOT
29, RUE GORNET-BOIVIN
ROMILLY-SUR-SEINE
(AUBE)

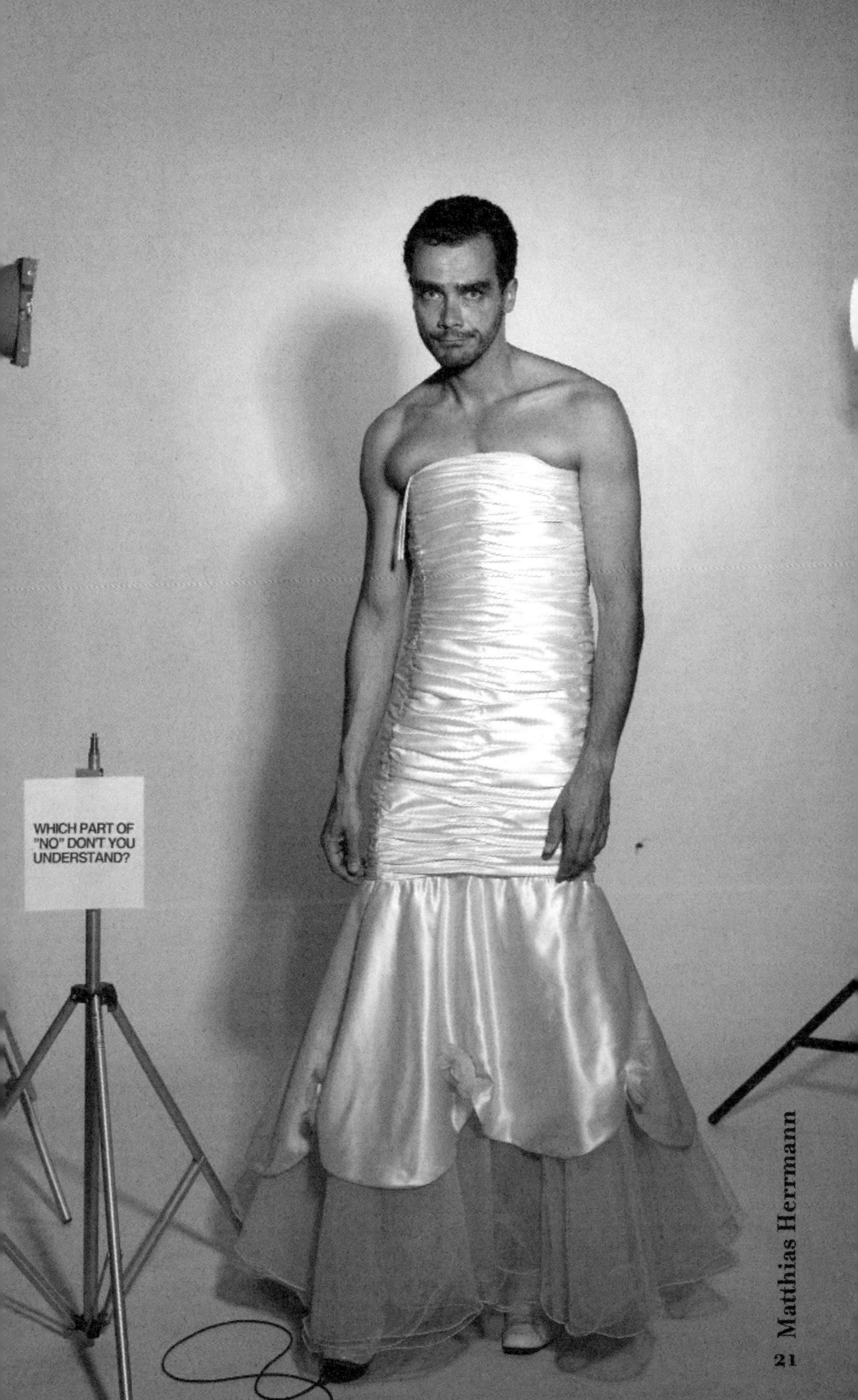

Matthias Herrmann

For each cup...

there is no

they will not

they will not

not used

having

they will starve

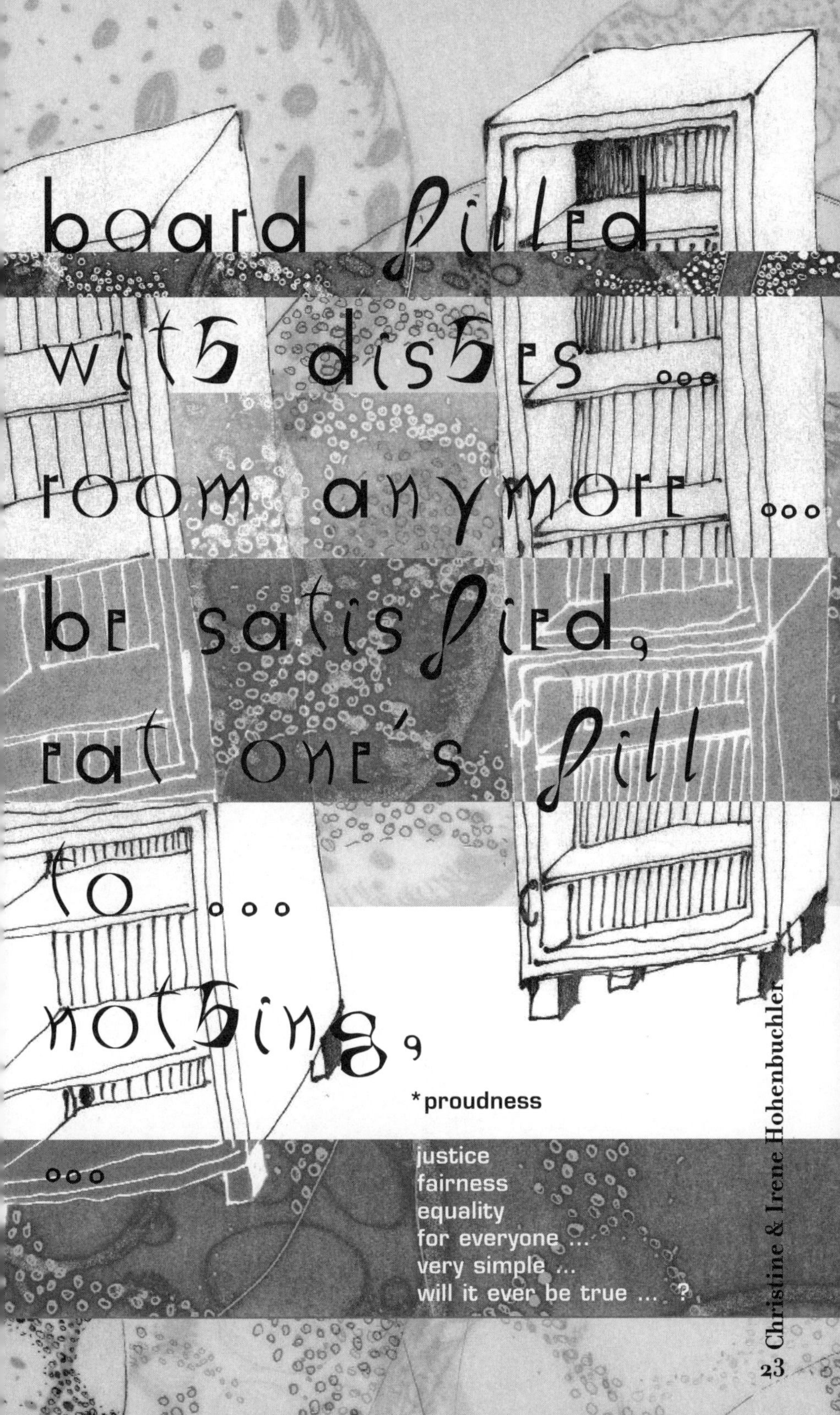

Christine & Irene Hohenbuchler

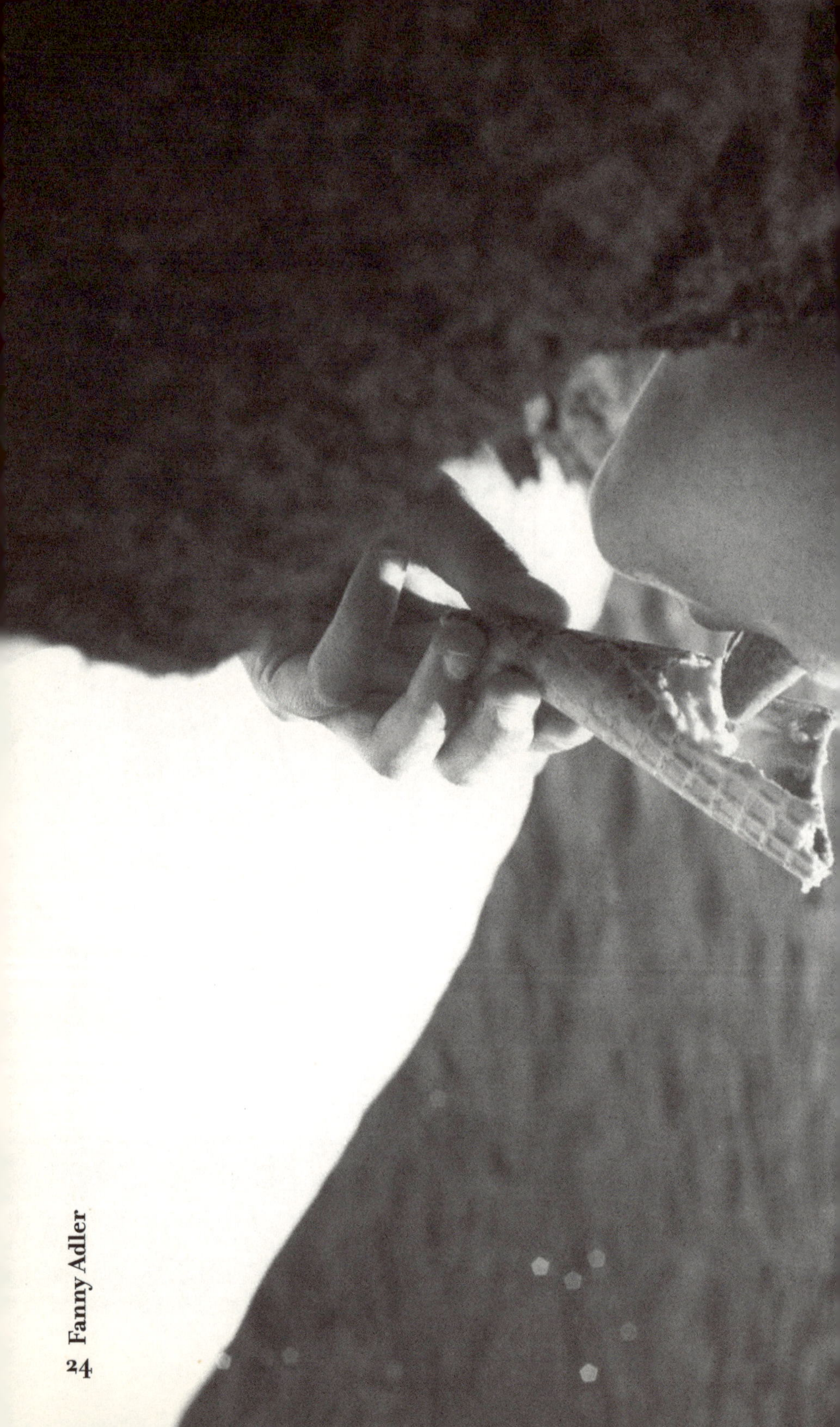

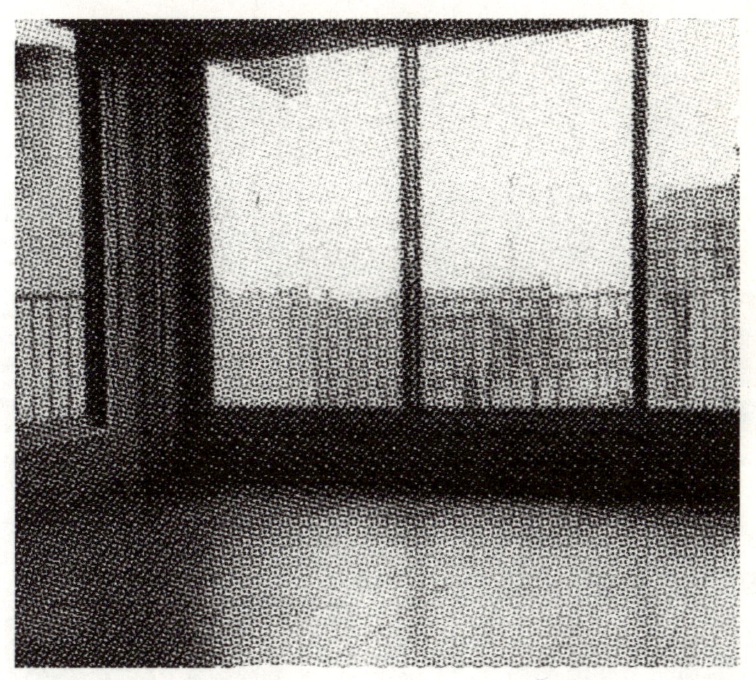

Hubert Renard, *Je veux*, 1991

photographie couleur, 100 x 86 cm

collection particulière

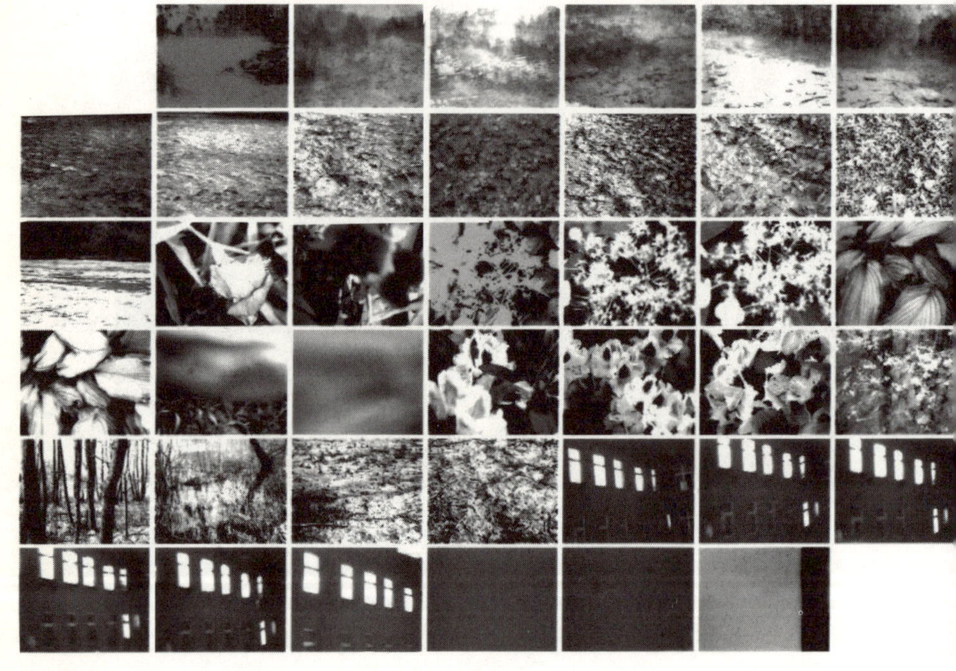

Gertrud Fischbacher

26

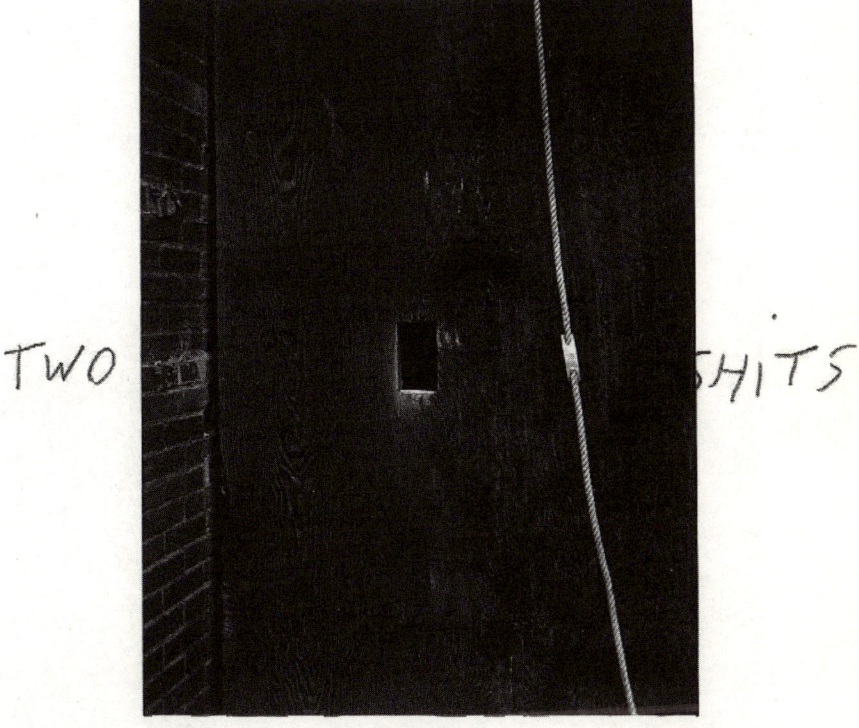

"Je veux" = "i don't give"

John Gossage

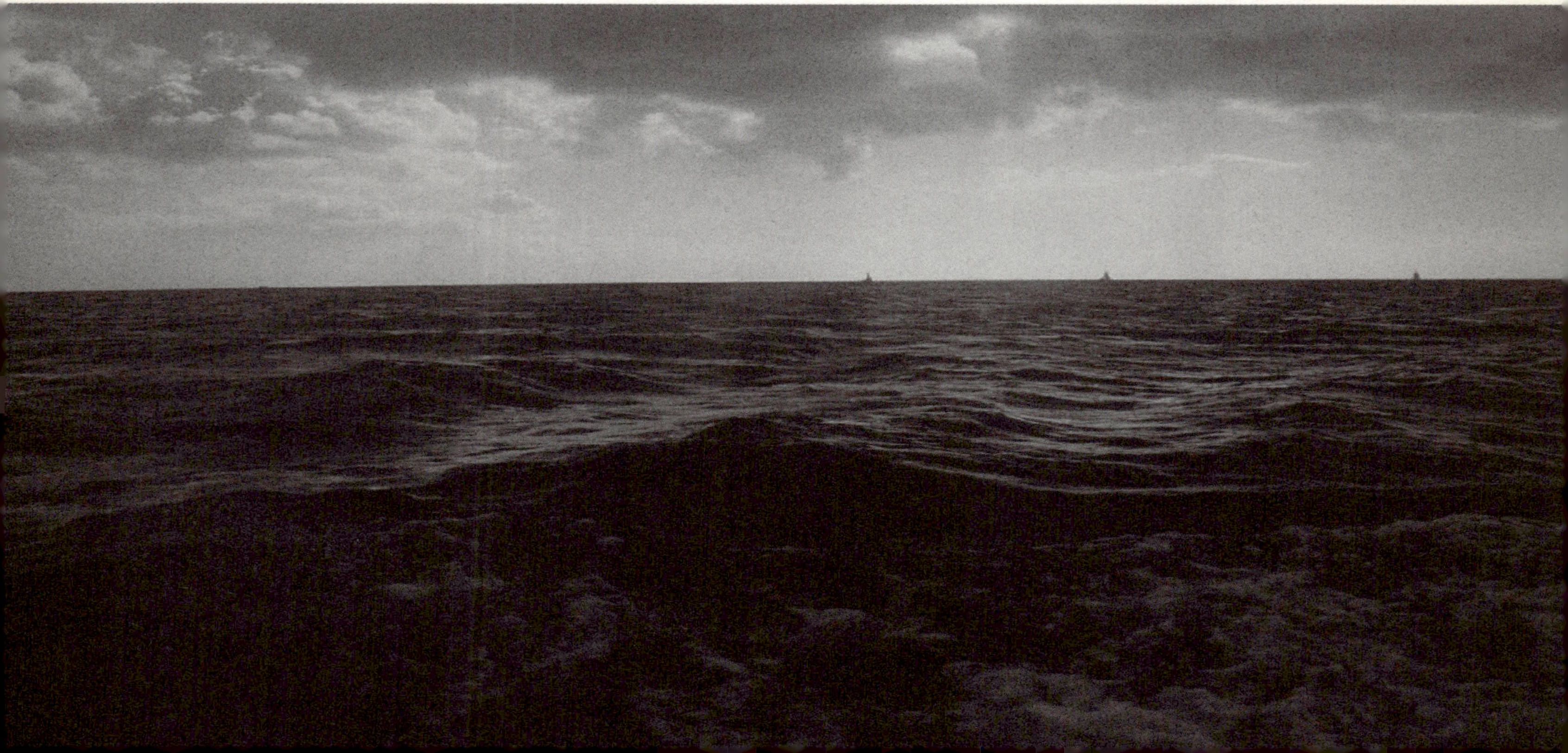

I want to write something as intelligent and cool as Jeff Rian
and Nicholas Mir did.

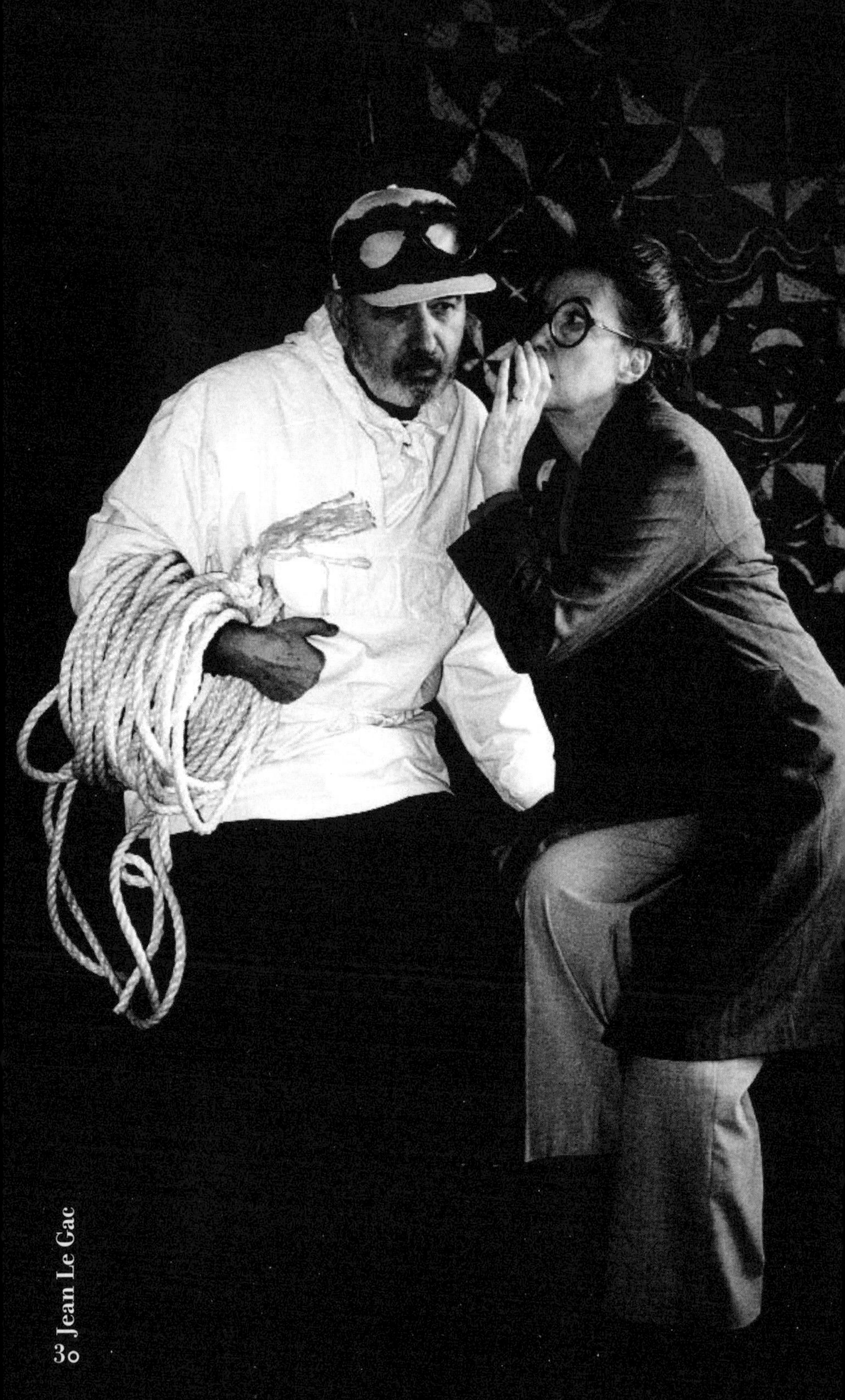

 Jean Le Gac

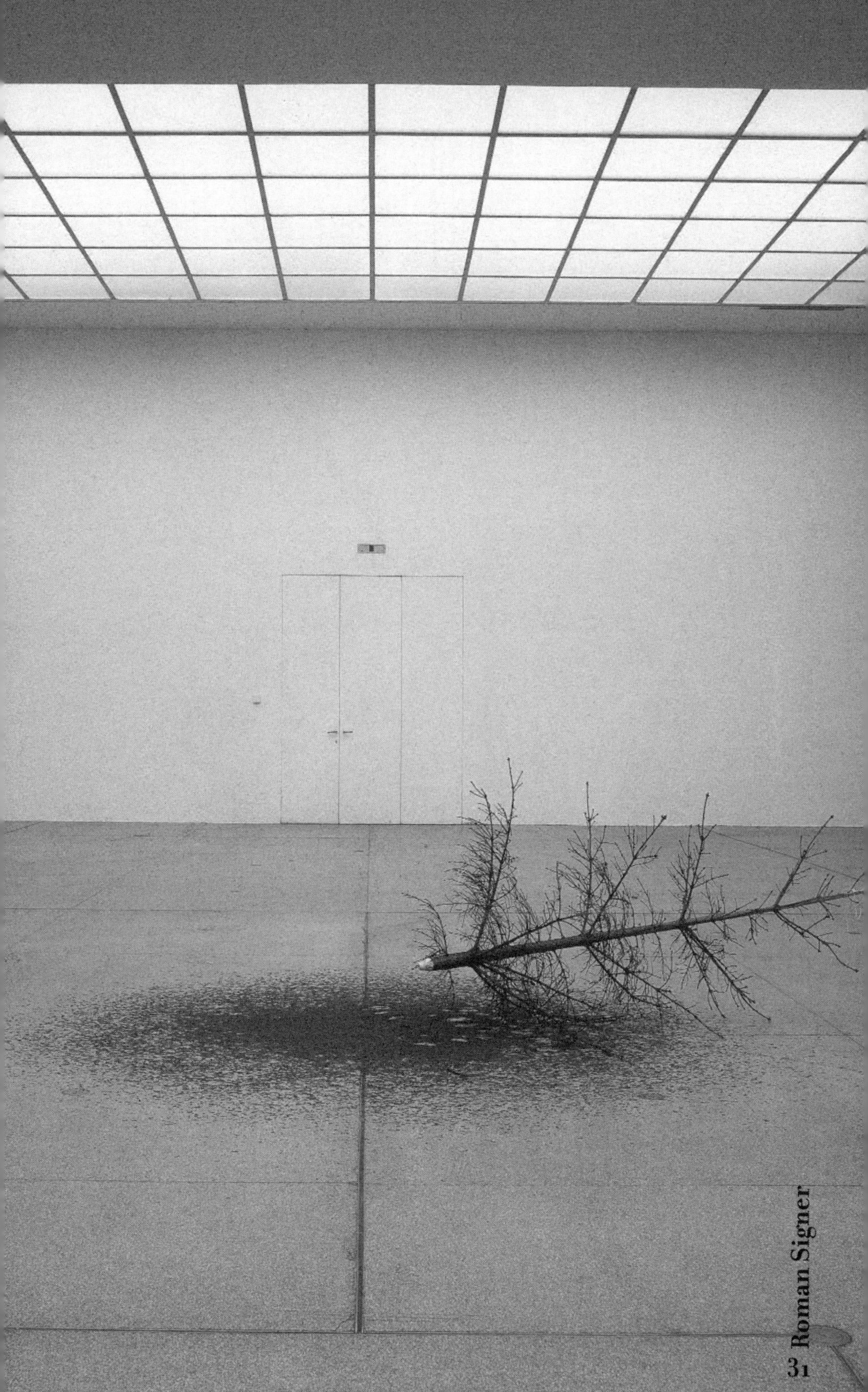

Roman Signer

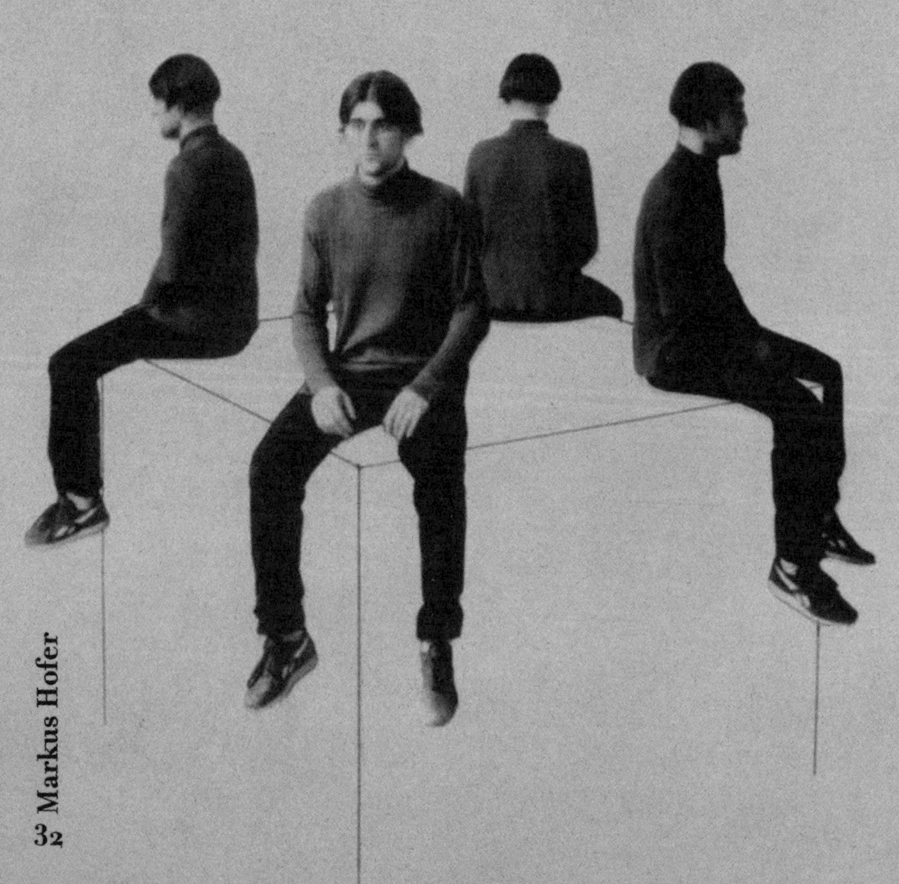

 Markus Hofer

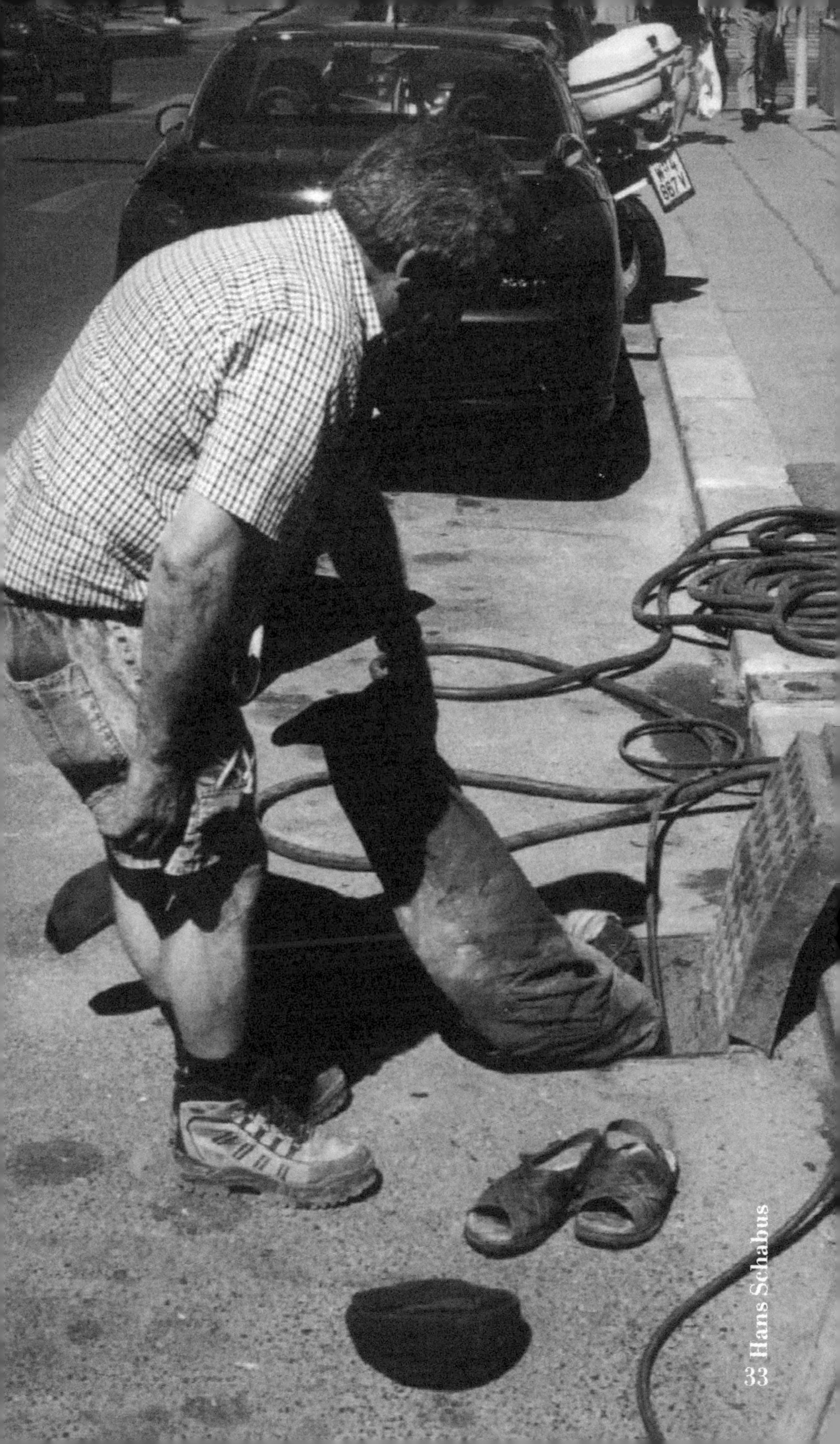

33 Hans Schabus

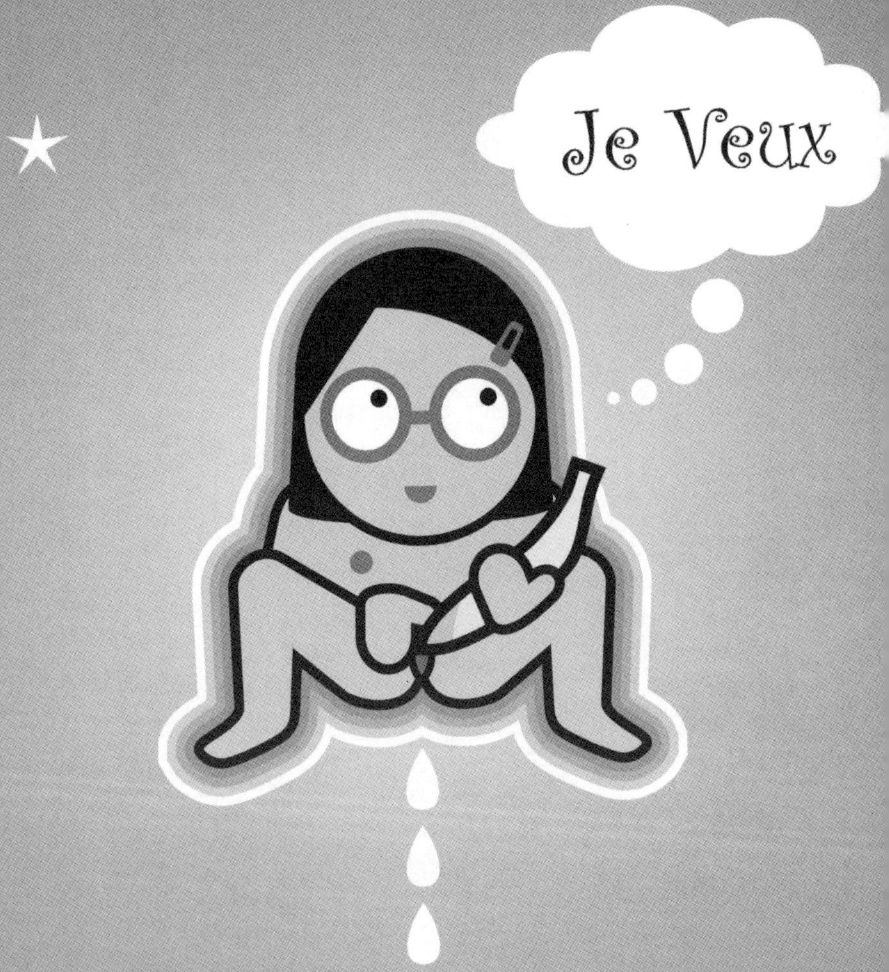

Je Veux

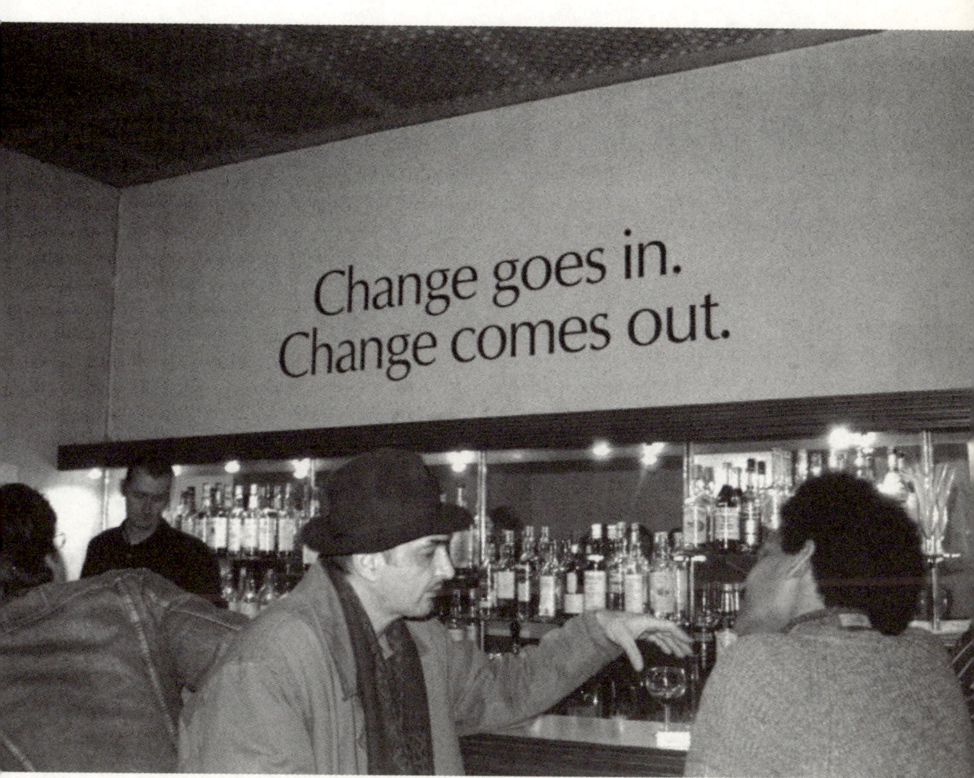

Change goes in.
Change comes out.

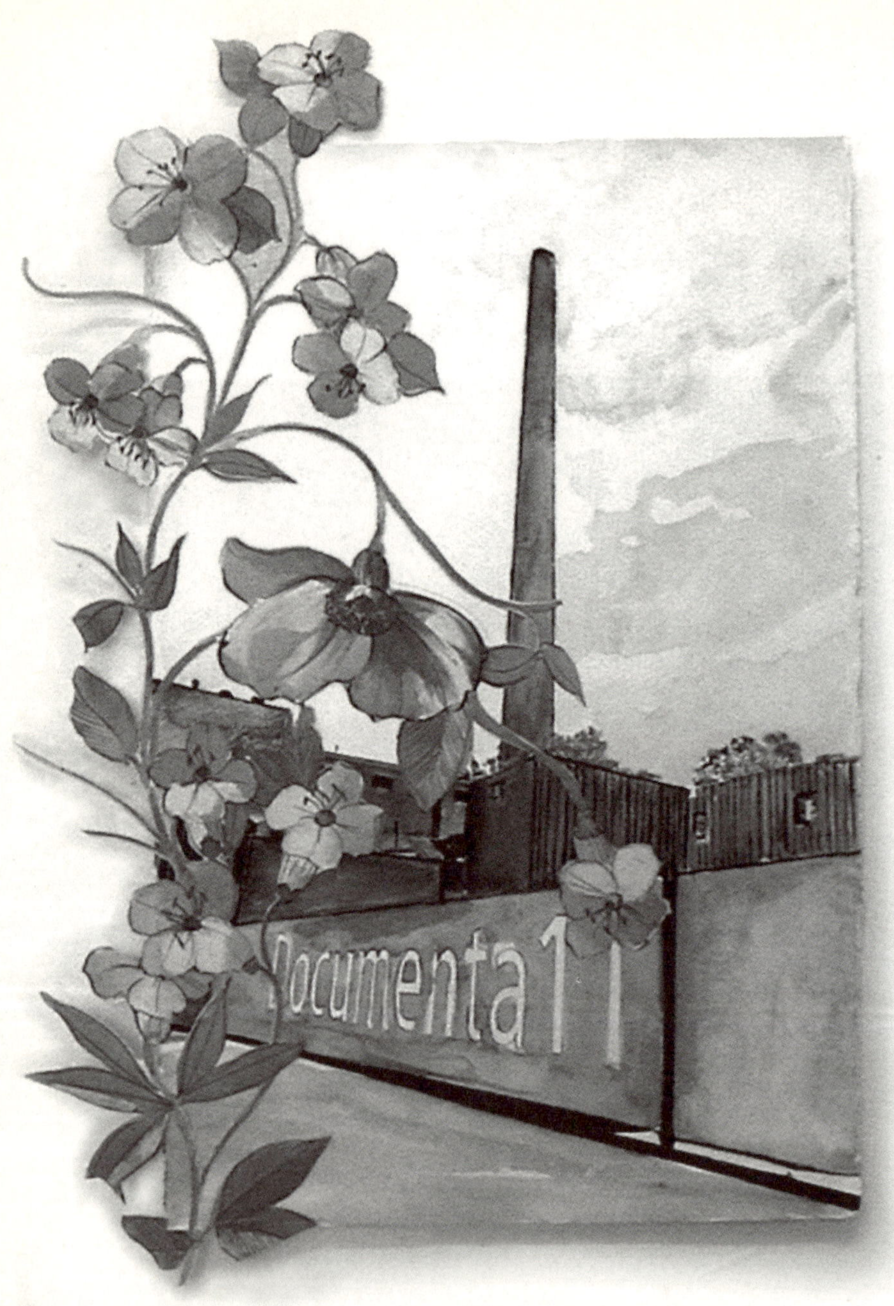

Documenta 1 1

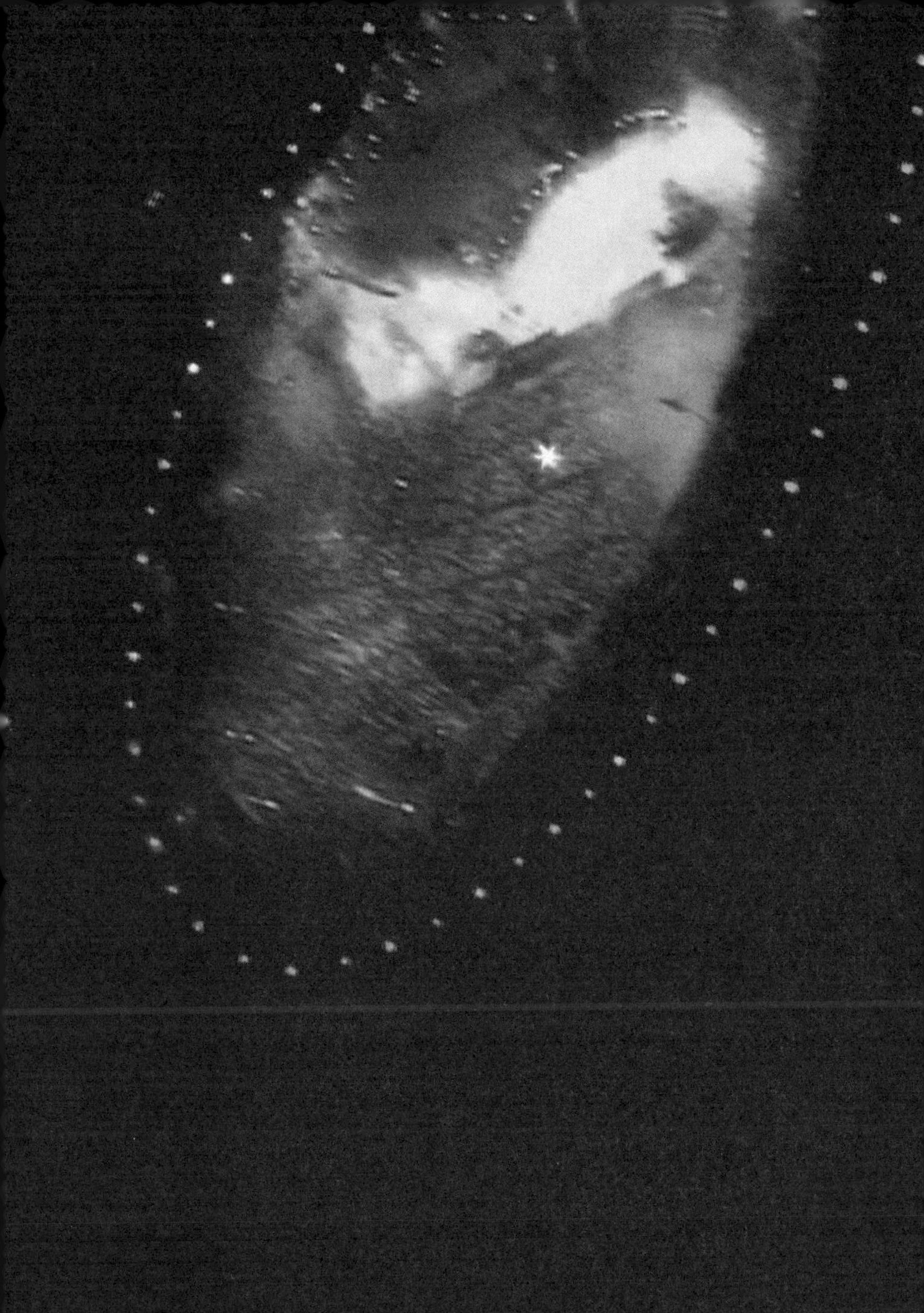

 Grazia Toderi

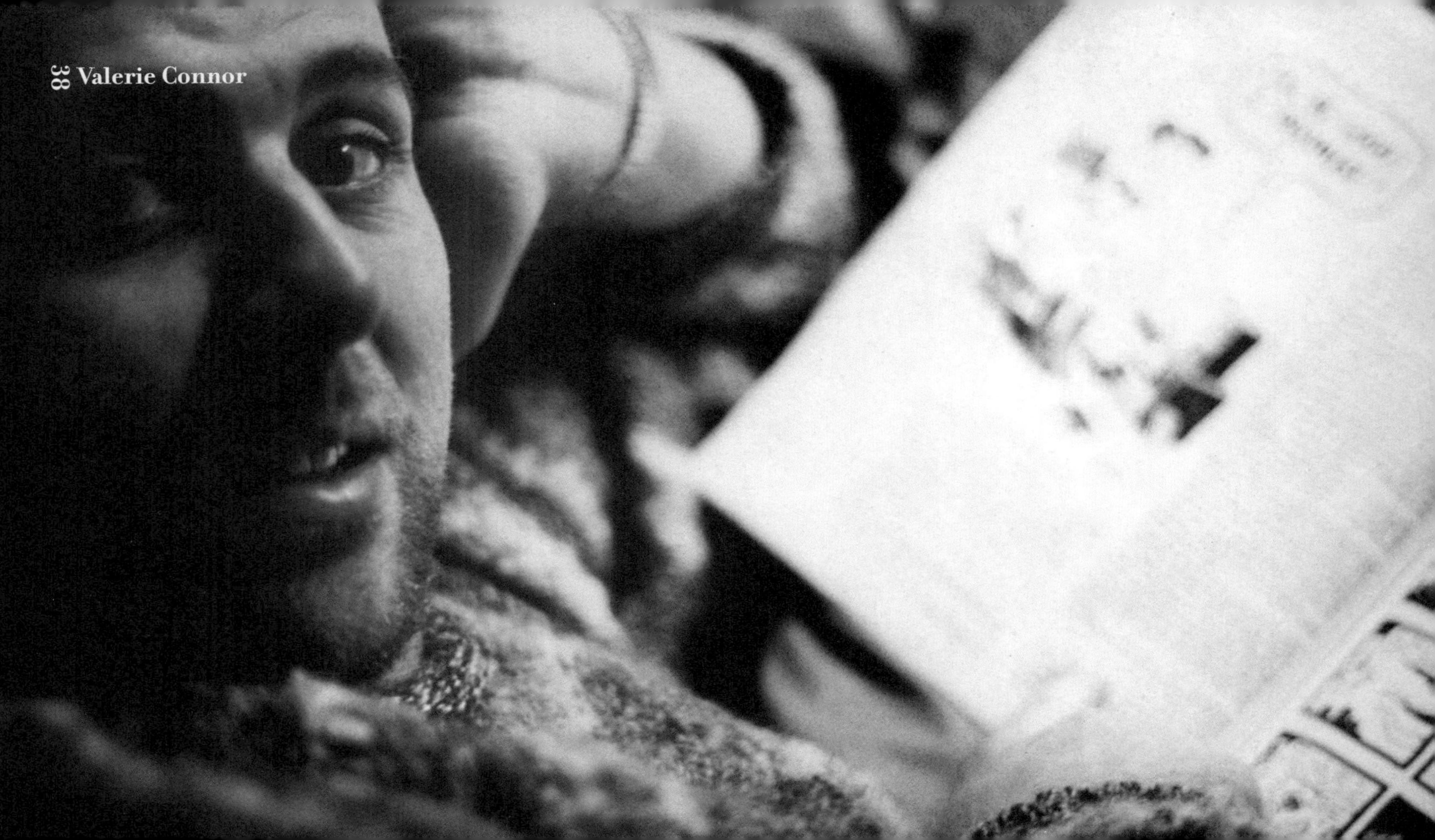

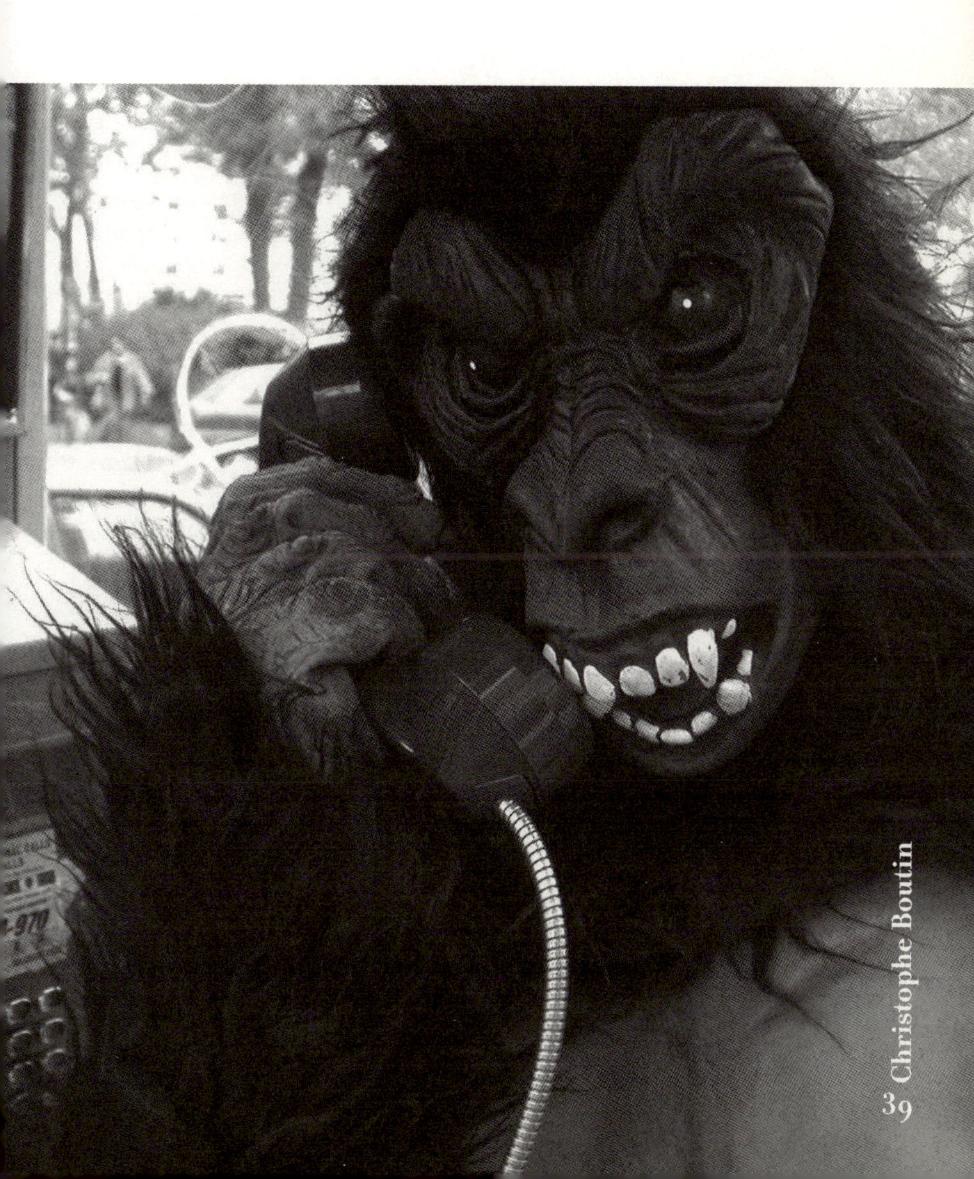

Christophe Boutin

39

Crystal (*extrait du scénario*)

Iron :
Je ne pars pas sans lui.

Ils se regardent.

Iron :
Et cette fortune, elle est où, maintenant ?

Sogho :
Loin sous la neige, Moi, je ne peux rien en faire. J'ai besoin de contacts dans le milieu. Un receleur. (Un silence.) Ton Koji pourra faire l'affaire. Le type, il est mort. Ryu. S'il s'en était sorti, il aurait pu m'aider. De toute façon, c'était trop récent, tu comprends ? Il fallait du temps. Que ça s'oublie. Je me suis donné un an. Et un an, c'est dans cinq jours, maintenant.

Un silence. Elle le regarde.

Iron :
Pourquoi moi ?

Sogho :
Je veux te faire partager un moment unique.

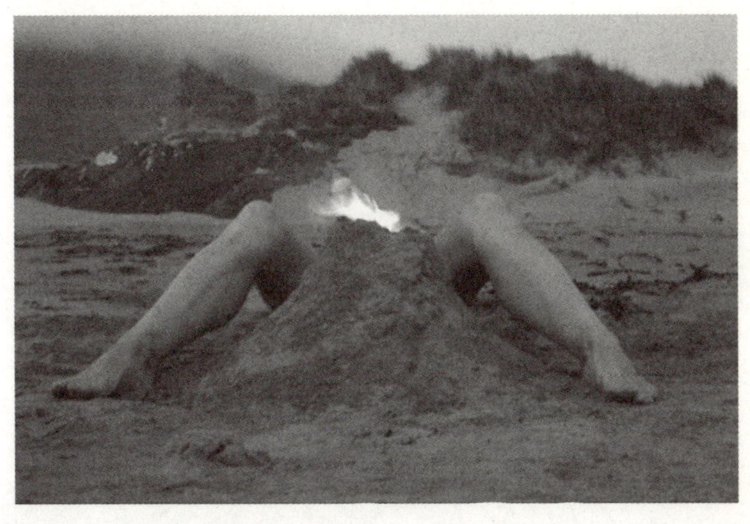

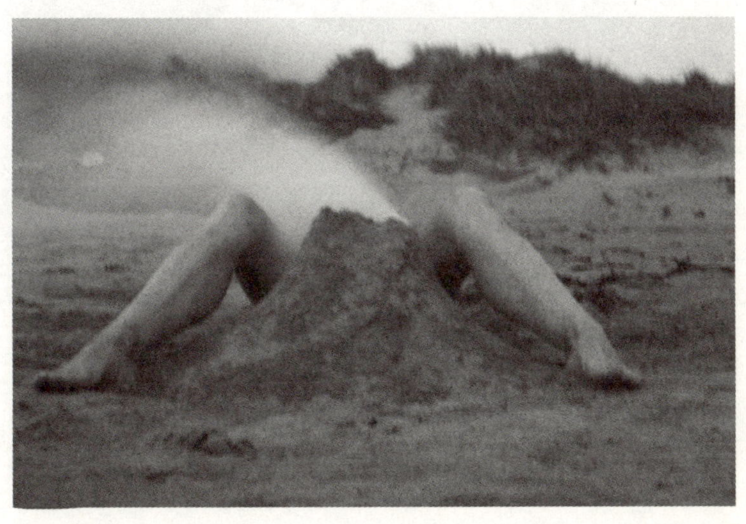

 Dorothy Cross

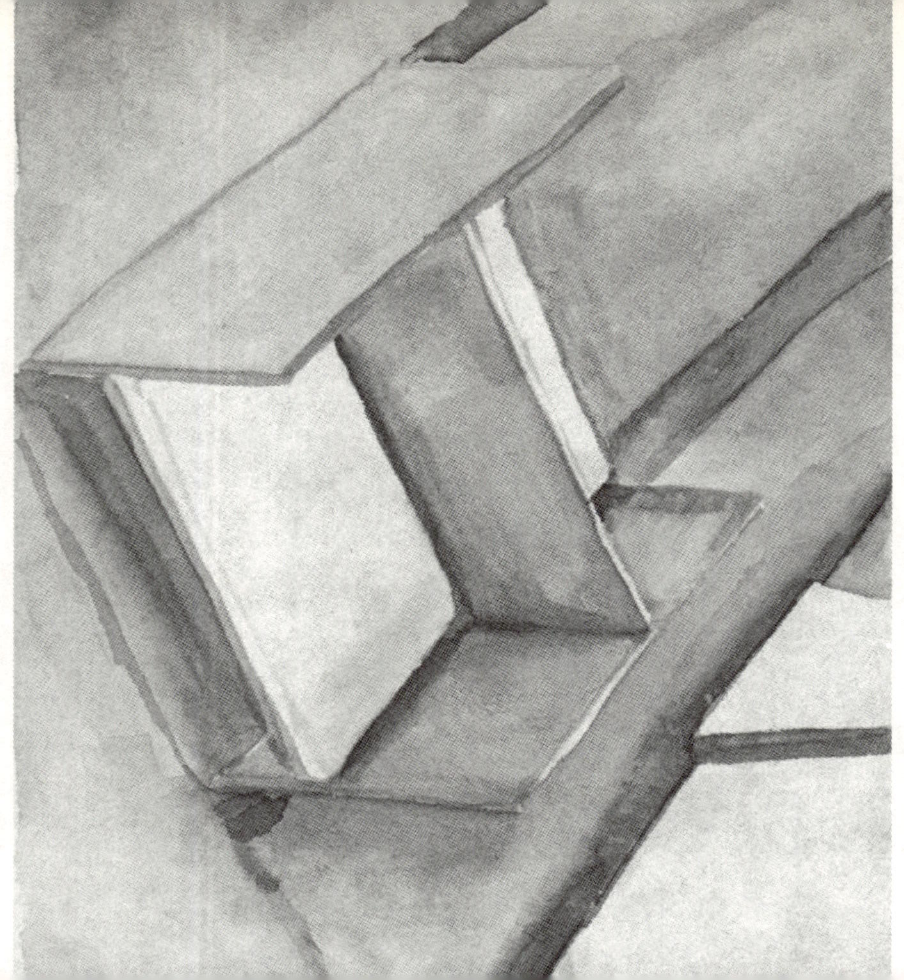

 Marie Shannon

the

green

green

grass

home

Martin Gostner

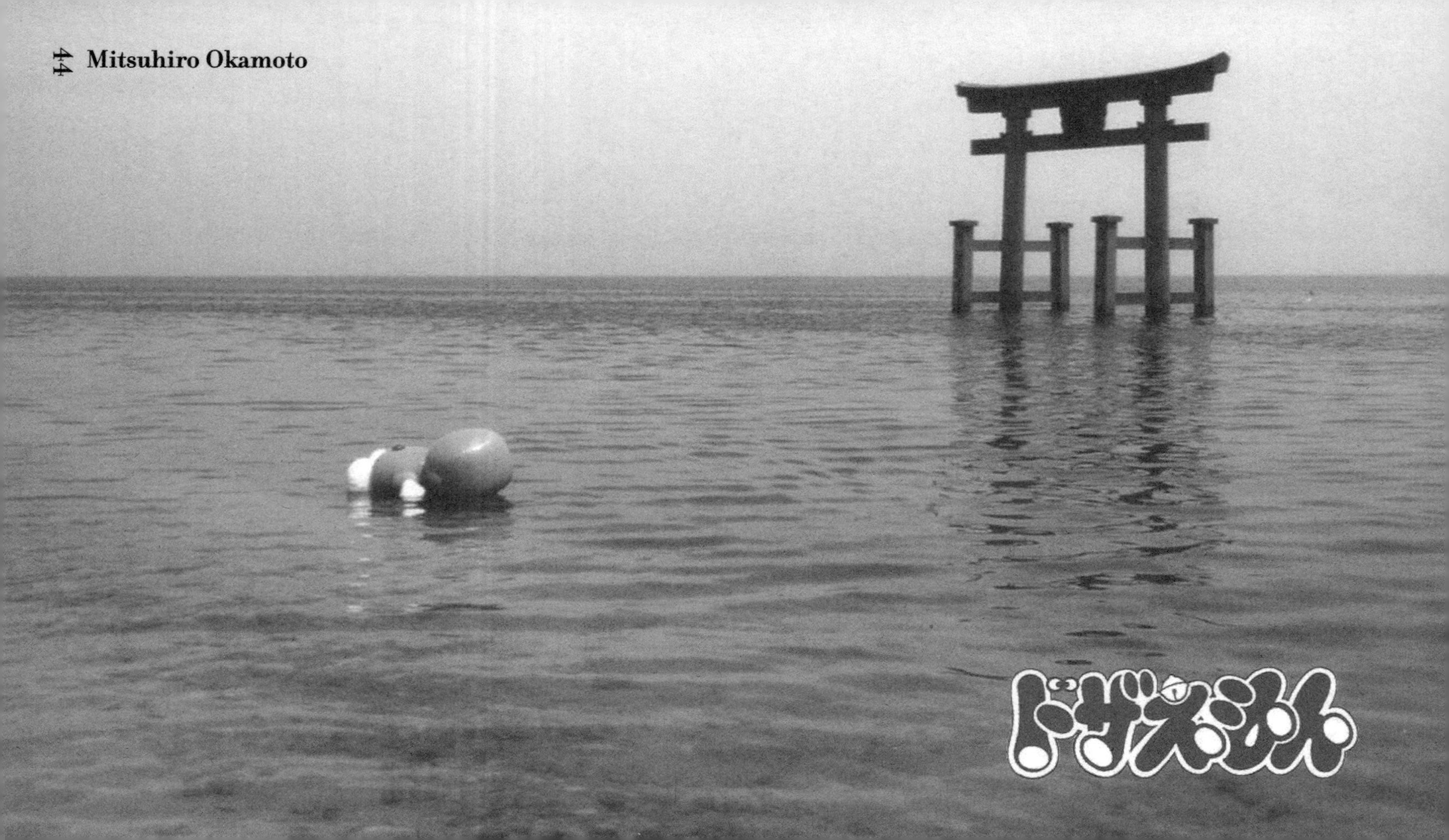

 Mitsuhiro Okamoto

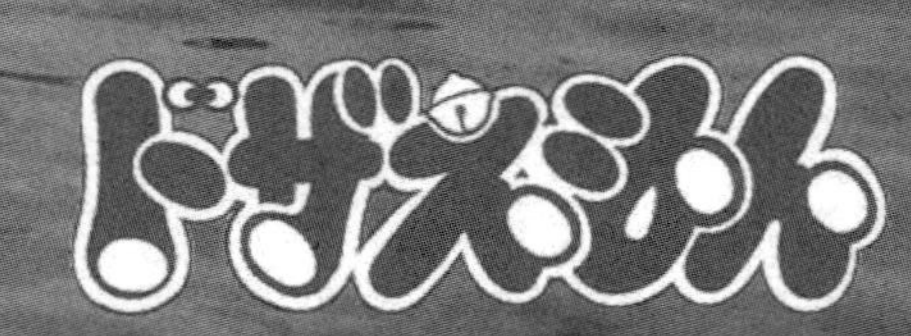

je voeux

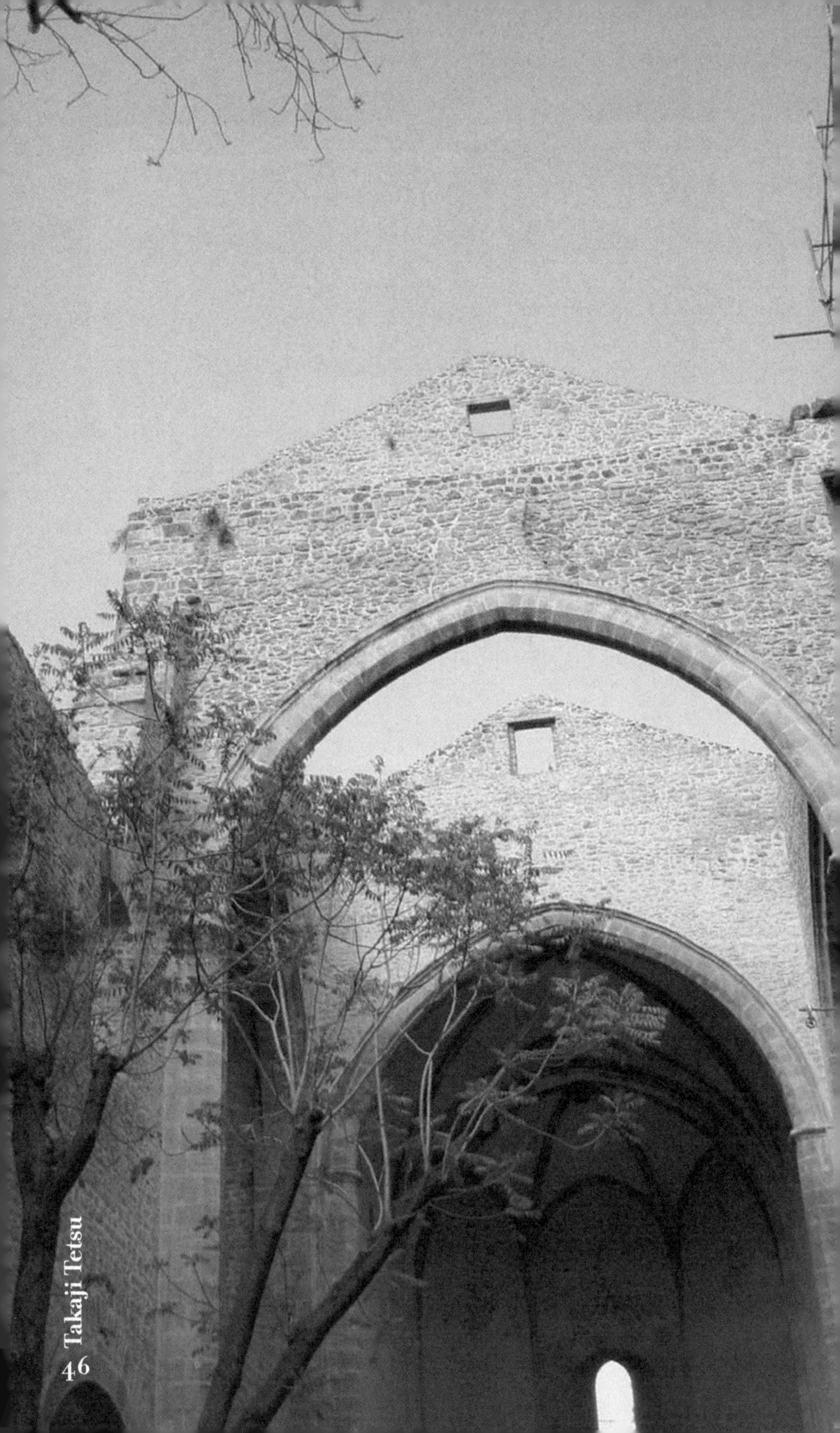
Takaji Tetsu

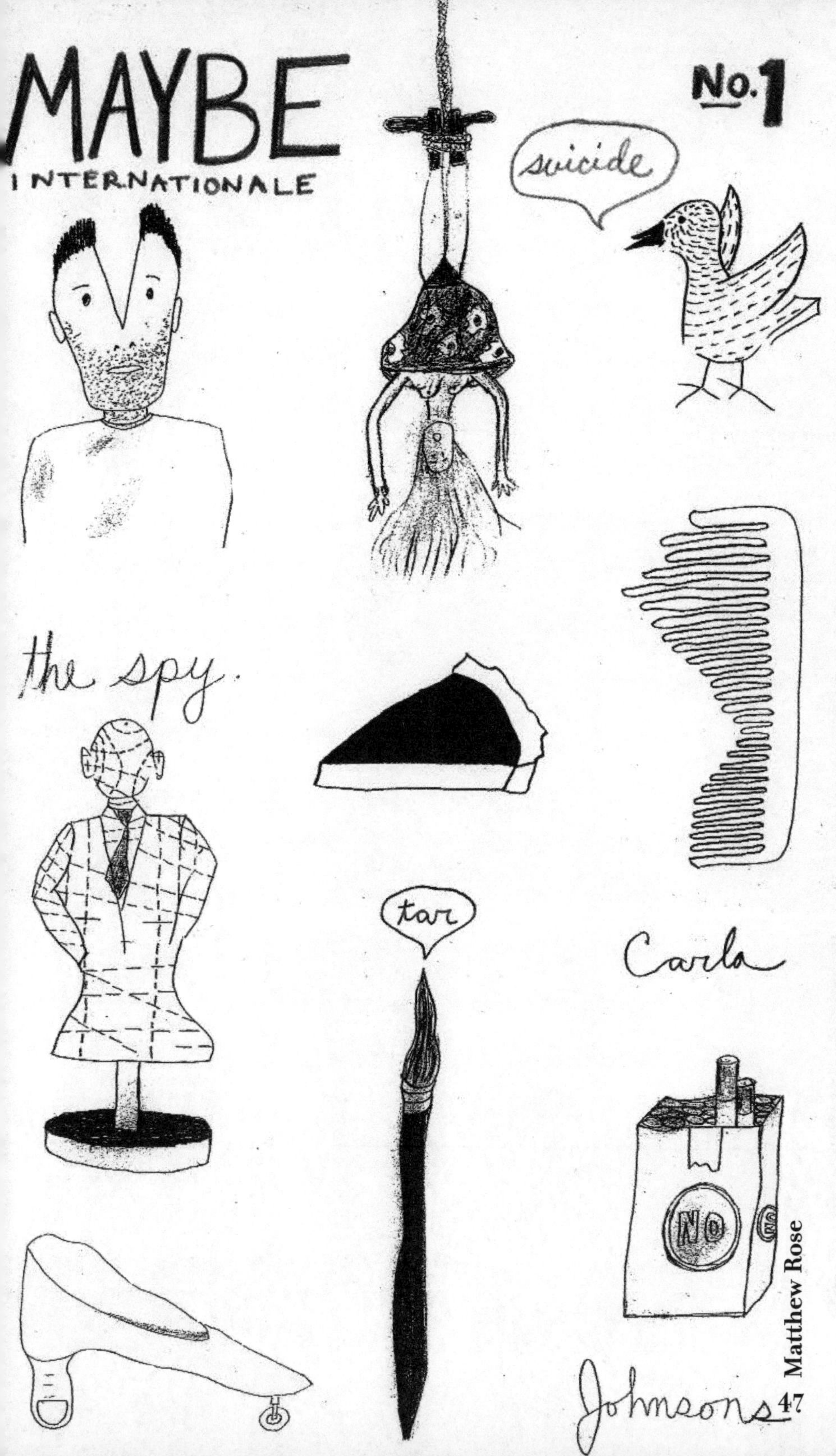

MAYBE
INTERNATIONALE
No.1
suicide
the spy.
tar
Carla
Johnsons
47
Matthew Rose

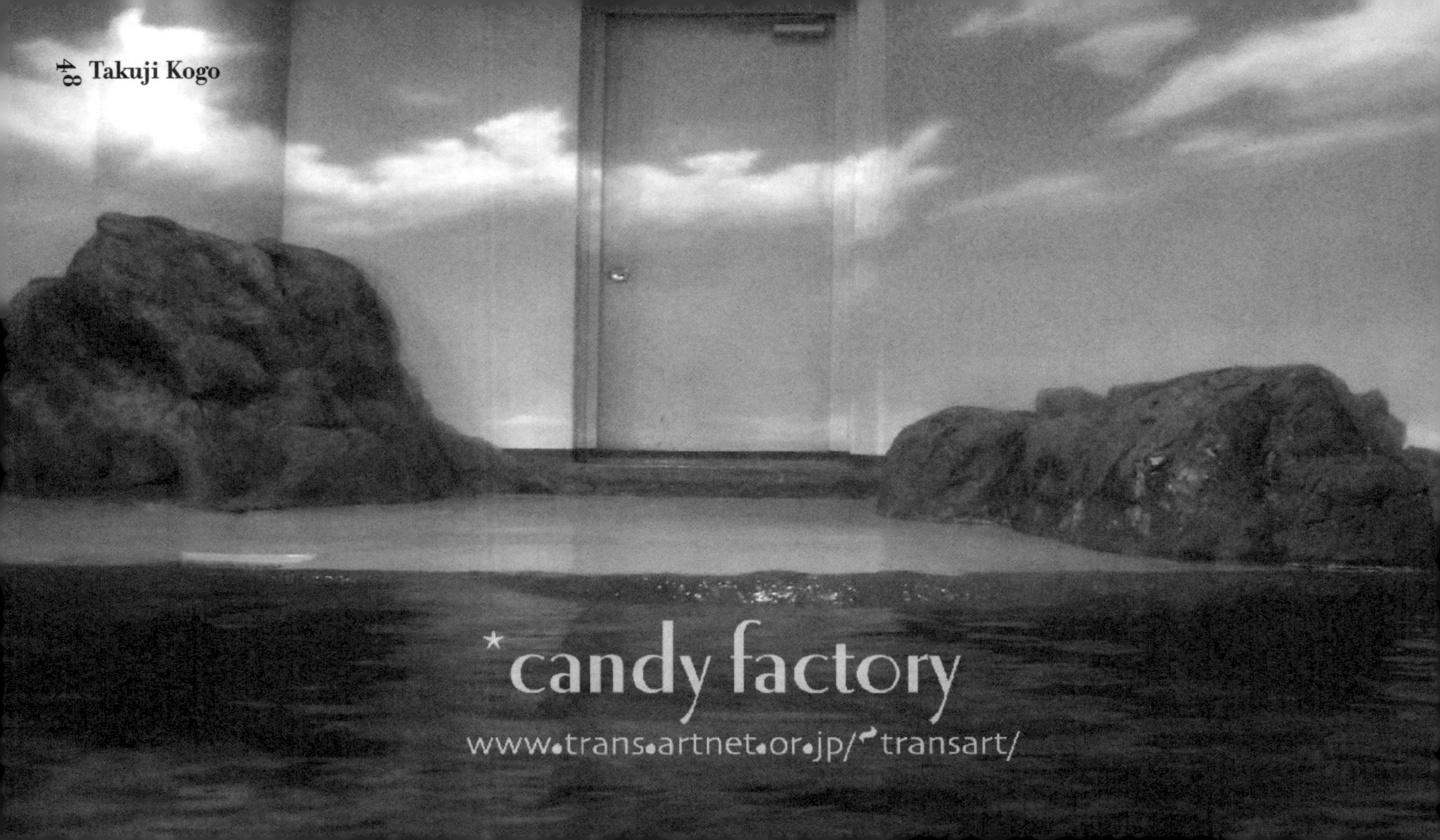

* candy factory
www.trans.artnet.or.jp/~transart/

AESTHETICS

EQUAL
ETHICS

NASTY WAY

TO START THE
DAY

Lawrence Weiner

TO NOT WANT

Ann Bobco

papiermund würfe speichen
rinnt im echo weite über
rutscht zurück das vorher nach
schrift den schuhen rasches lösblatt
wolkt mein wurf so haufen auf
anstatt torraum fliegen bälle
über kniebrei dickes filmen
haushaus ist aus fenster fallen
blickstrahl wedelt körper knallt
hier im griff verschwimmen riffe
nur im gaumen vermähte lufthaut
filmloch ist zum foto gleich
sturm verronnen siegelt echo
honig netz für hautpfeil reif
lufthaut bohrt und hip pop splittert
meine kappe saugfaß spachtel
schachtel rinnt durch mein geräusch
dampf verdickter kotter schüsse
rüssel gierig drückt sandburg her
meine wangen mundschuh angeln
falten spiegel reißt augendick
licht löscht feuer immer locker
körper eng stopft blicke freier
chelsearatte worthund schmeißt

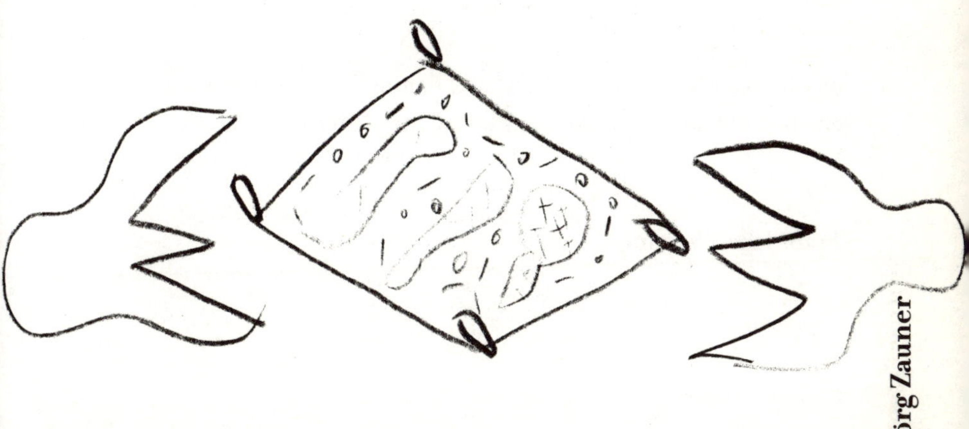

Hansjörg Zauner

sonett 147

du, flamme!, machst mich fiebern, brennen und versteifen
auf das, was an mir nagt, mich krank macht und verzehrt,
so nähr ich mich, nein, flamme!, dich, durch all das greifen
nach dem, was heiss verschlingt, mir sinn verirrt, zerstört.

was, ach, das fieber senkte und die krankheit nennt -
mein hirn -, verbrannt längst, hat im stich es mich gelassen;
schmerzlich geht auf ein letztes licht mir und erkennt:
nur asche, staub bleibt, lässt die glut sich nicht erfassen.

von allen sinnen bin, heillos, vom feuer selbst gefangen,
in flammen, flamme!, stehend ich aus haut um haut
muss fahren; zungen redend schlagen, ja, verlangen,
zufällig, wirr verbrat ich silben, unwahr paare, laut.

du schienst mir schön, wie hell hast, flamme!, dich verheissen!
jetzt bist die hölle, schwarz: was weiss, muss hier zerreissen!

(Franz Josef Czernin)

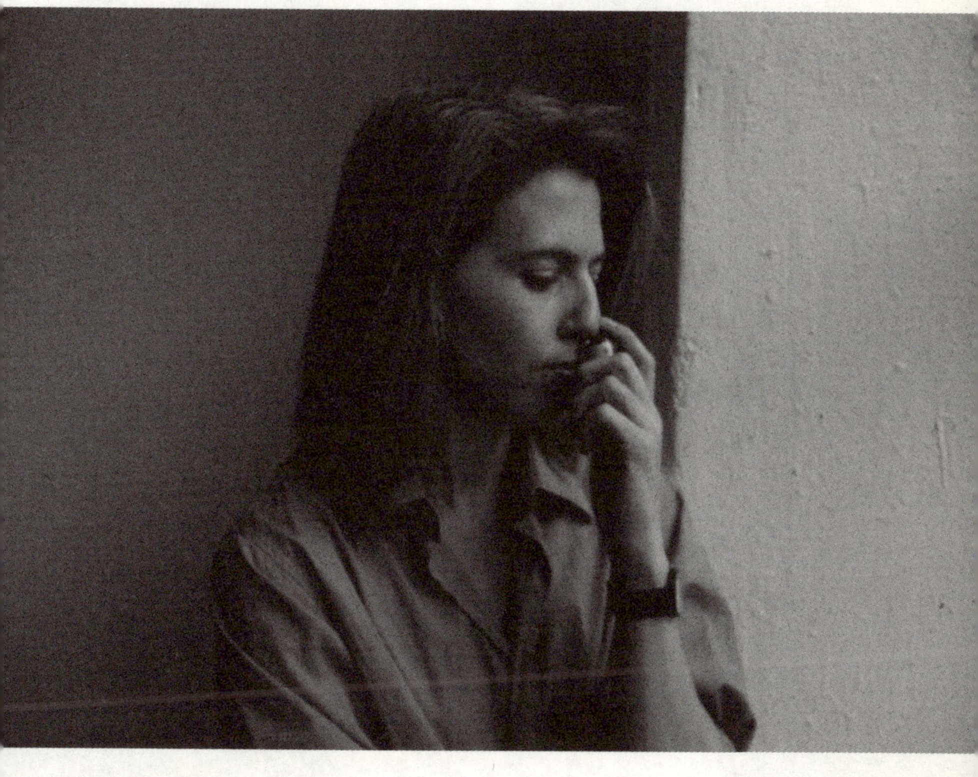

53 Tim Maul

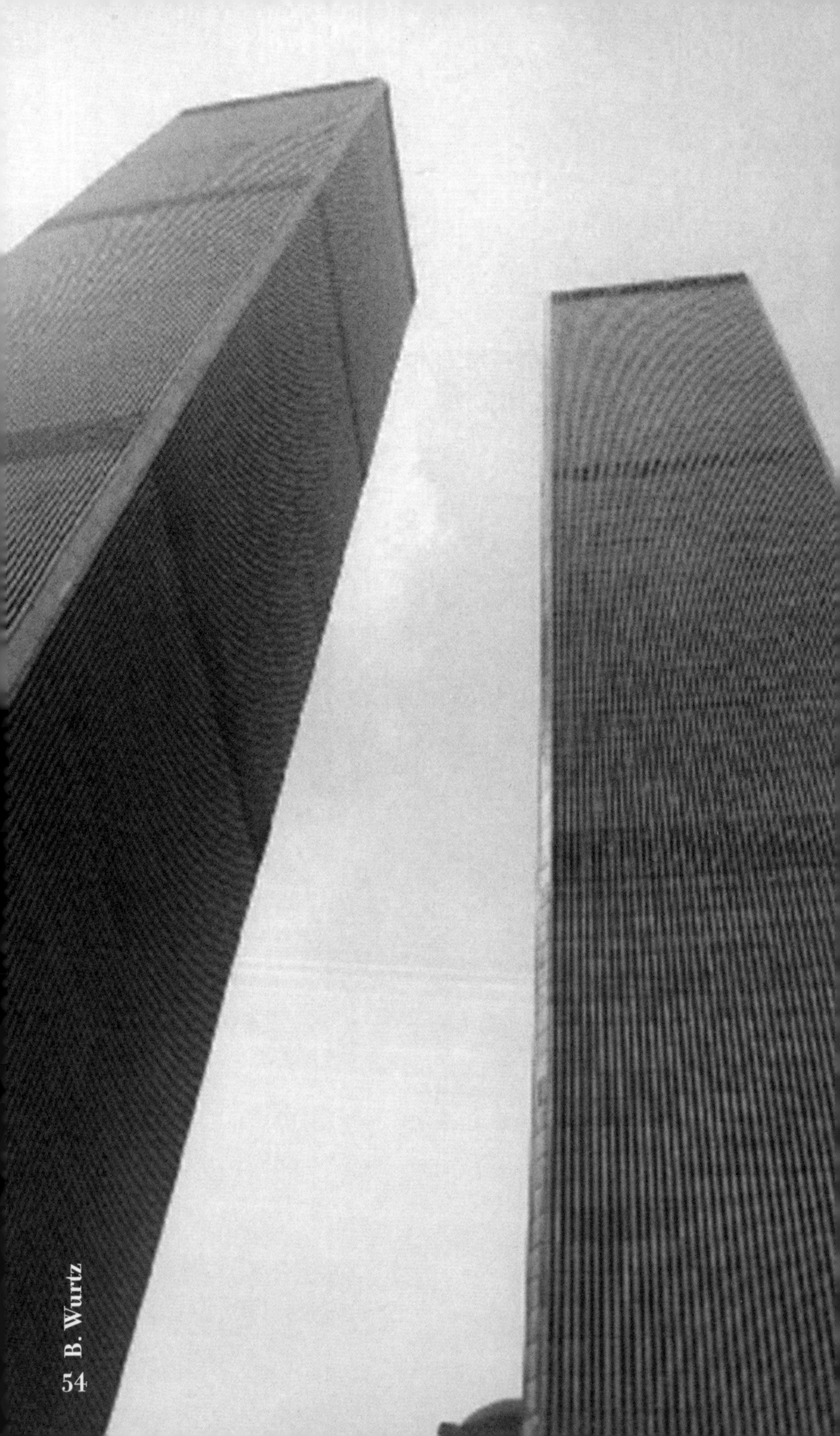

B. Wurtz

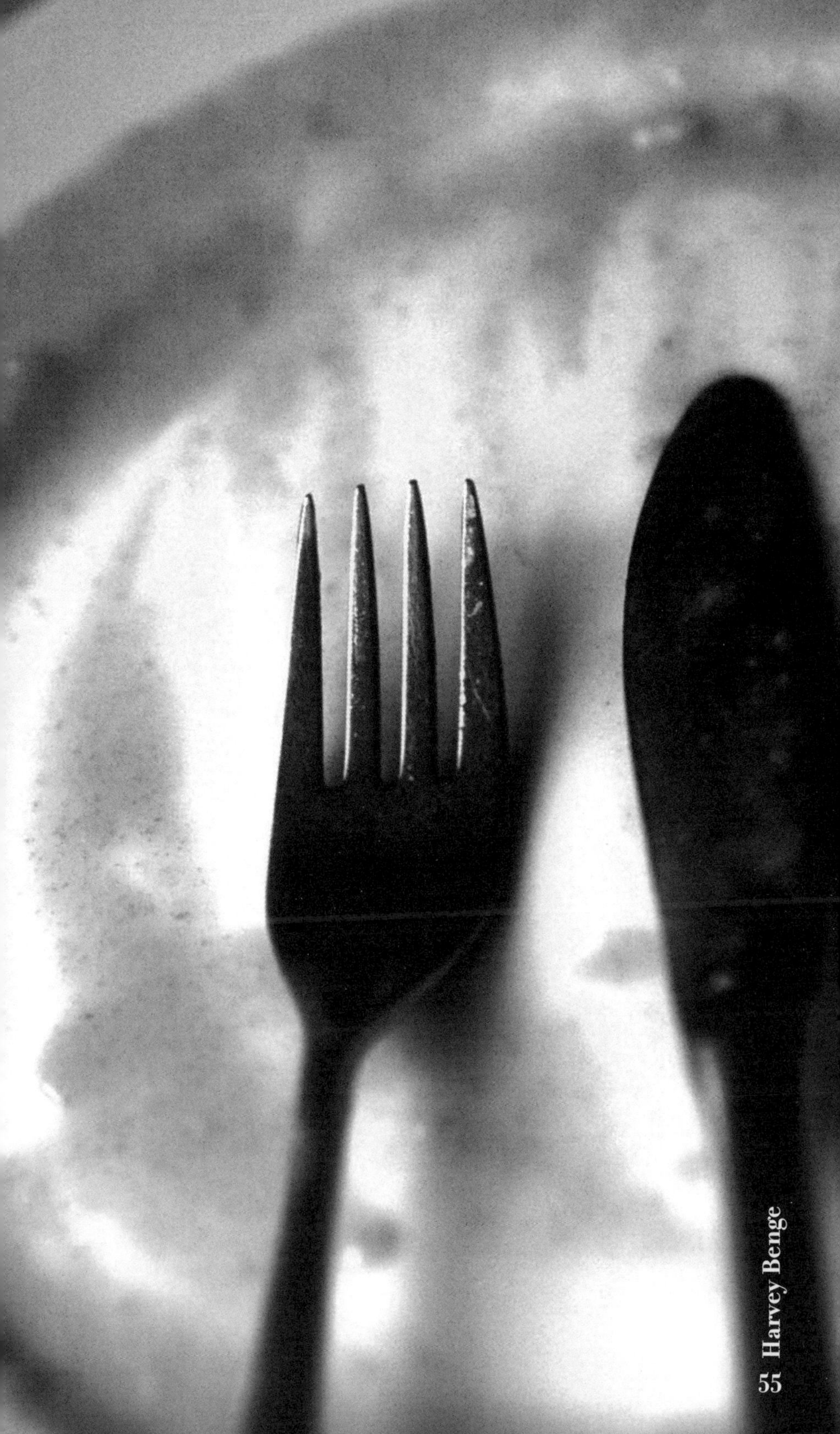
Harvey Benge

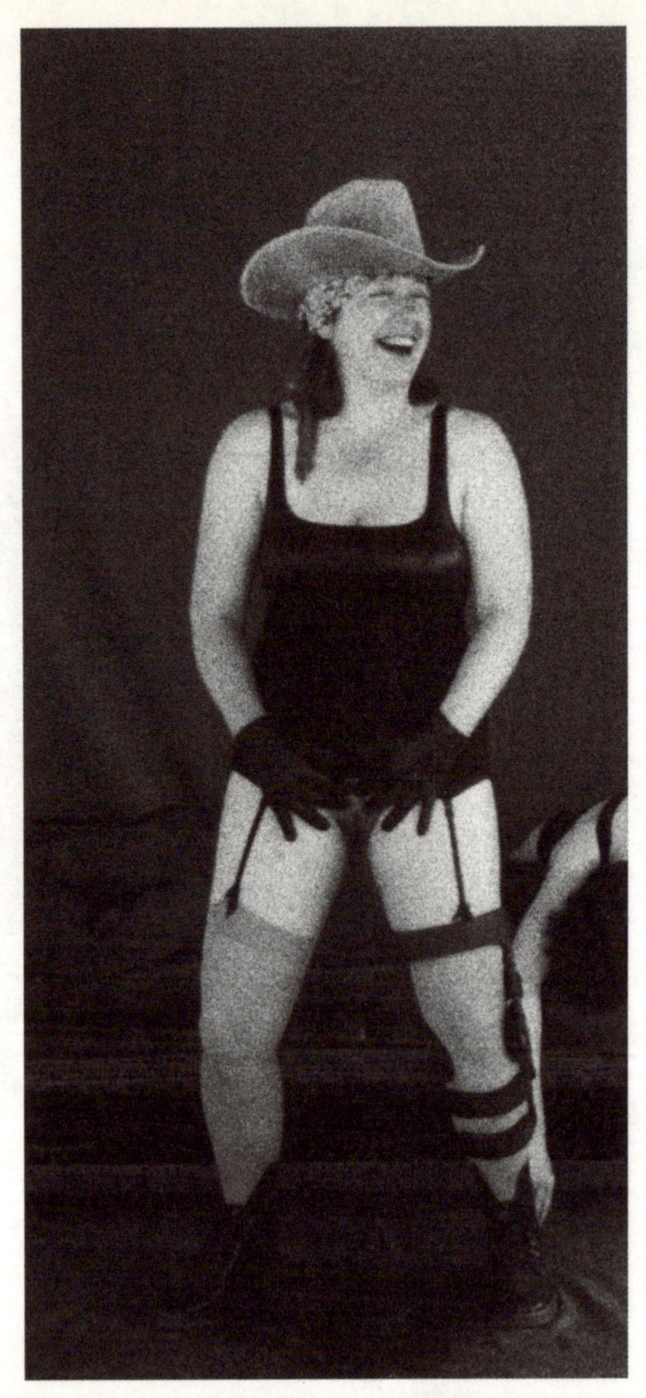

56 Ines Doujak

The (w)hole you could not leave

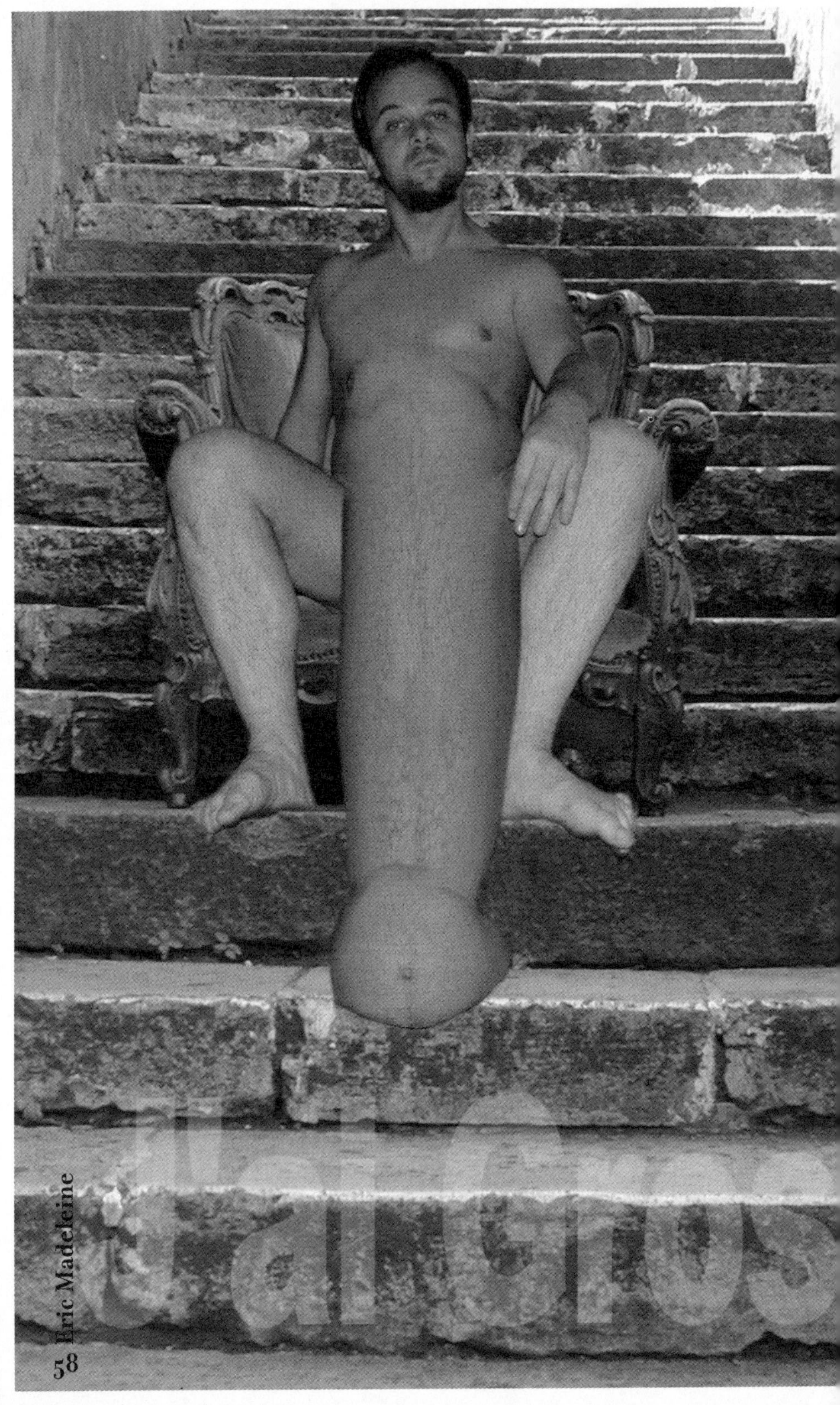

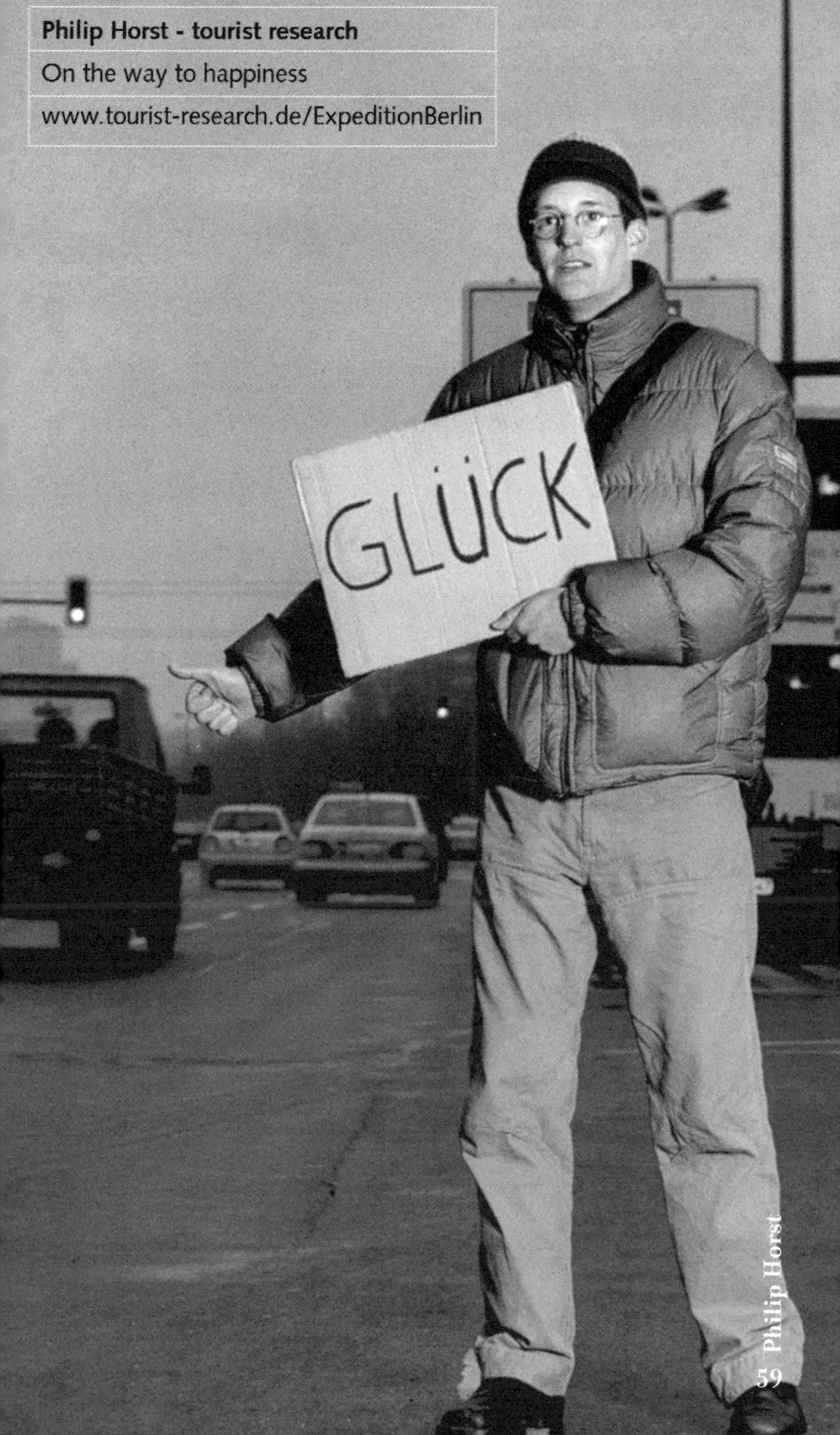

© Philip Horst

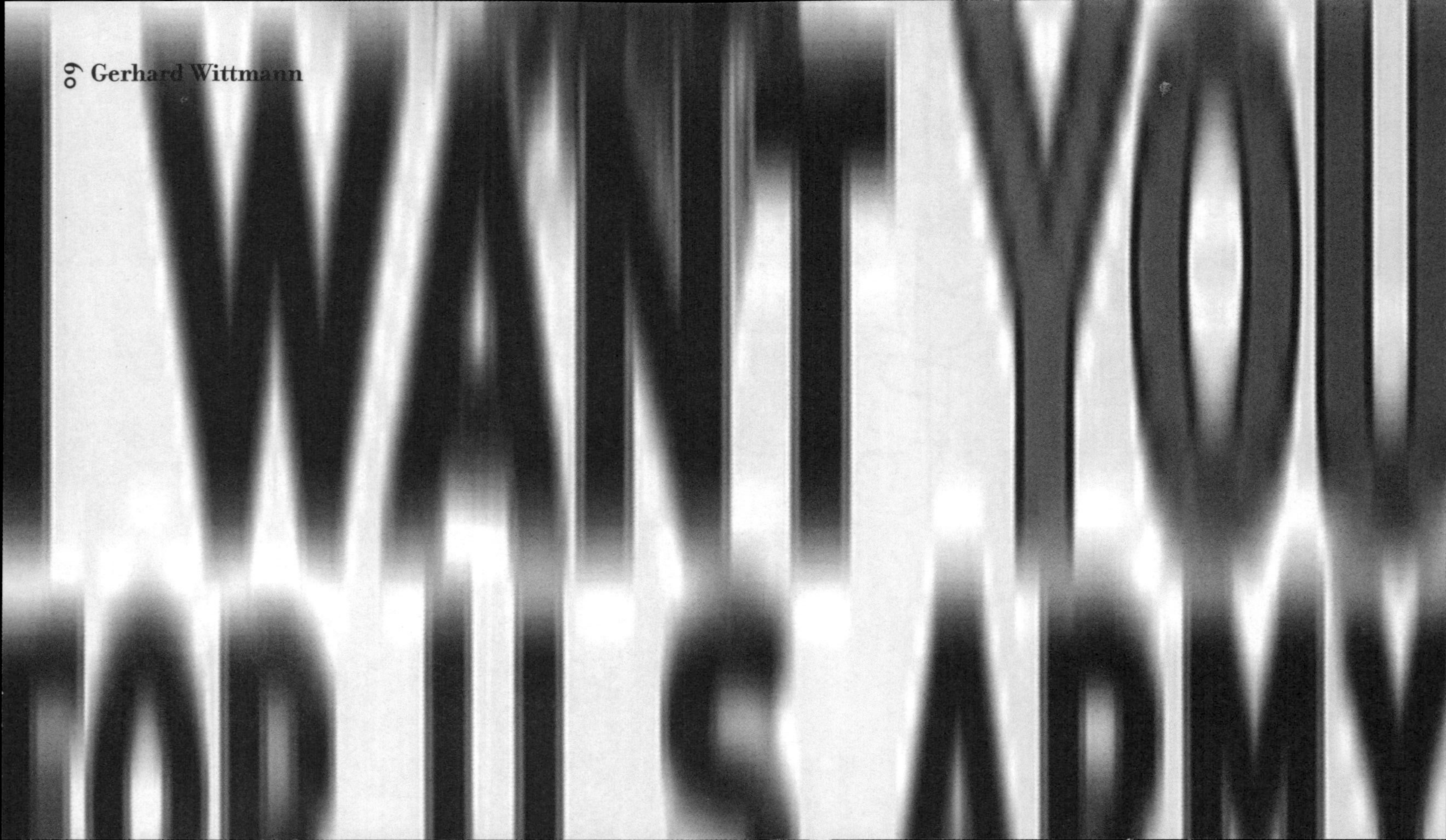

Gerhard Wittmann

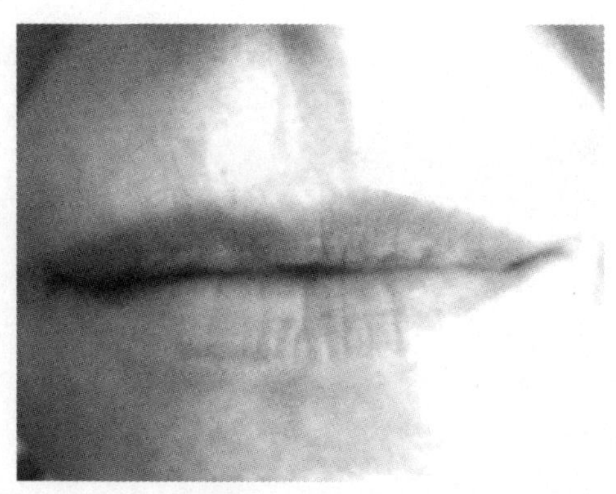

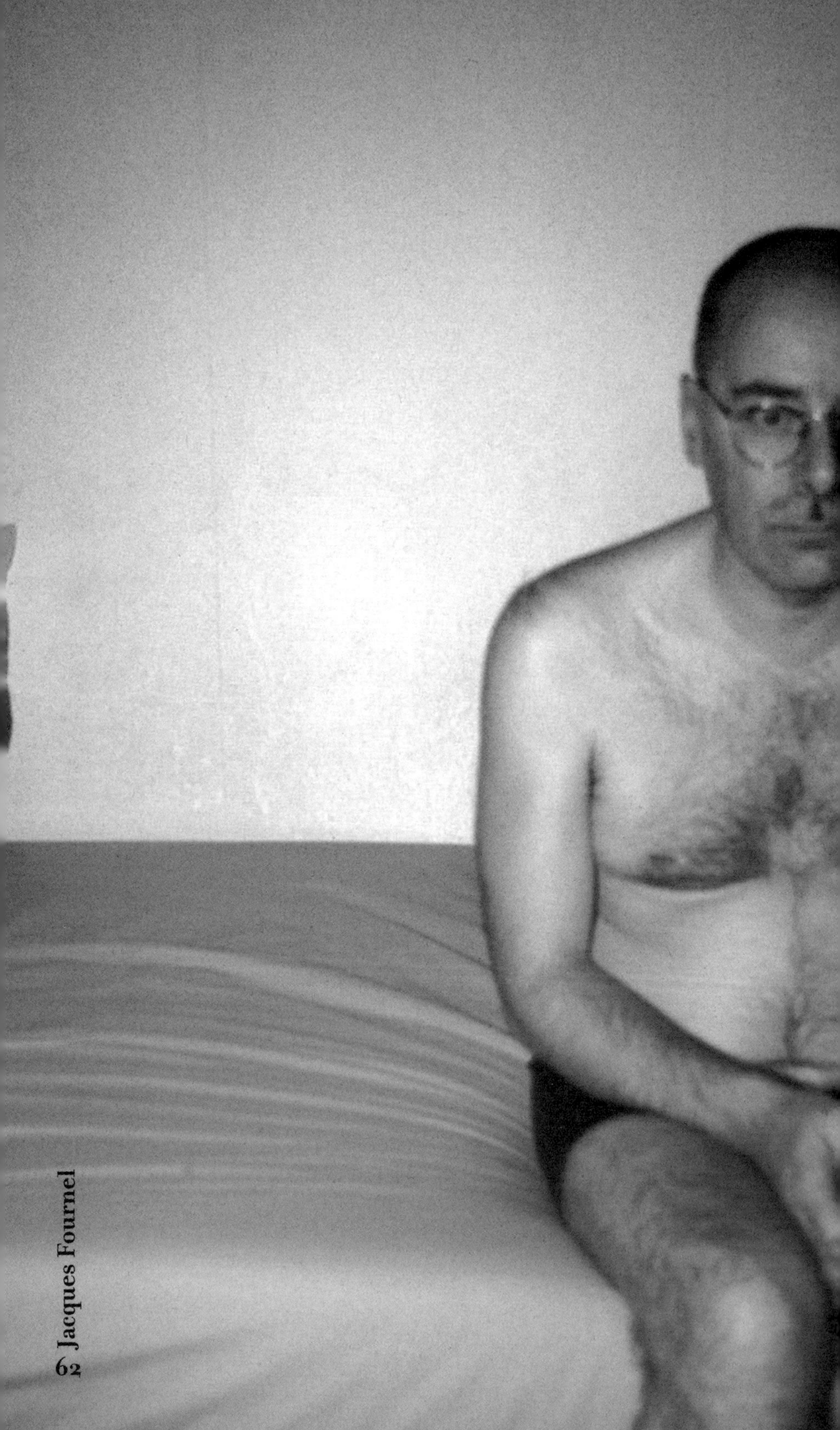

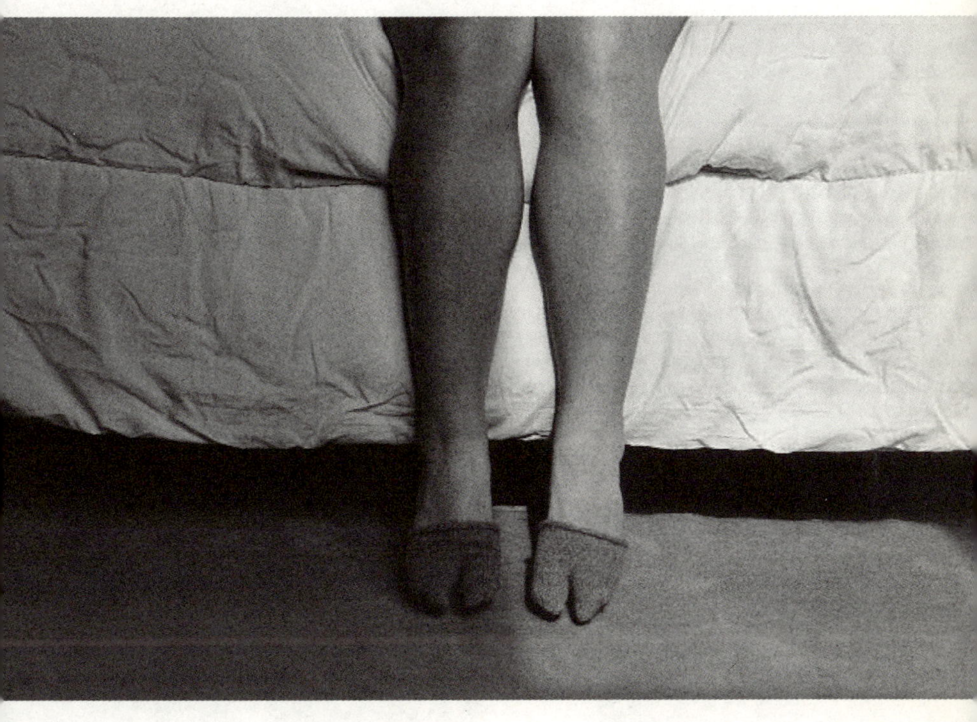

63 Gaëlle Chotard

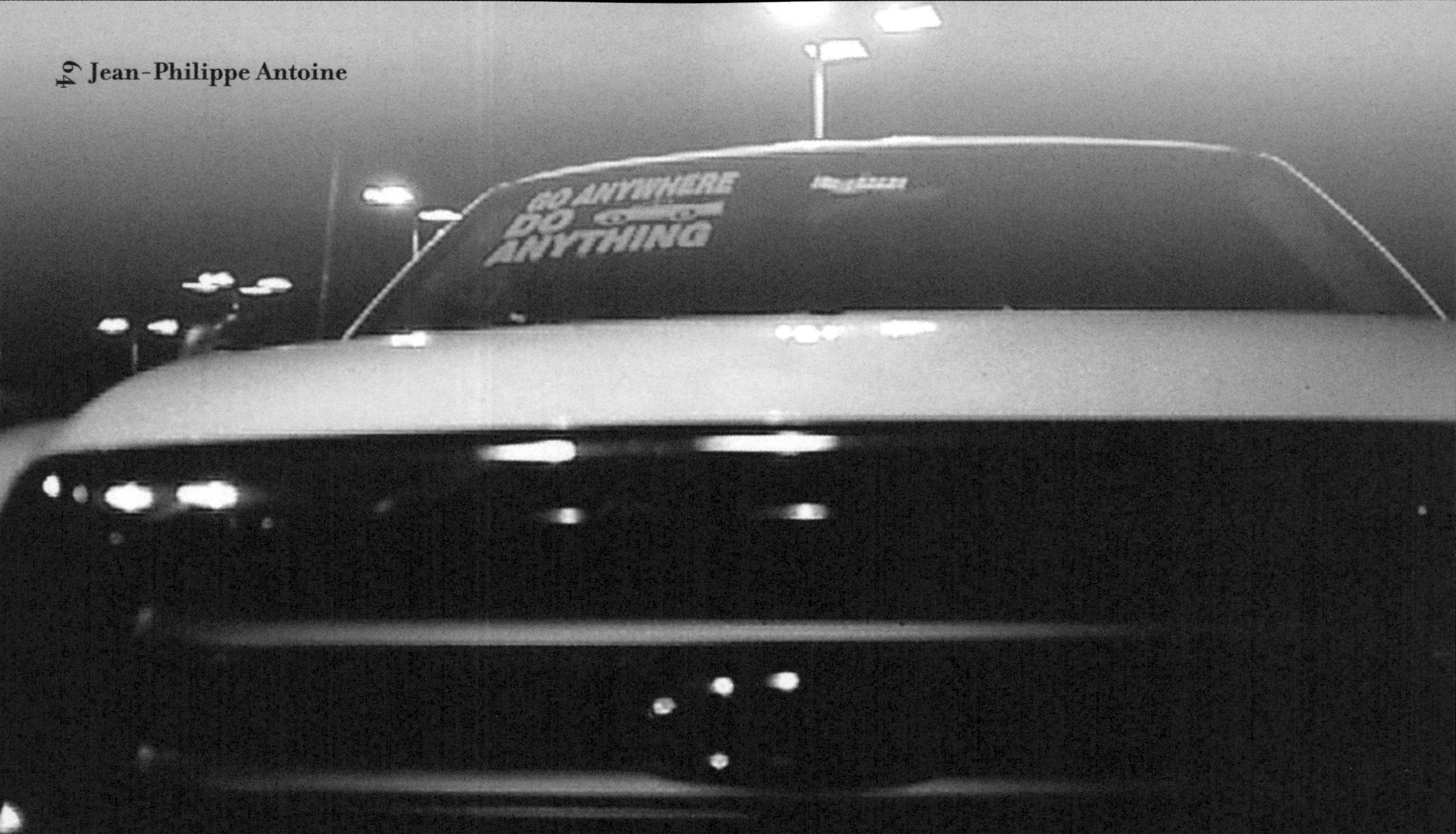
GO ANYWHERE
DO
ANYTHING

...chaque matin découvrir une nouvelle galaxie

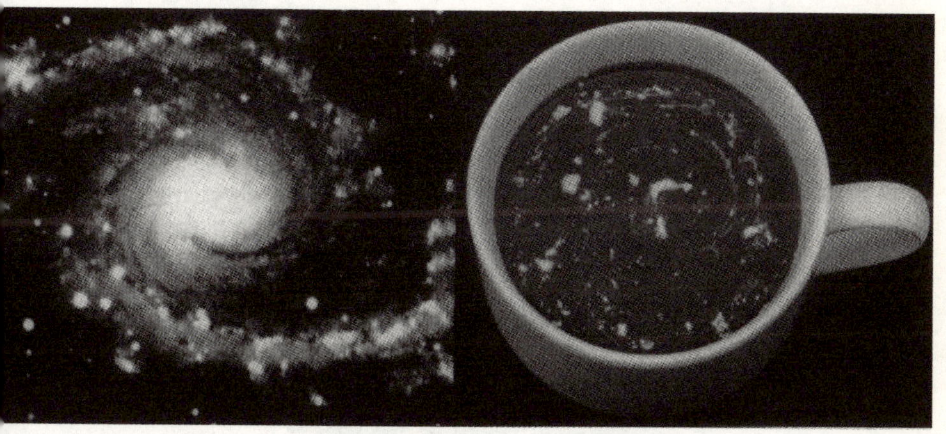

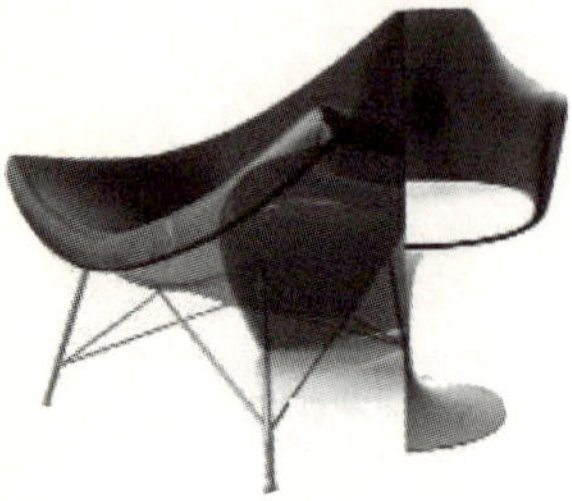

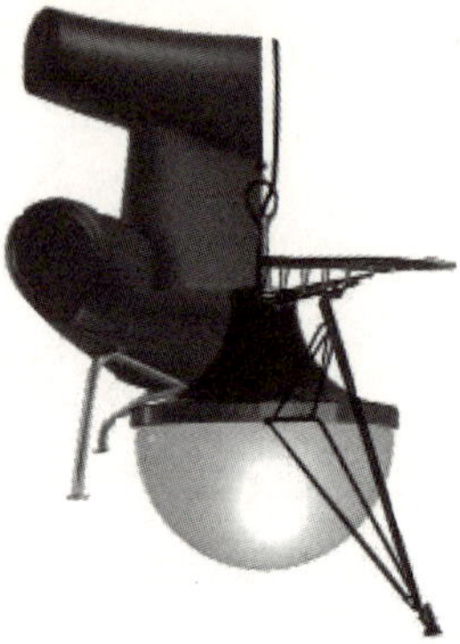

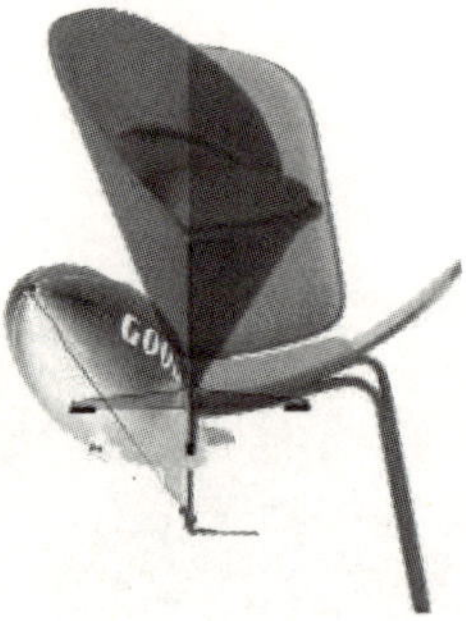

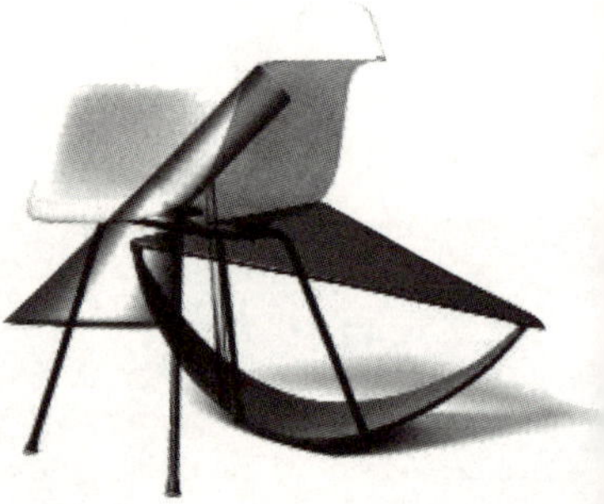

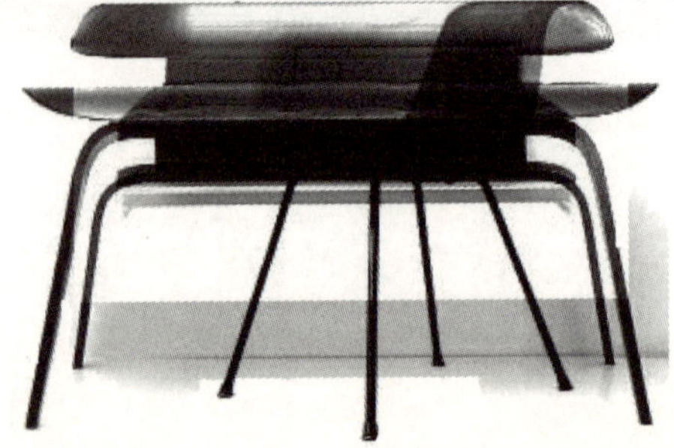

pleine

mond   moon

voll   full

wasser   spie   gel   water   spie

moon   mond

full   voll

lune

herbert j. wimmer

INTER LANGUE

PROTO HAIKU 2002

pi

na   e

lu   na

acqua   li   vel   lo   wassser

mond   park

full   voll

lune

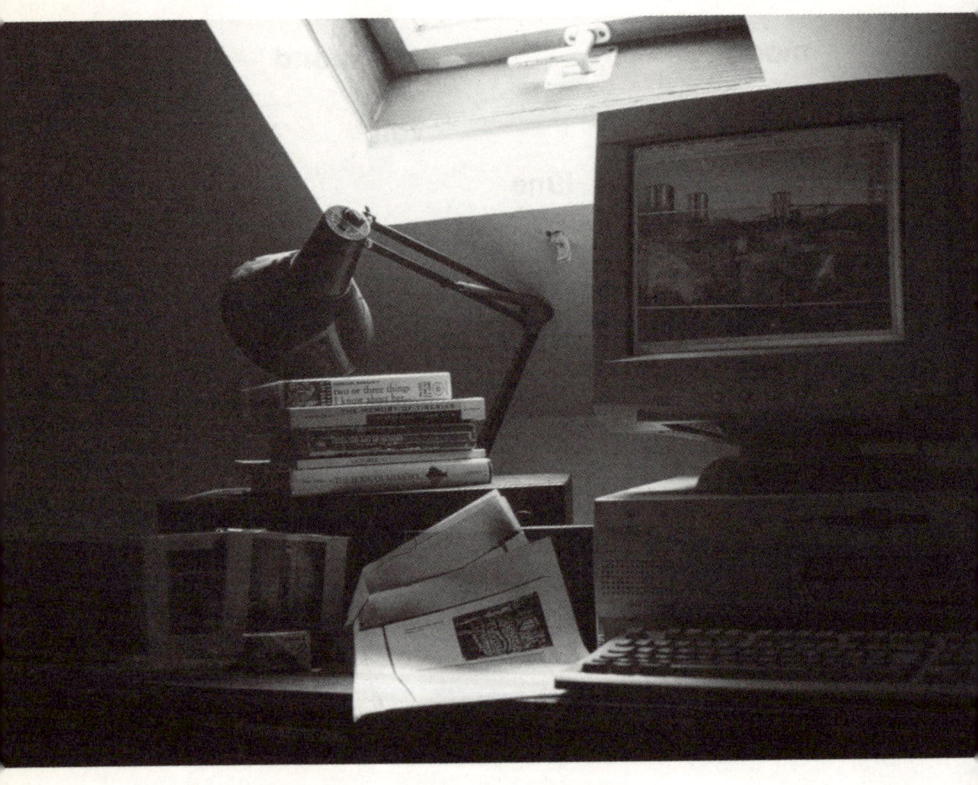

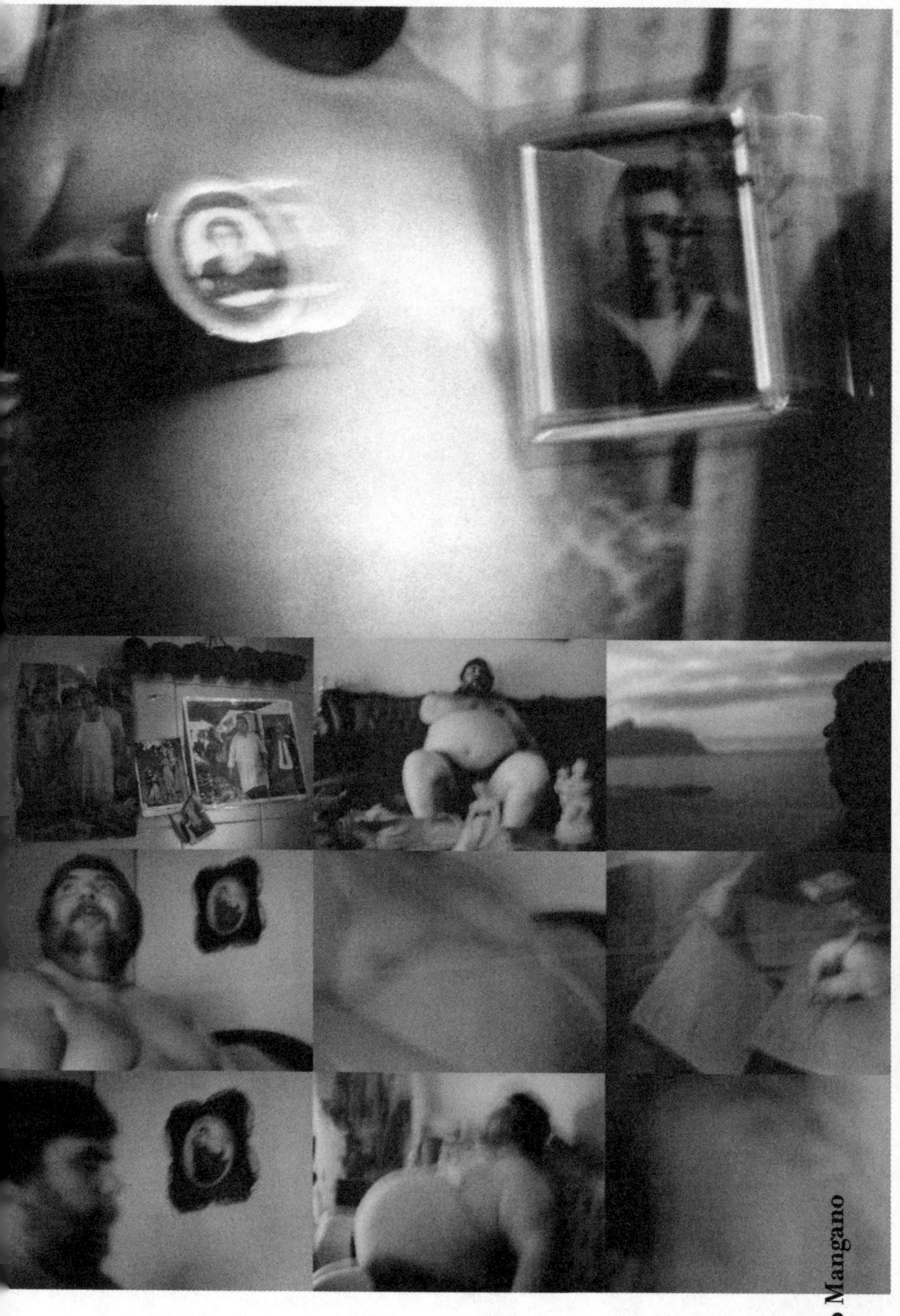

Domenico Mangano

Parce que nous le voulons bien
L'ORÉAL
PARIS
aux cheveux
qui regraissent trop vite
nouveau
ELSÈVE
ÉNERGIE
[CITRUS.CR]
Des cheveux plus propres,
plus légers, plus longtemps.
SHAMPOOING
ÉNERGIE
[CITRUS.CR]
La formule au
et lisse la fibre
accroche
[CITRU
uretés
prouvent : vos cheveux
plus propres, plus légers
et le restent plus de 48h,
si vous menez une vie intense.
PARCE QUE VOUS LE VALEZ BIEN.
L'ORÉAL
PARIS
Rémy Bosquère
Emmanuel Petit.
www.lorealparis.com
F.Q.J.L.V.B
70
rémy Bosquère, 2002.

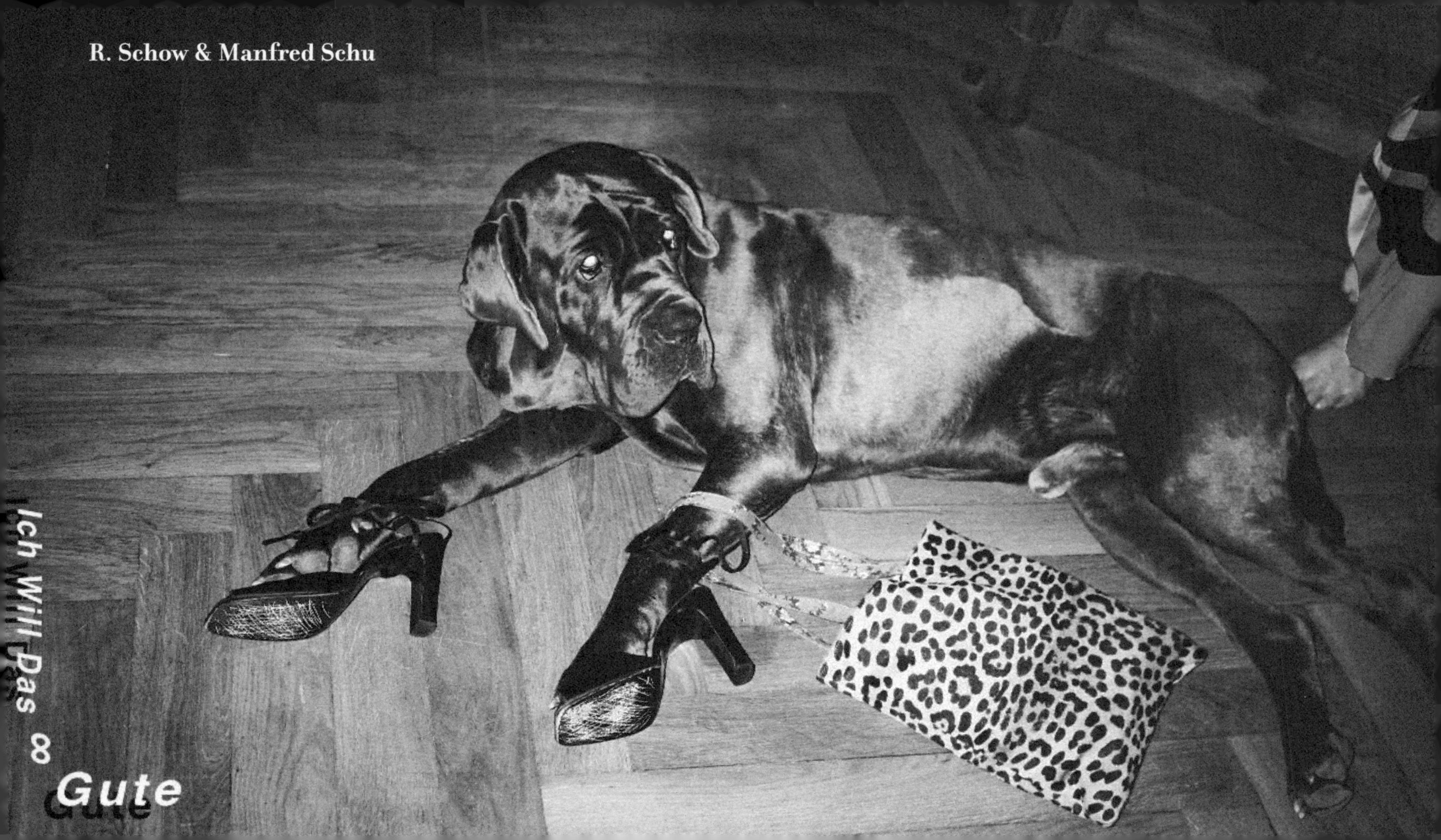

R. Schow & Manfred Schu
Ich Will Das Gute
8
Gute

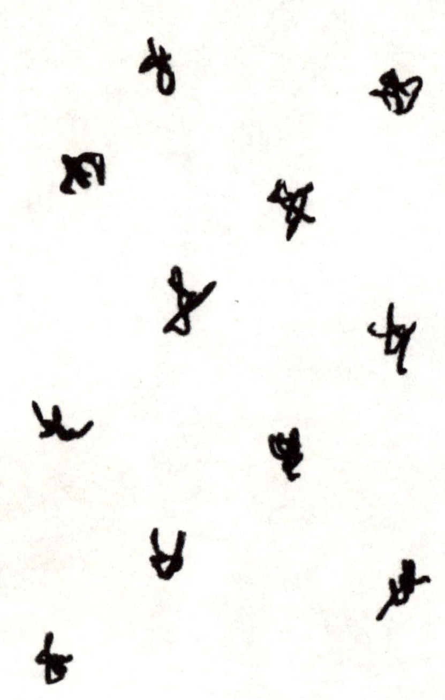

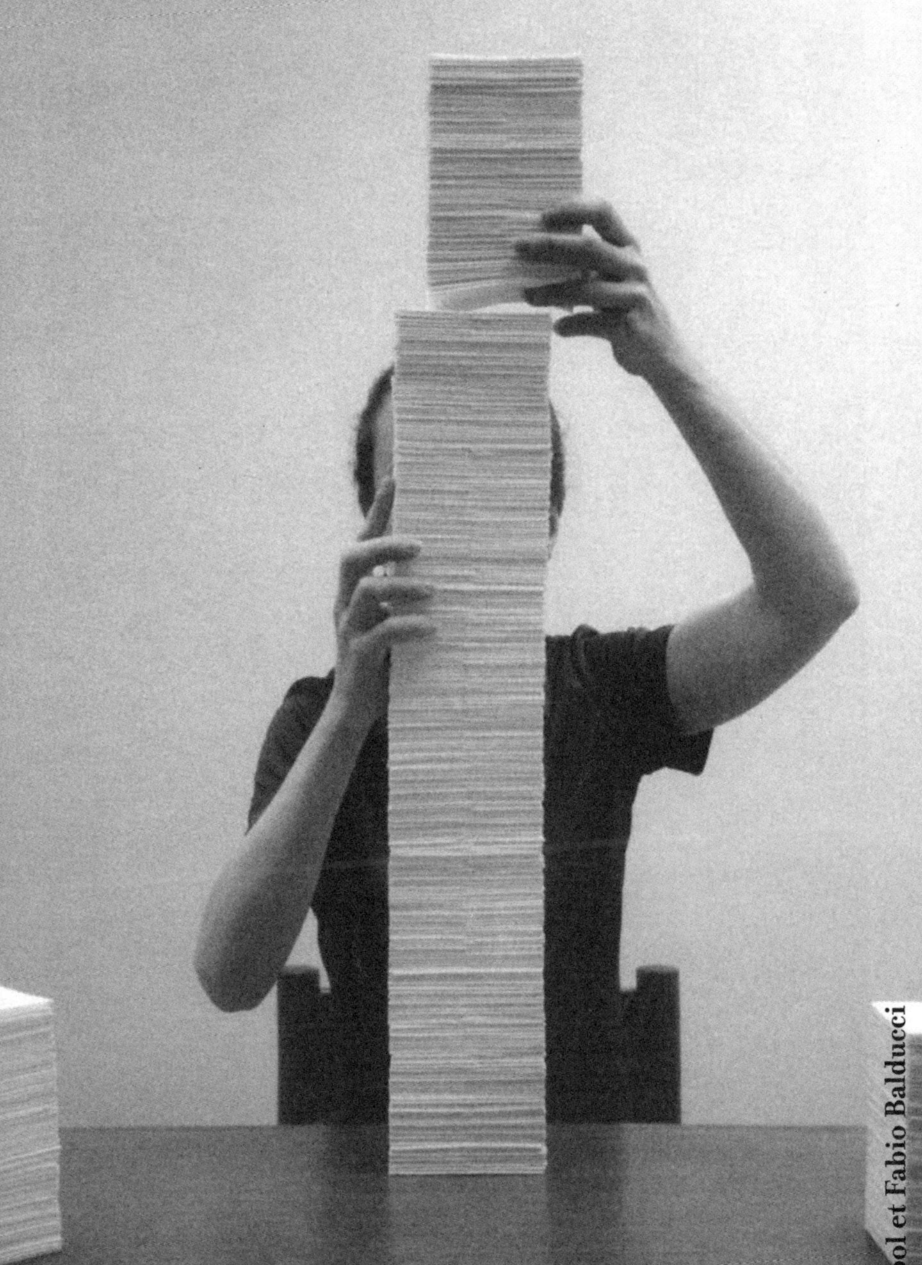

 MarieCool et Fabio Balducci

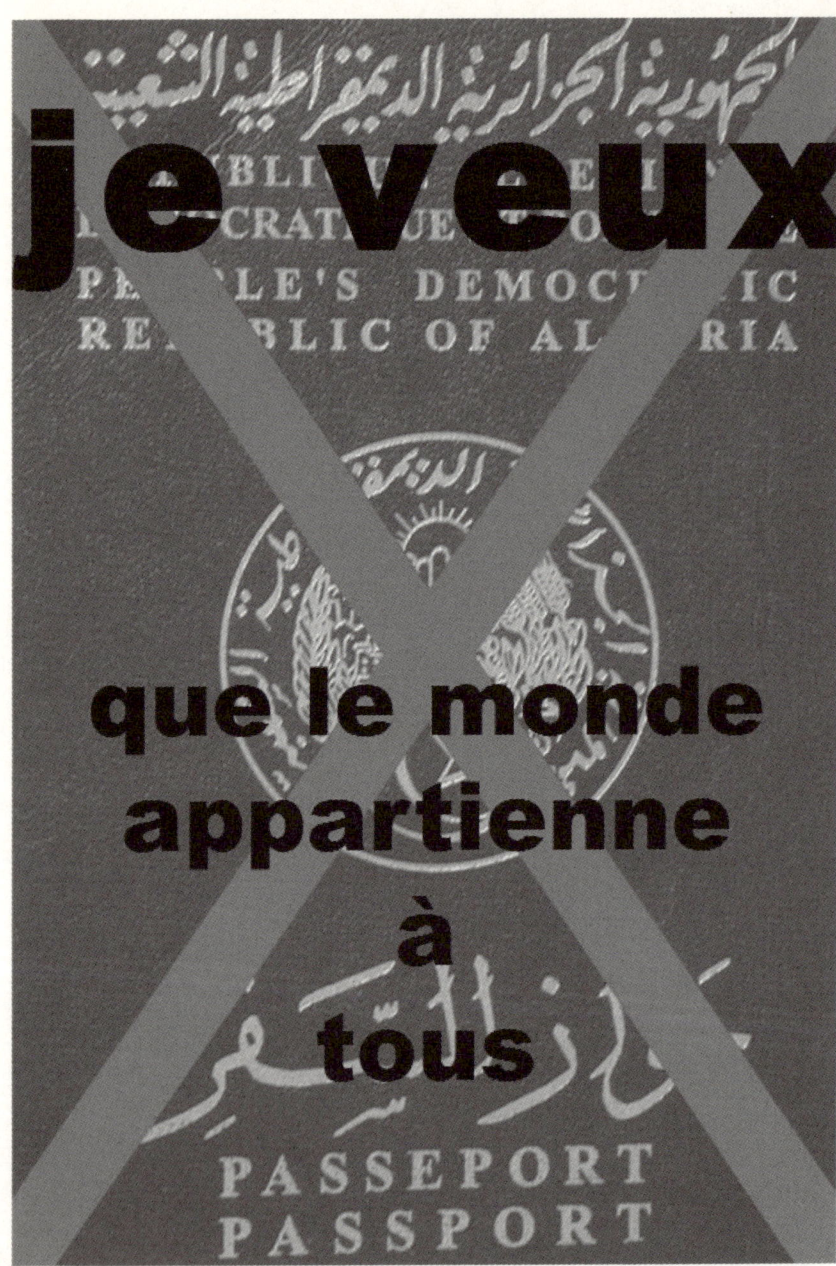
je veux
que le monde
appartienne
à
tous

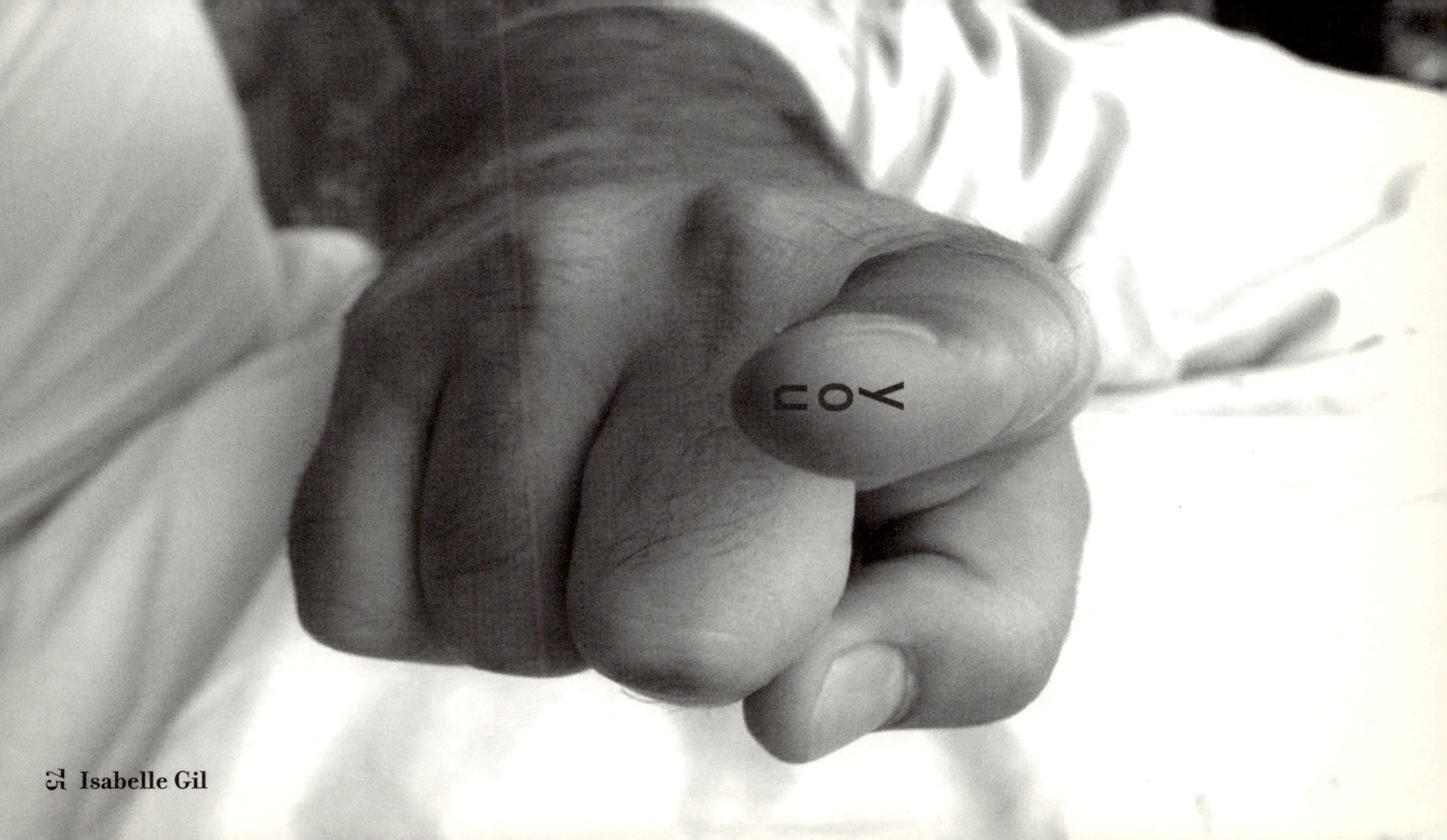

WANTED

room studio to rent in Berlin

in the 400€ range
for the beginning of 2003
rolfgraf@mac.com

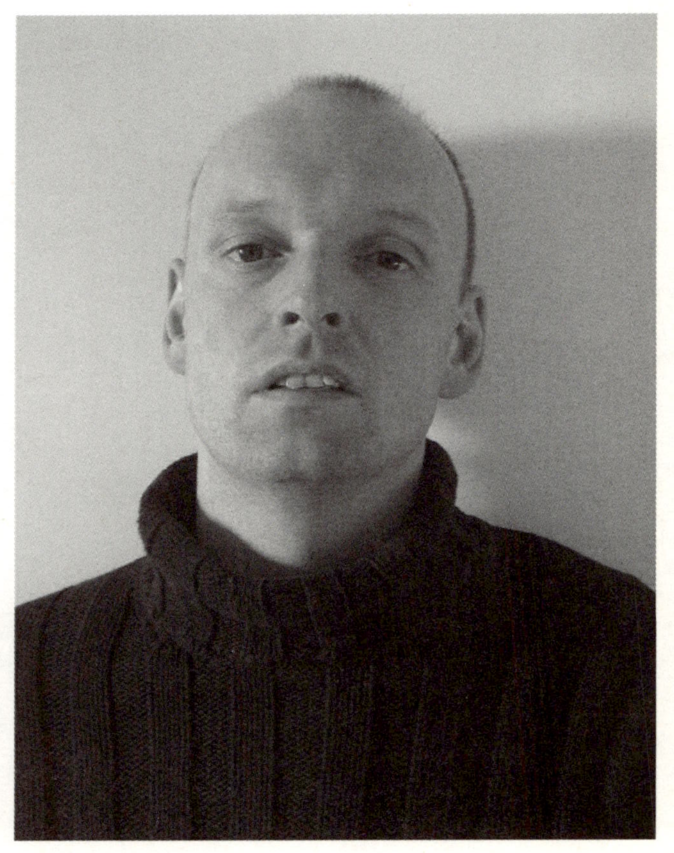 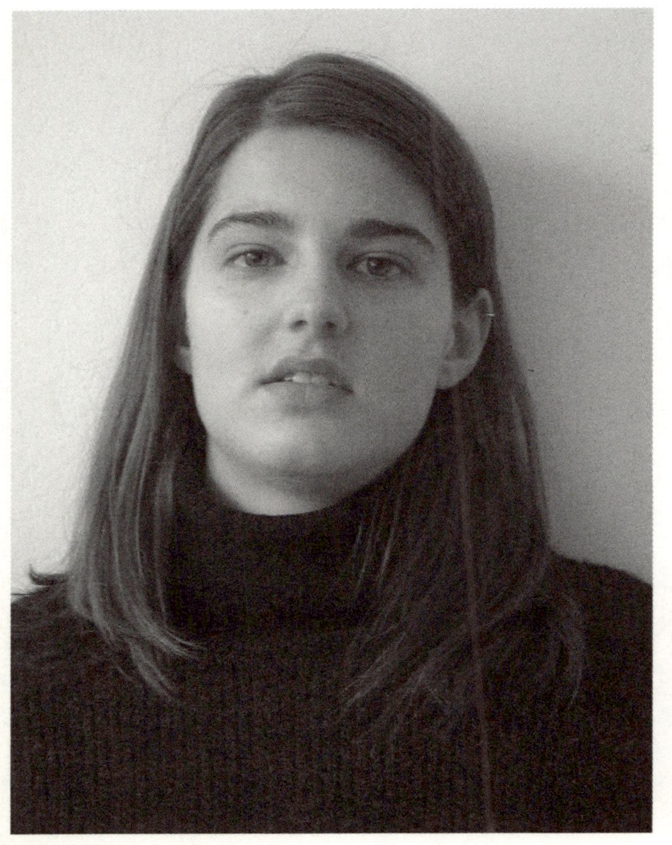

77 Markus Hansen

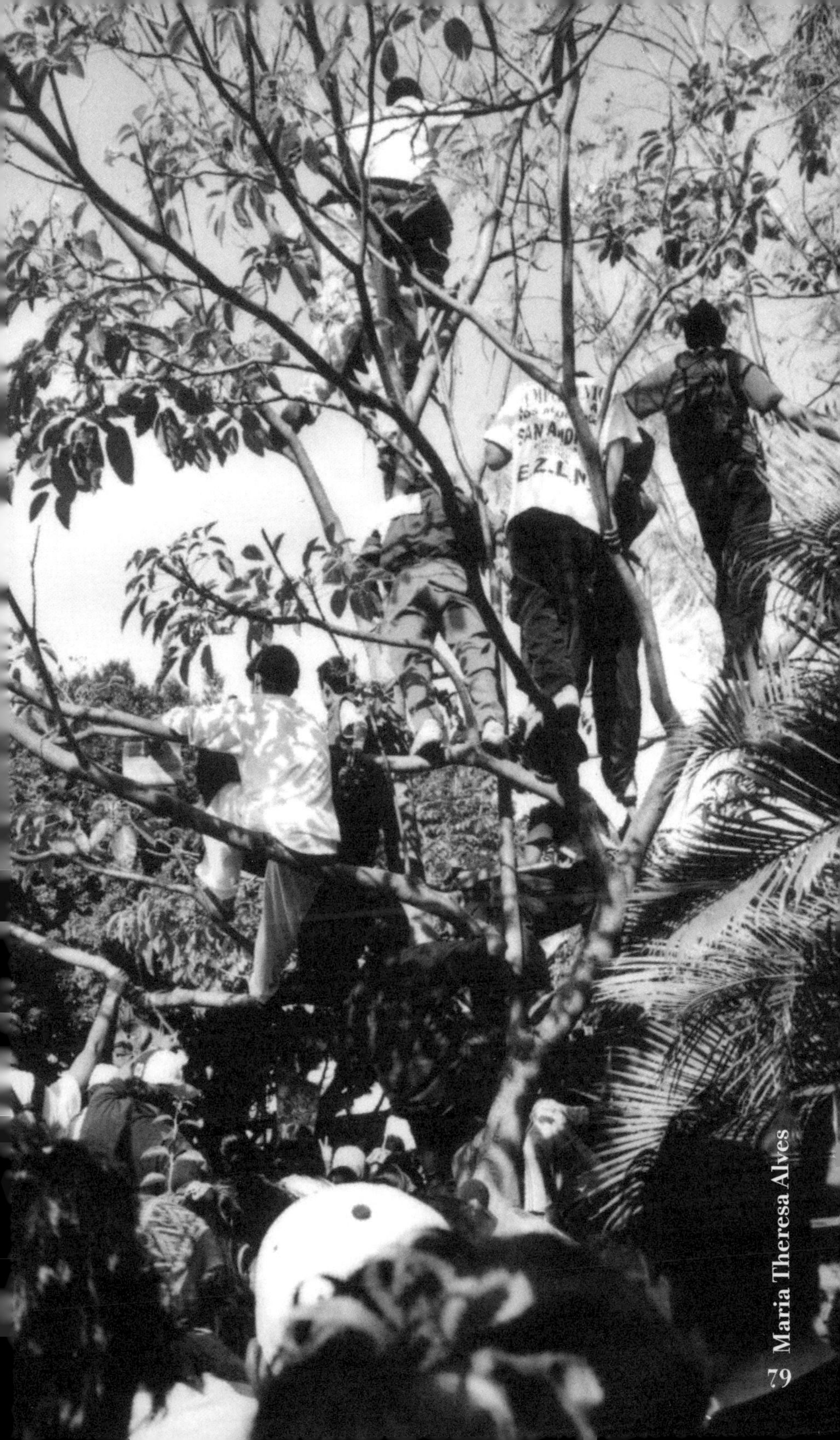

Maria Theresa Alves

je veux.
je voudrais...

L'UNiVERSE BiEN ORGANiSÉ:

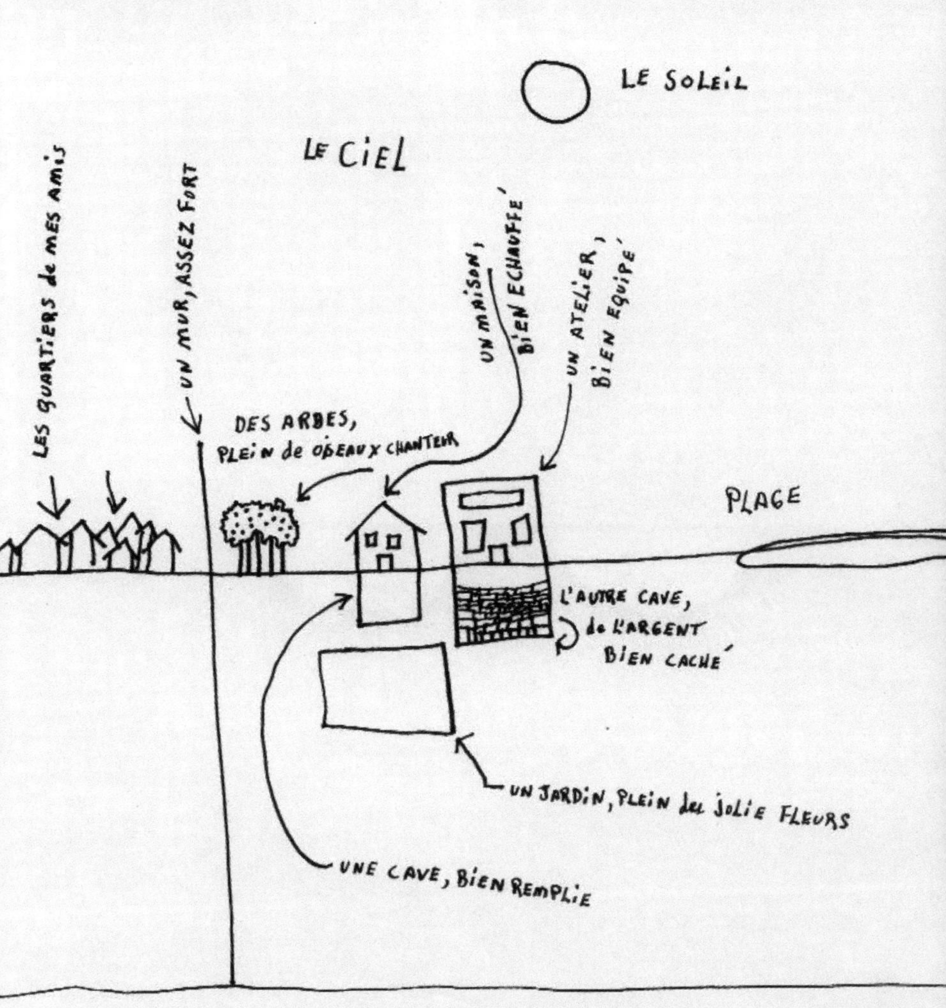

Jimmy Durham

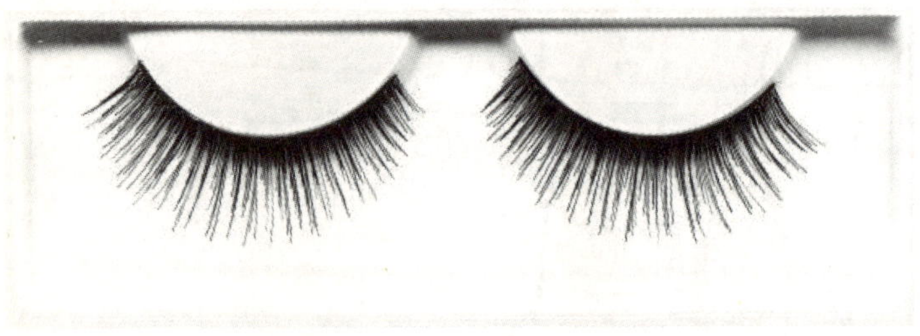

Samon Takahashi & Fabrice Hybert

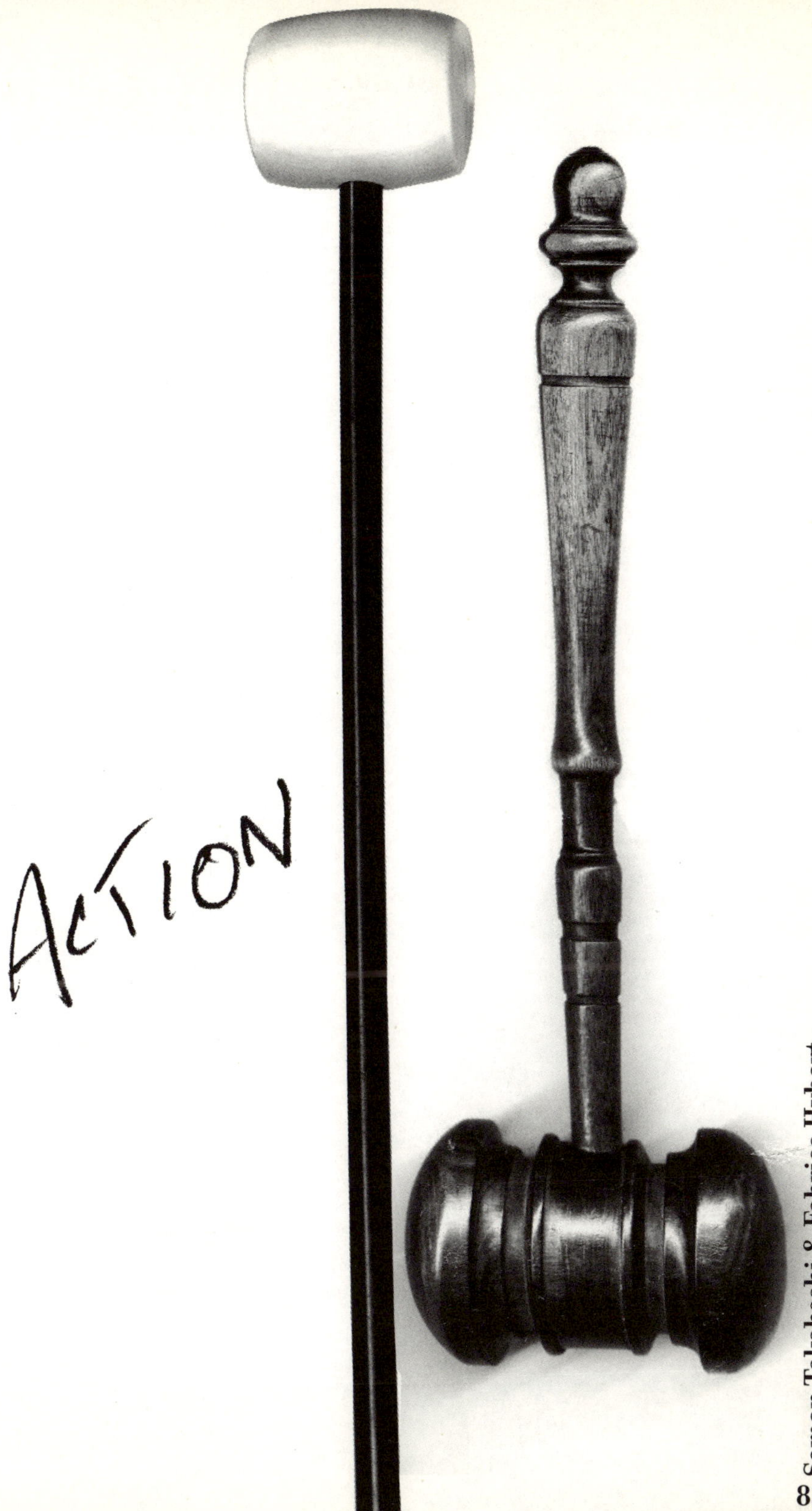

Samon Takahashi & Fabrice Hybert

83

willkürlich

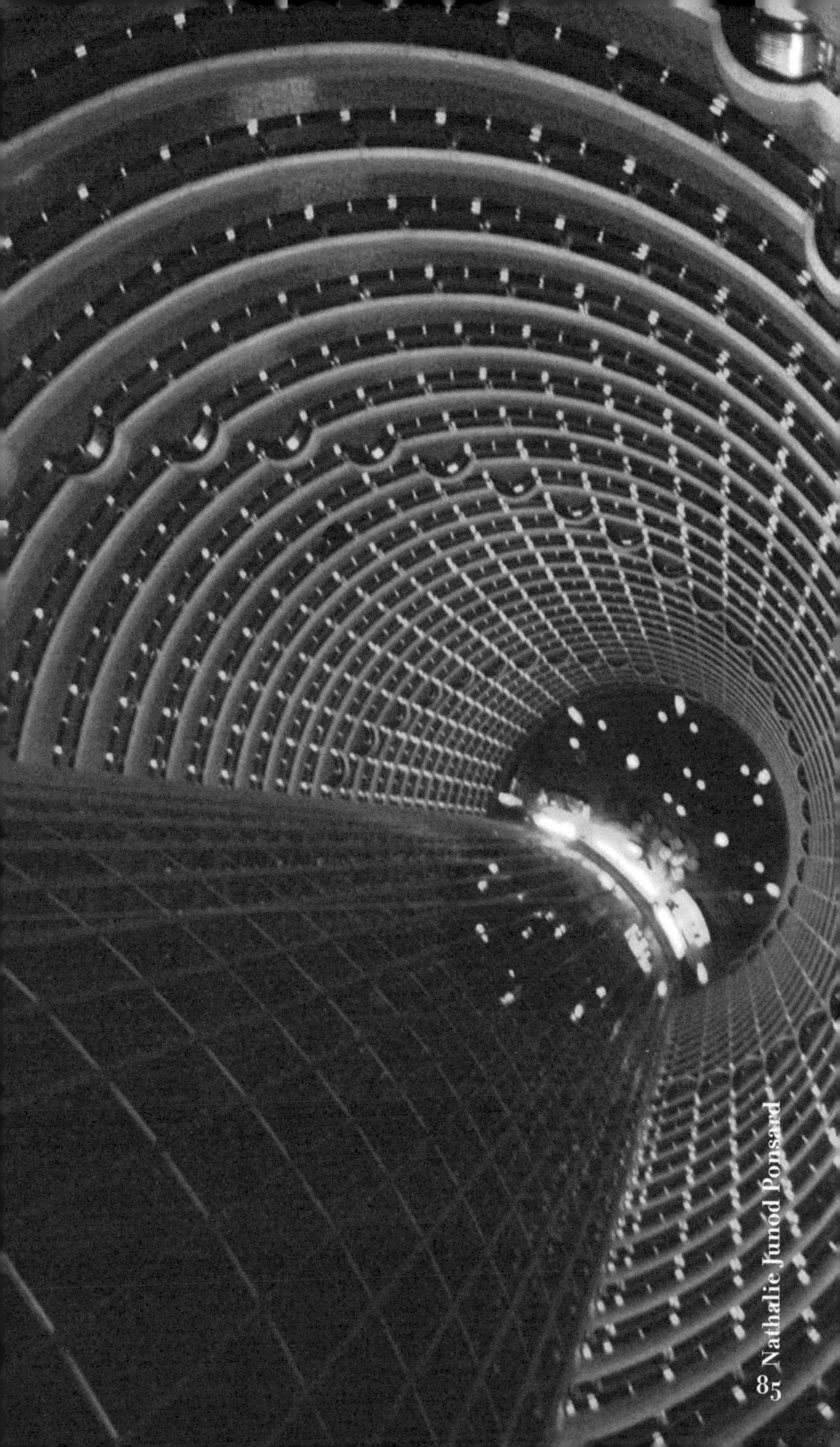
Nathalie Junod Ponsard

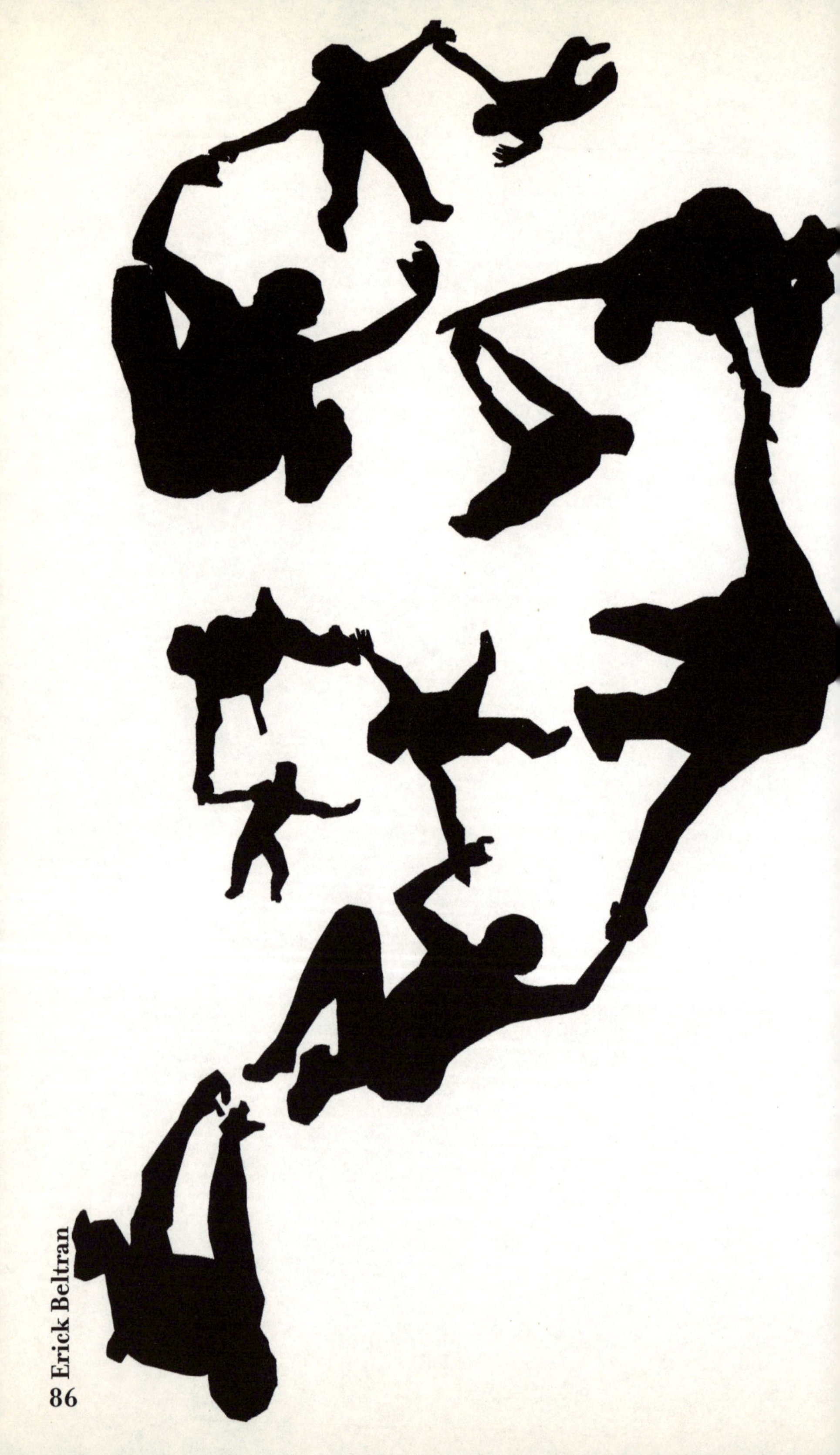

Erick Beltran

I
want
the
whiteness
of
this
page

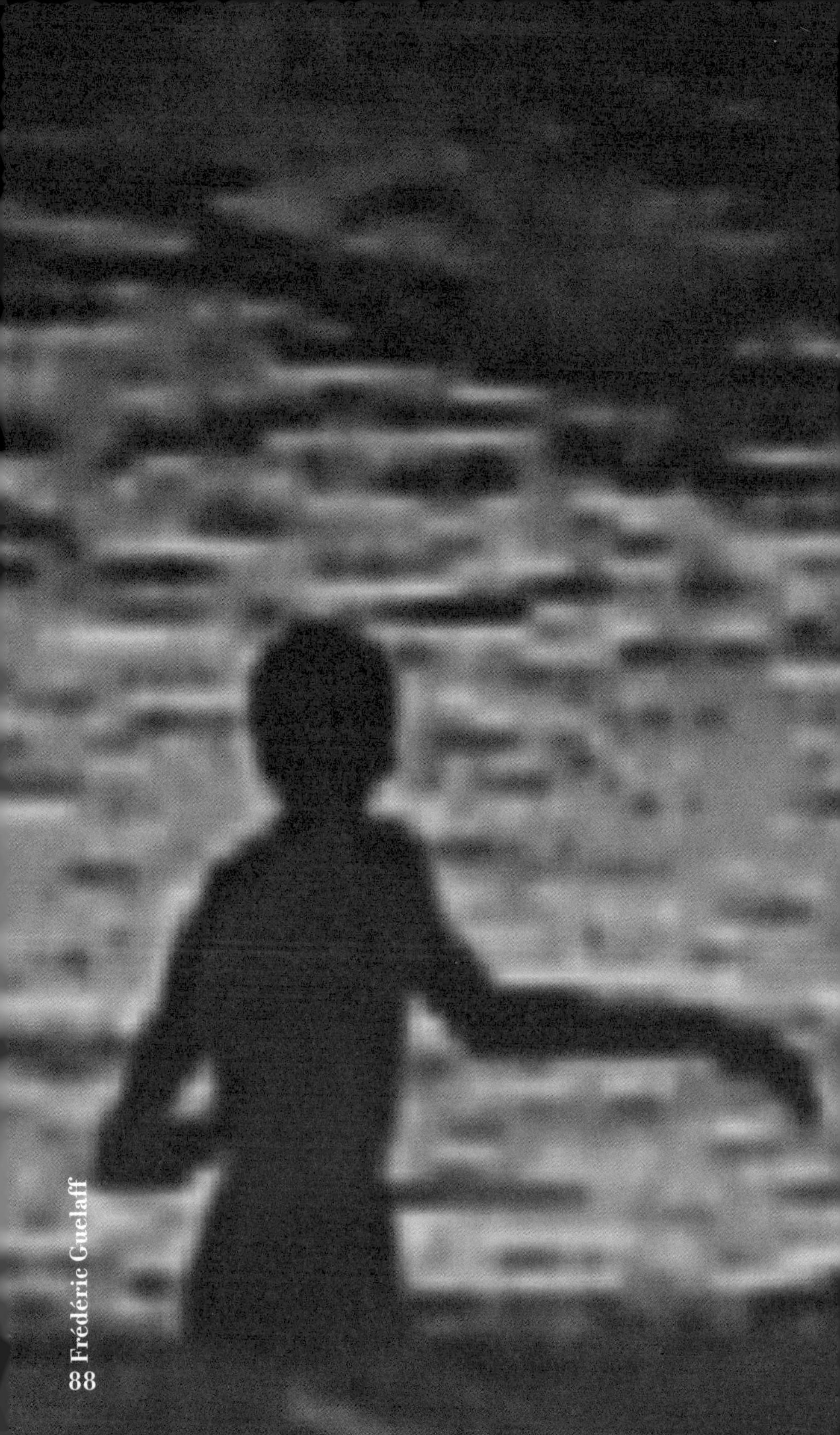
Frédéric Guelaff

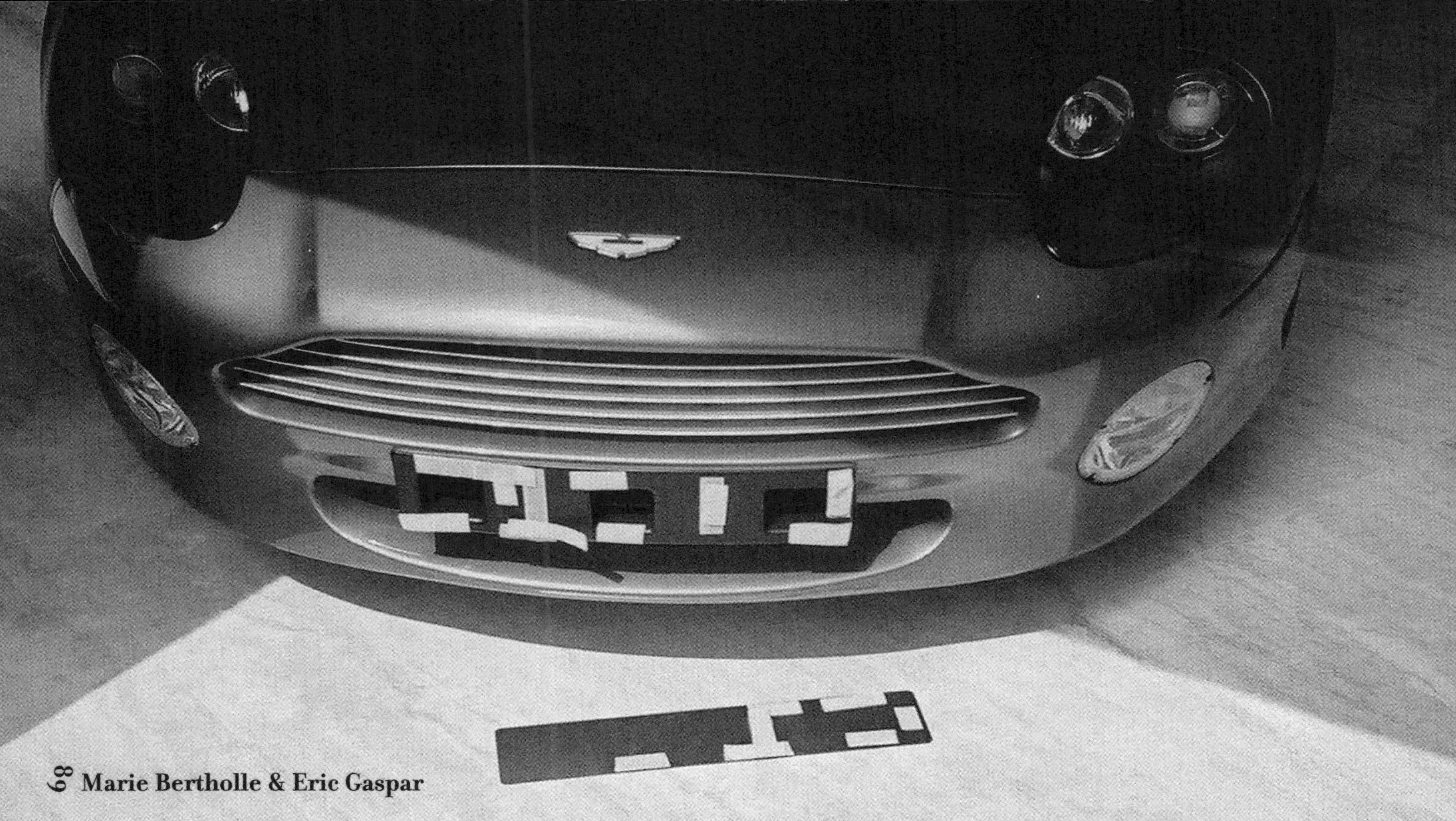

 Marie Bertholle & Eric Gaspar

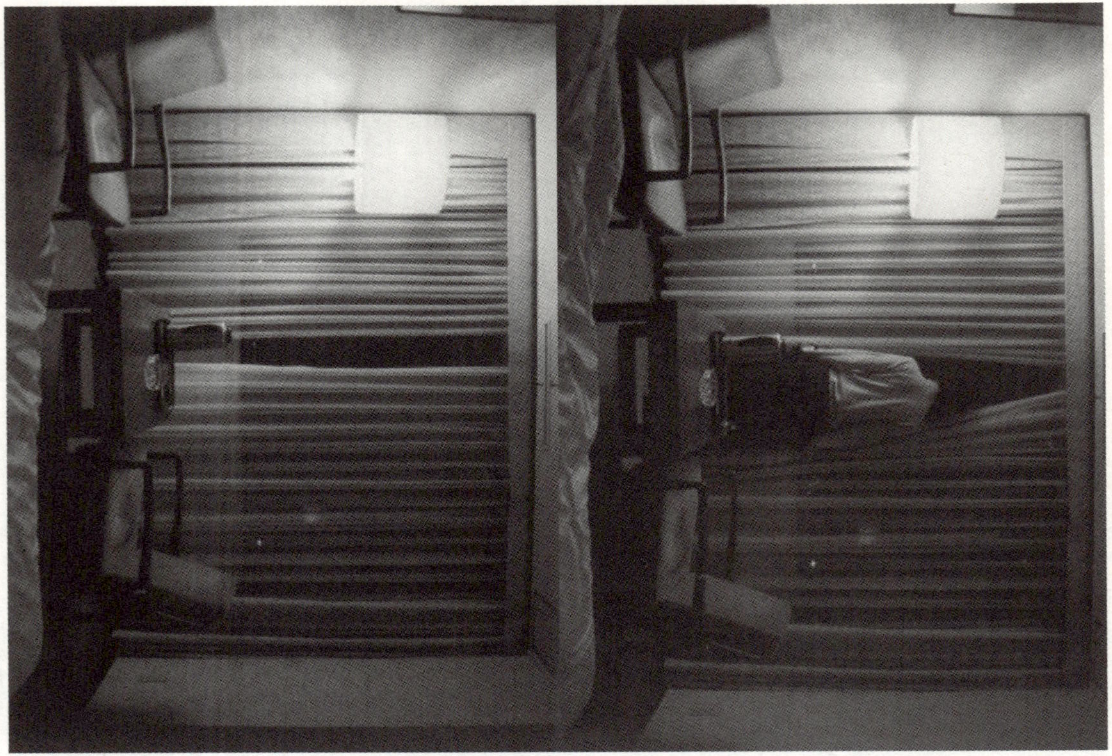

 Chie Machida

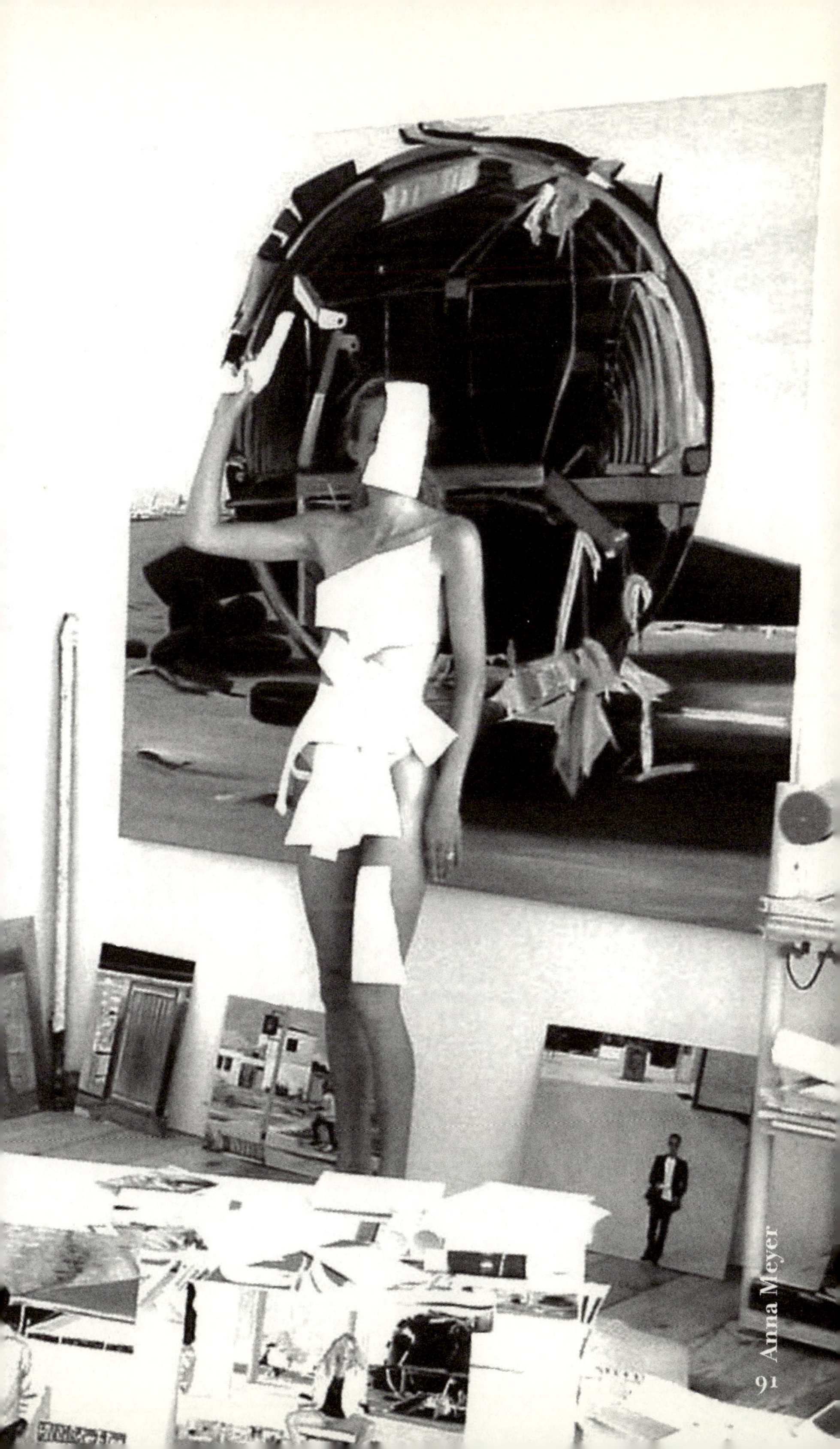
Anna Meyer

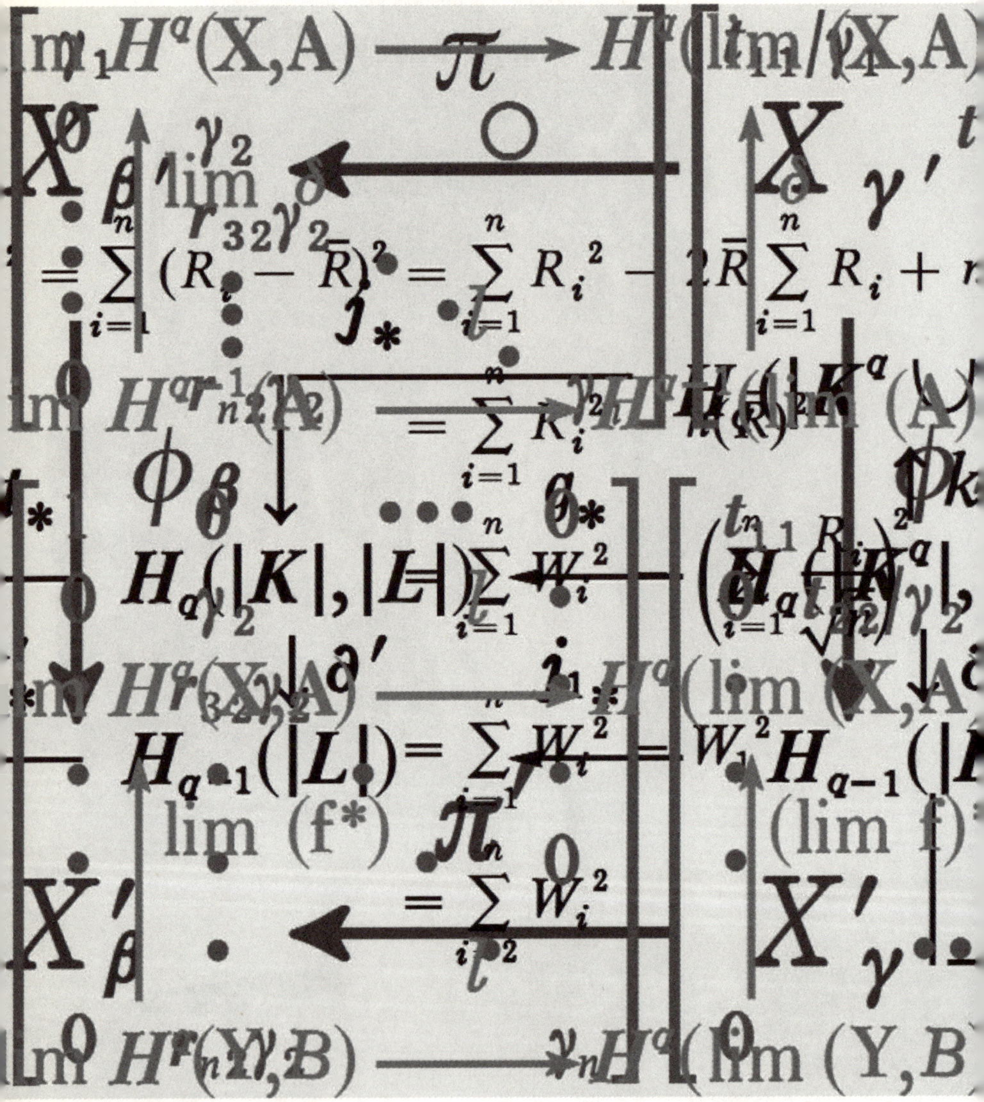

NOS DEUX AMIS SAVOURENT UN REPOS BIEN MERITÉ, INCONSCIENTS DU DANGER QUI LES GUETTE...

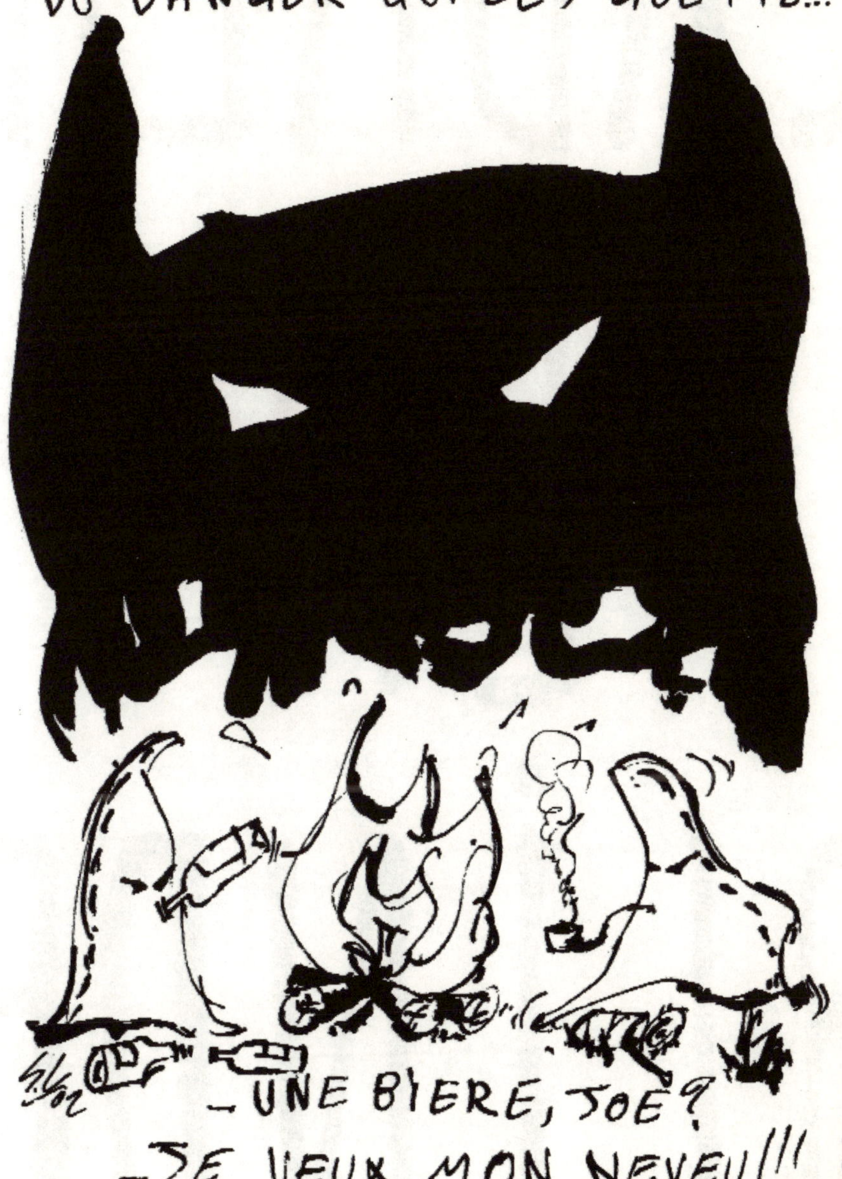

- UNE BIERE, JOE ?
- JE VEUX MON NEVEU !!!...

CADRER EN BLINDE

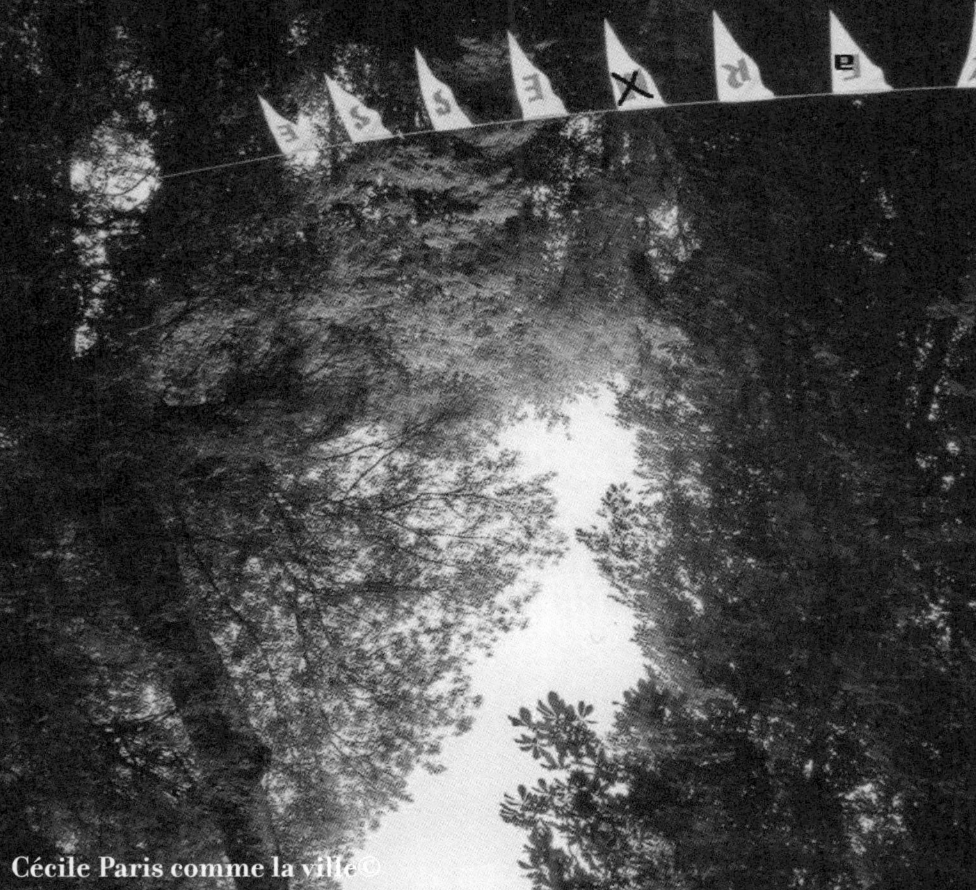

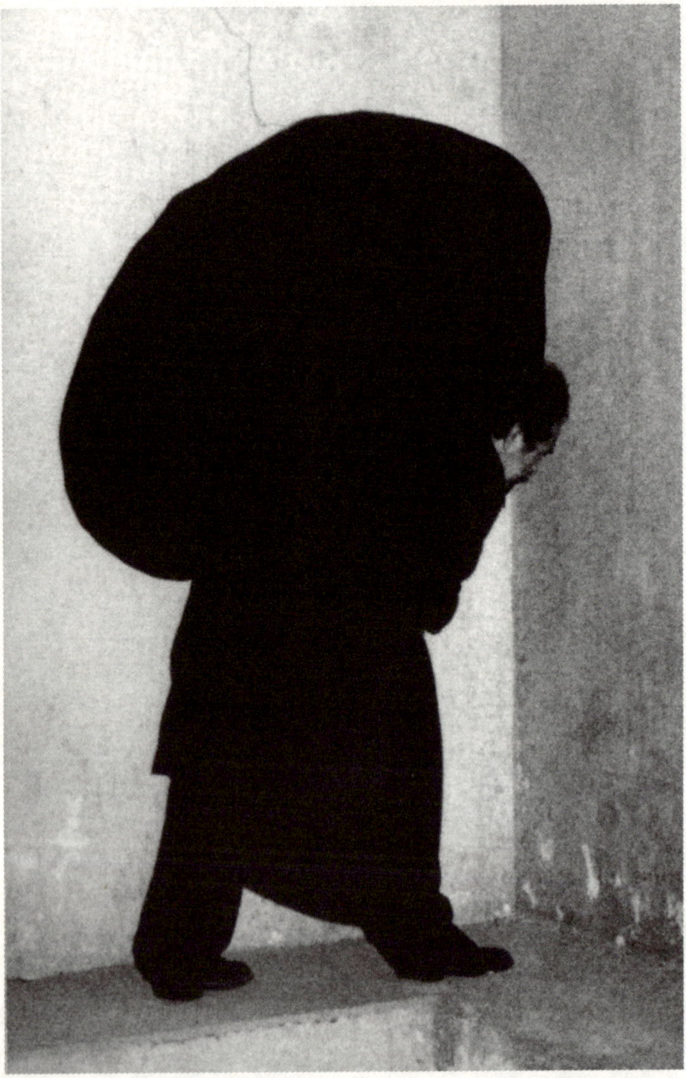

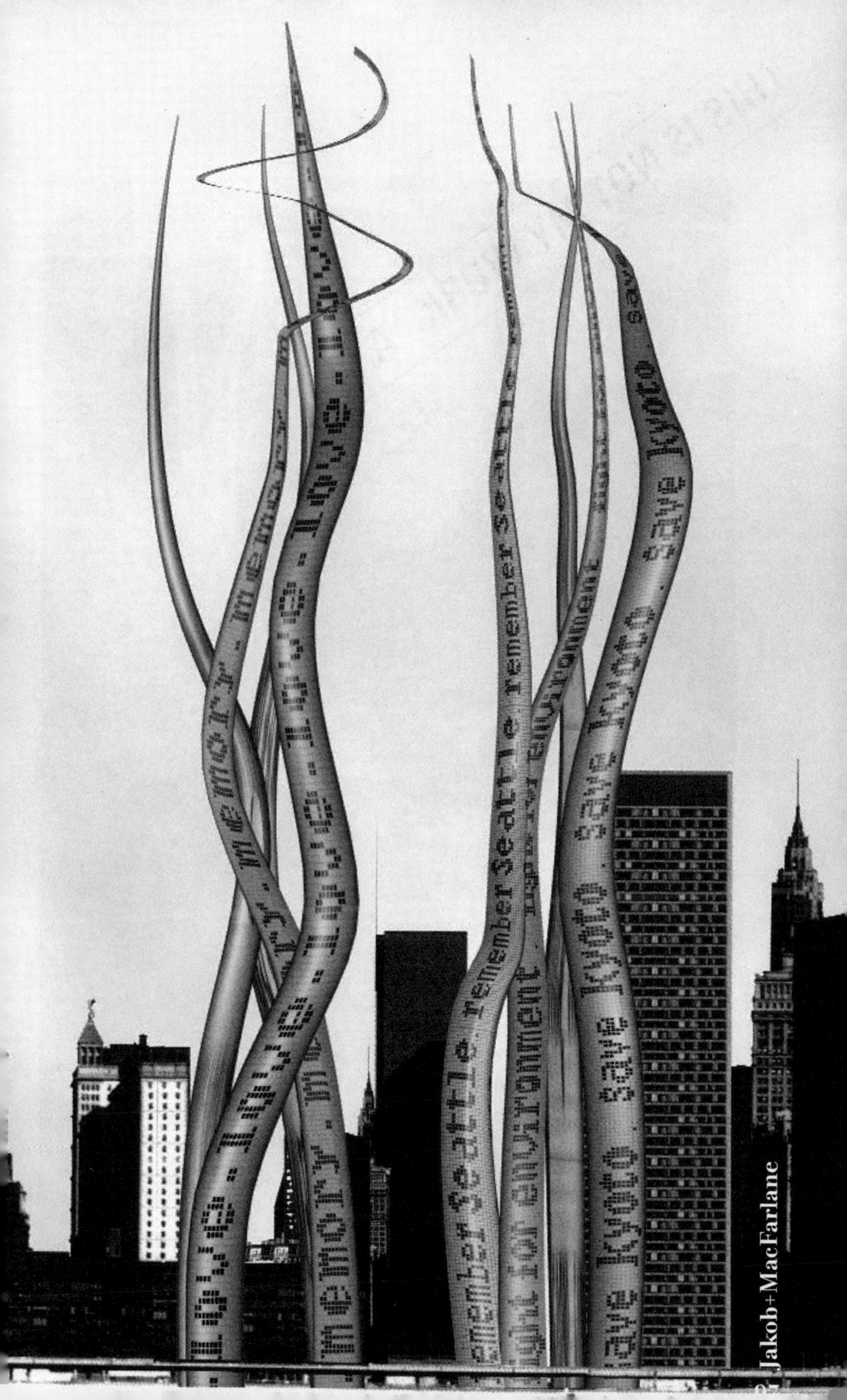

© Jakob+MacFarlane

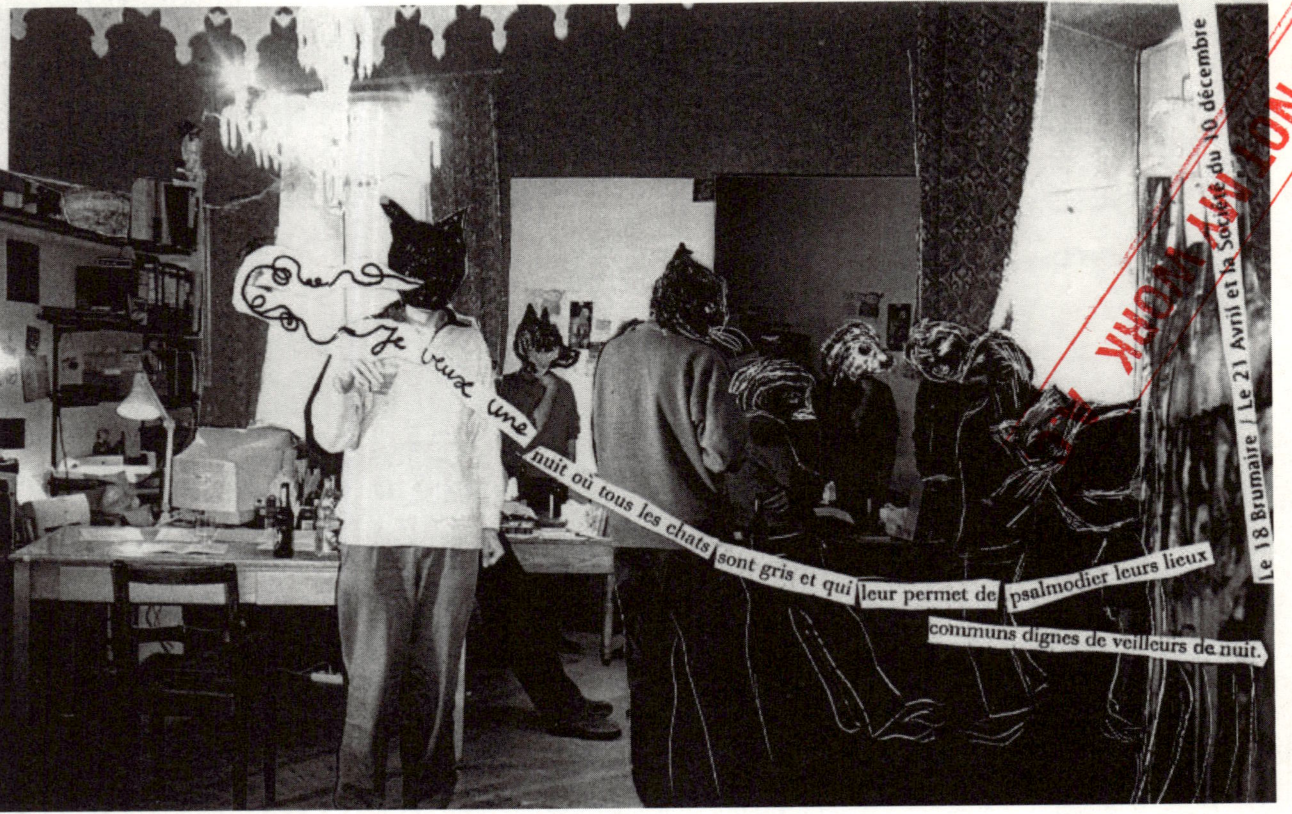
Je veux une
nuit où tous les chats sont gris et qui leur permet de psalmodier leurs lieux
communs dignes de veilleurs de nuit.
Le 18 Brumaire / Le 21 Avril et la Société du 10 décembre

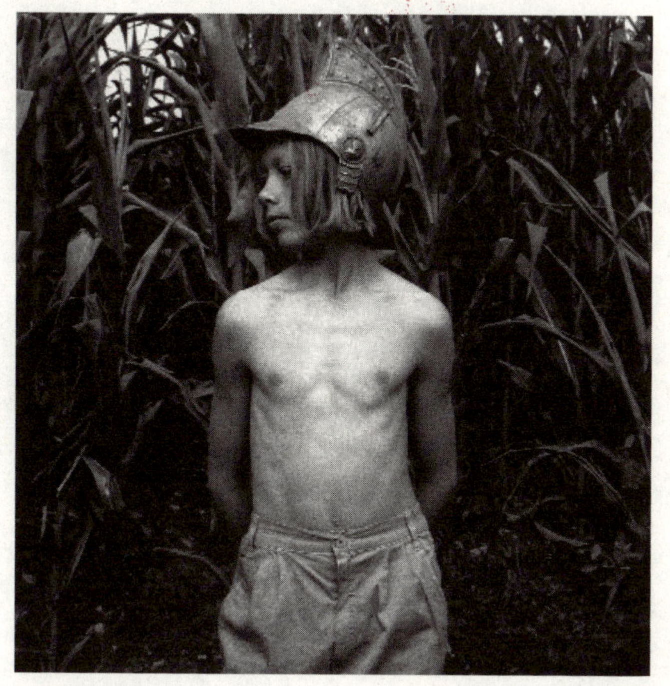

I wanted to be a Roman

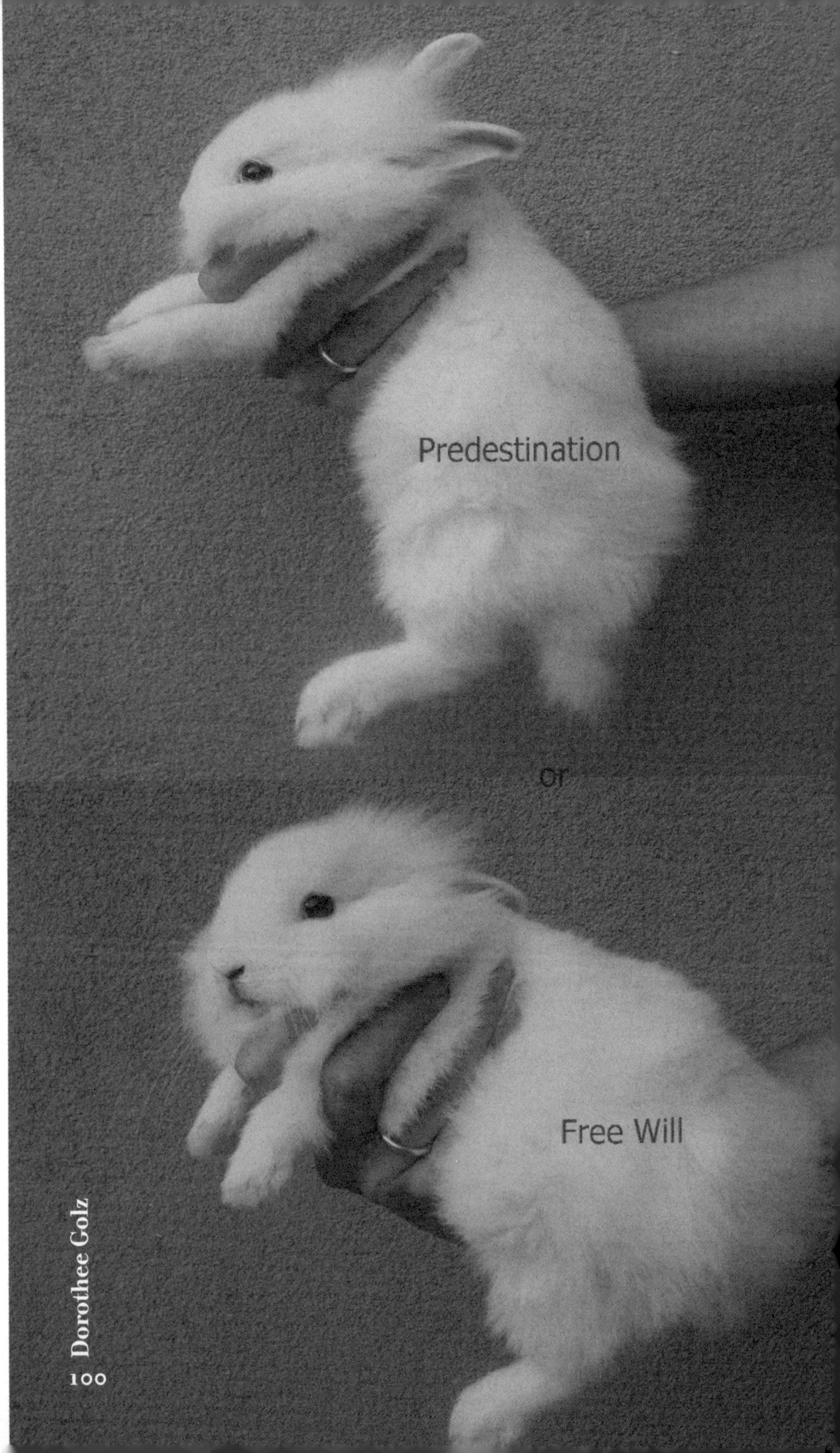

Predestination
or
Free Will

the wishes / les voeux .

f	40	aller faire de l'apnée demain
f	38	hugh to kiss me
m	50	grace
f	25	jouir de partout
f	36	My wish to come true
f	20	des vacances
f	36	sensual experience
f	18	que vincent m'aime
f	15	ken to go swimming
f	22	danser la salsa et partir vivre aux Etats Unis et rencontrer l'homme de ma vie
m	29	faire ce que j'ai envie de faire
	26	volver, ni a a palos
f	40	Que mon amour Benoit et moi ayons un enfant d amour
f	40	Je souhaite que mon prêt soit accordé pour que moi et mon copain et les enfants soyons plus heureux
m	23	an apple
m	23	vivre avec toi Cécile!
m	38	i wish for $225000.00 so i can afford to take the next 4 years and get a college degree , while still being able to pay my bills
f	24	retrouver mon Derek
f	20	je veux partir à Madagascar
m	19	love and happiness
f	21	Rick
f	20	to make someone happy
f	17	to be myself
m	20	une jeune fille
f	30	green
f	25	soulever la jupe d' un écossé et lui mettre la main..
f	26	je veux créer et surtout pour vous faire bien
f	37	ne plus travailler!
f	38	etit oucou

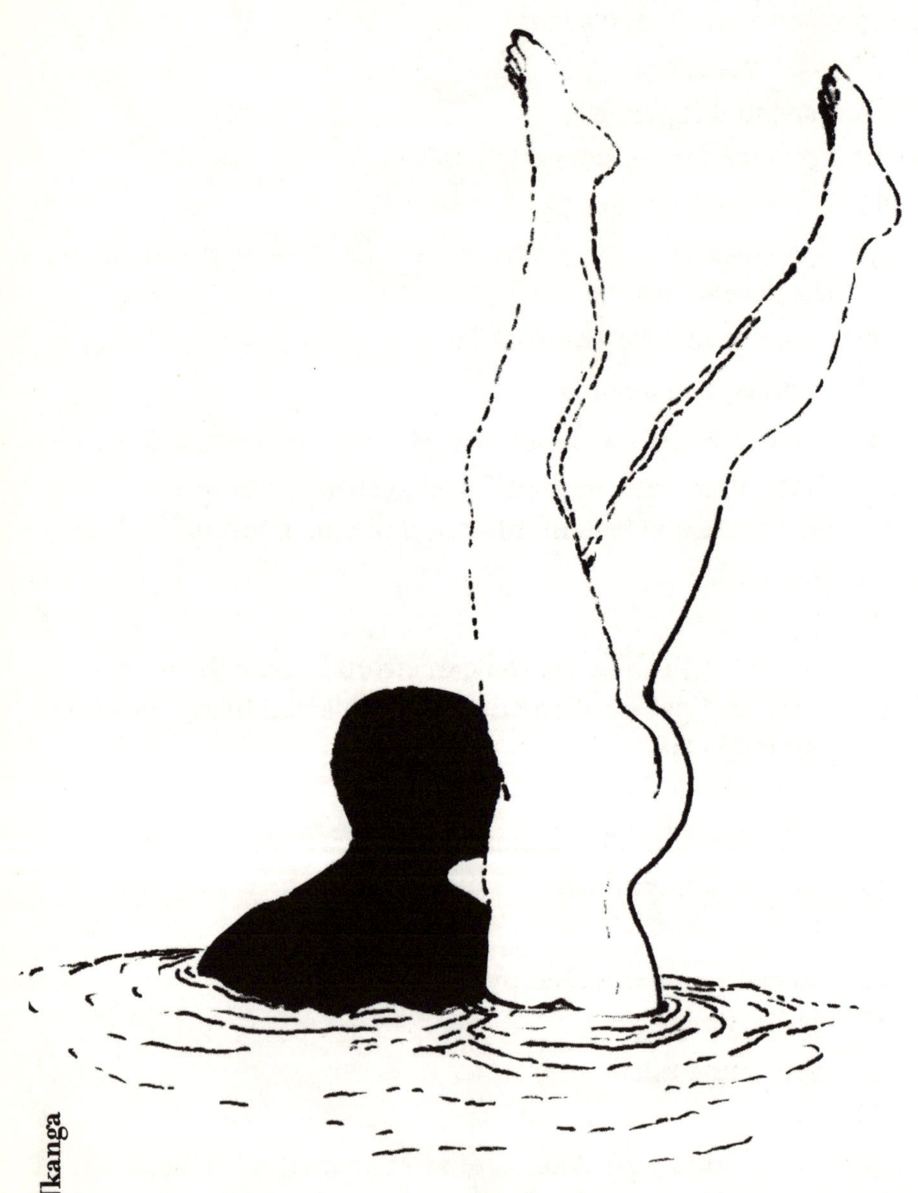

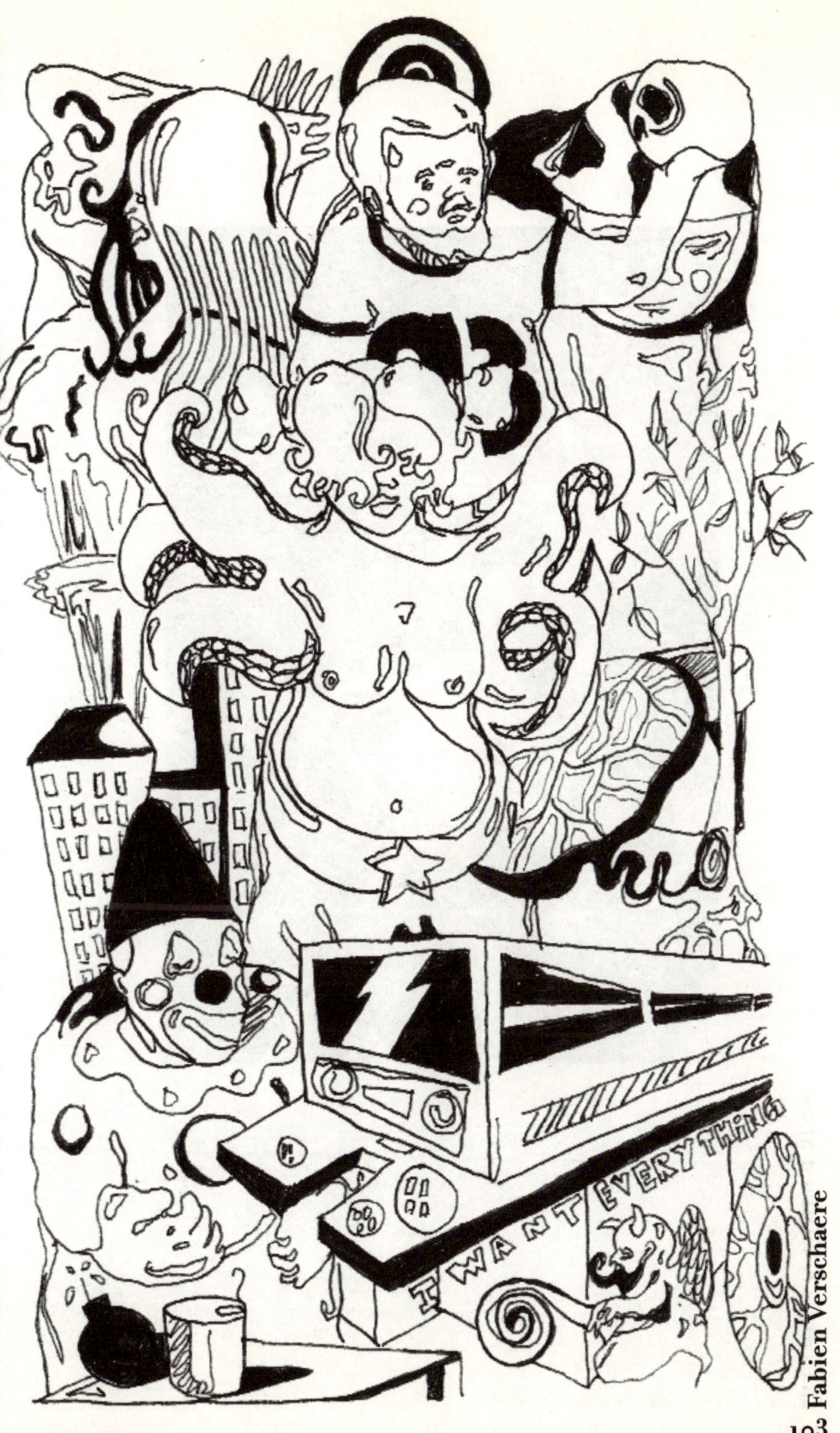

Fabien Verschaere

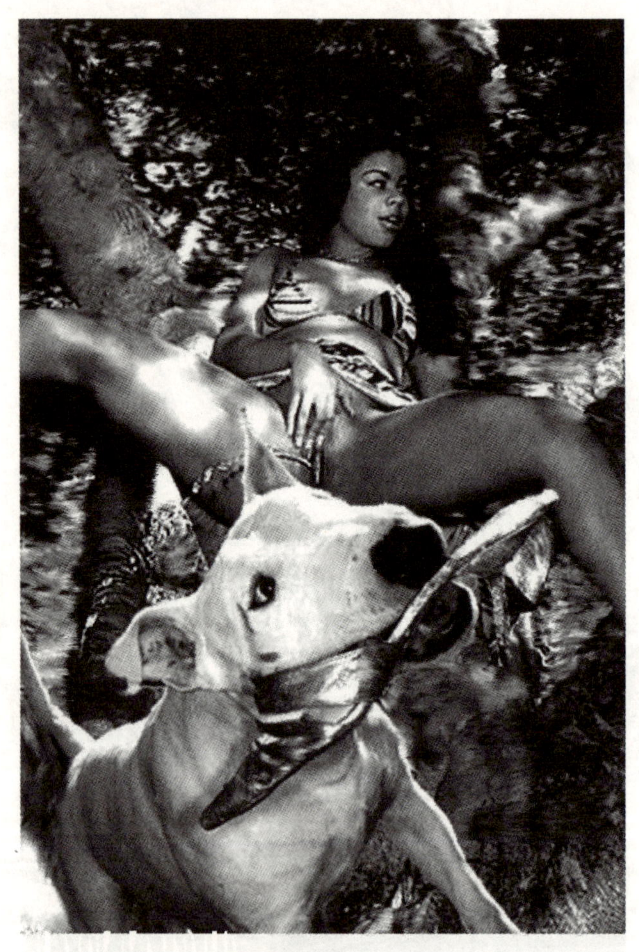

A NEW FRIEND

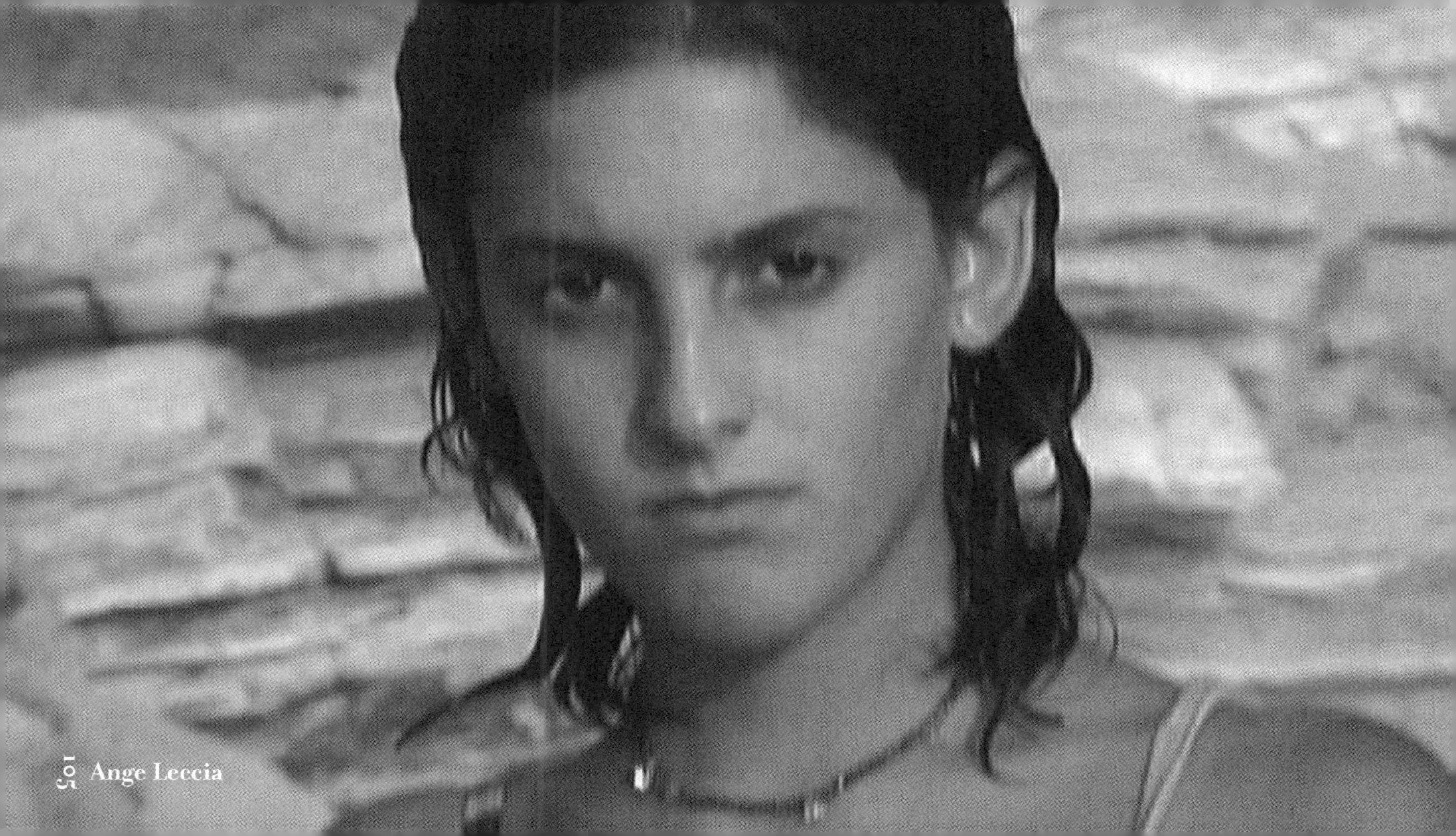

Ange Leccia

toi

Je ne veux pas.

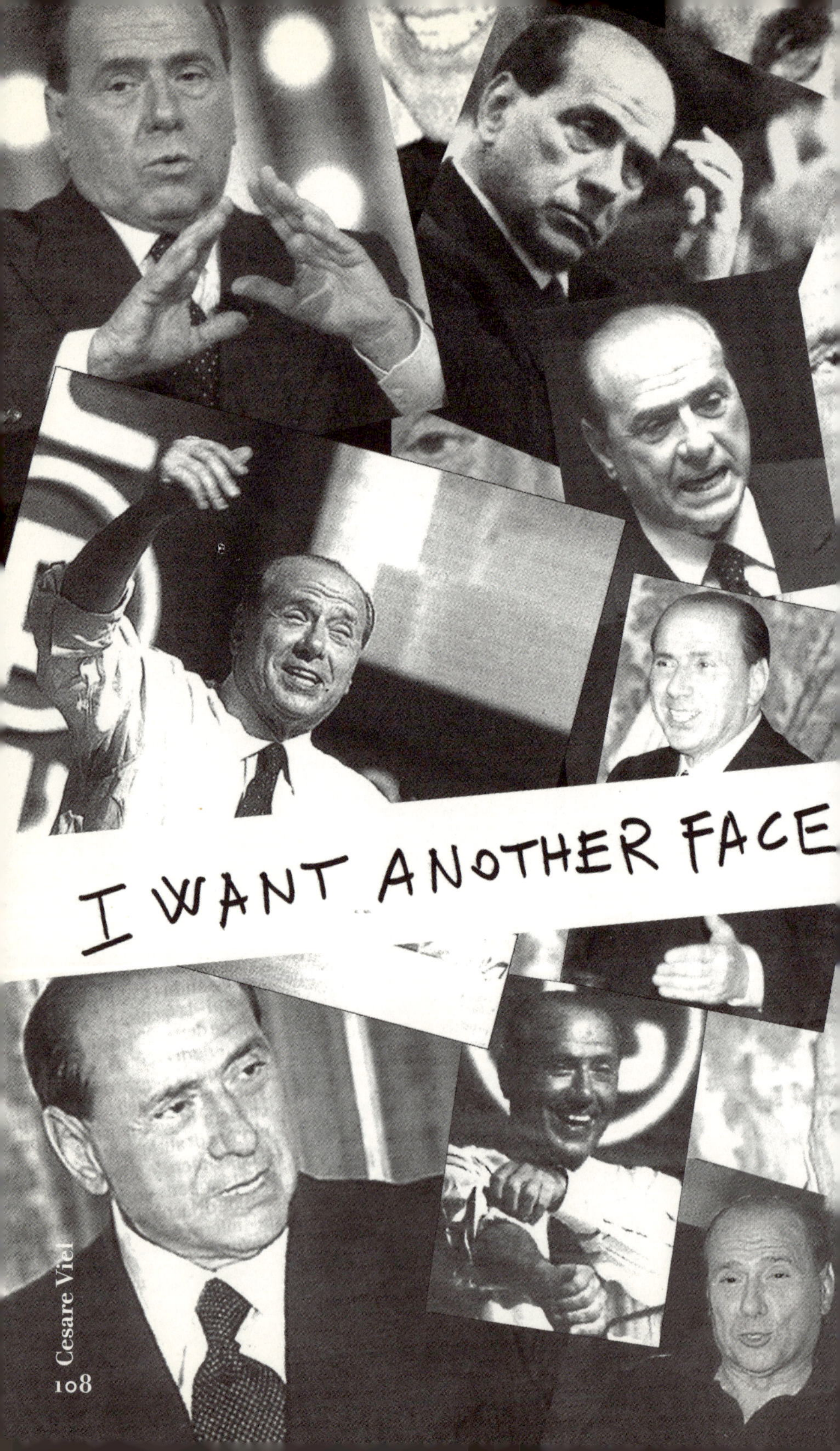

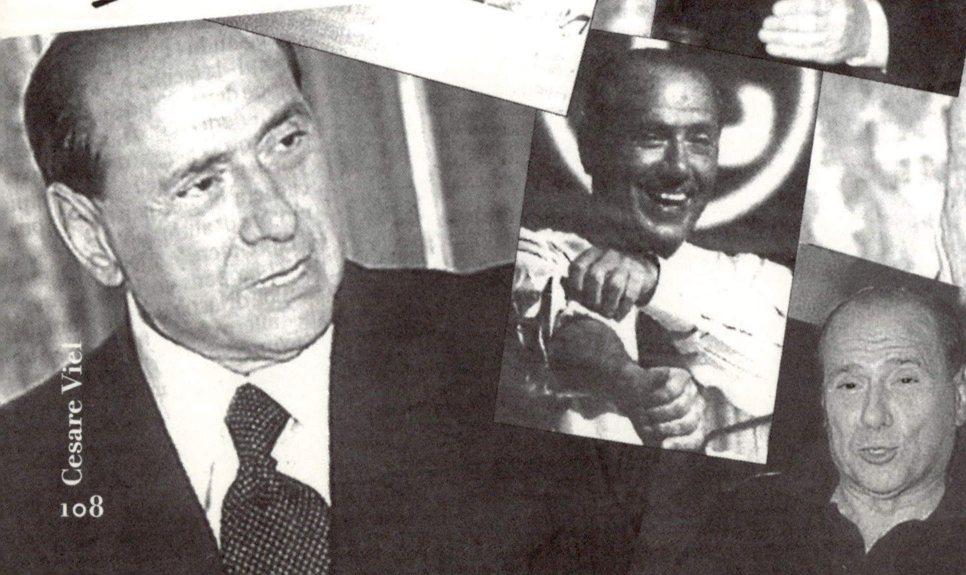
I WANT ANOTHER FACE

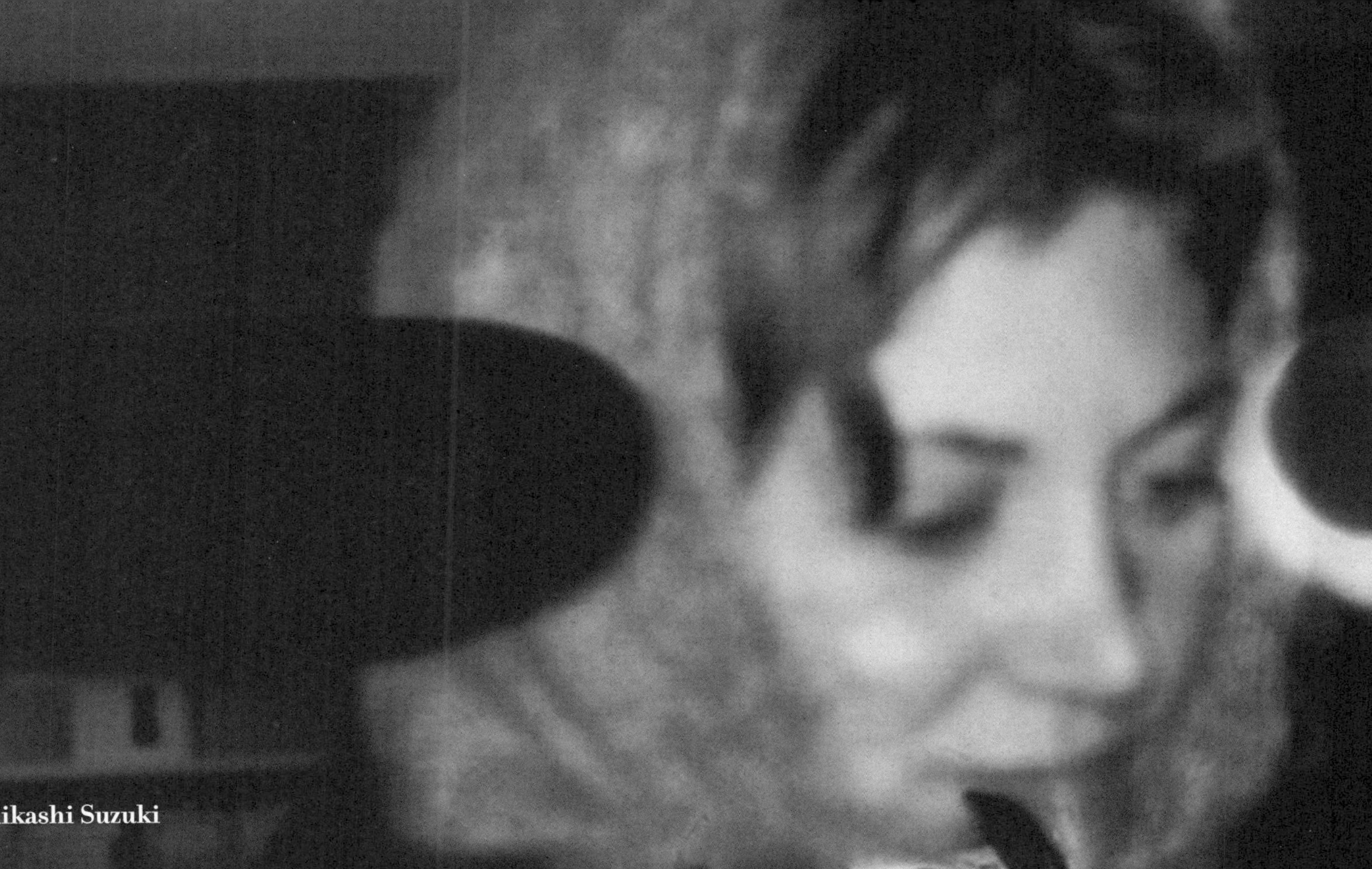

Chikashi Suzuki

le plat du jour

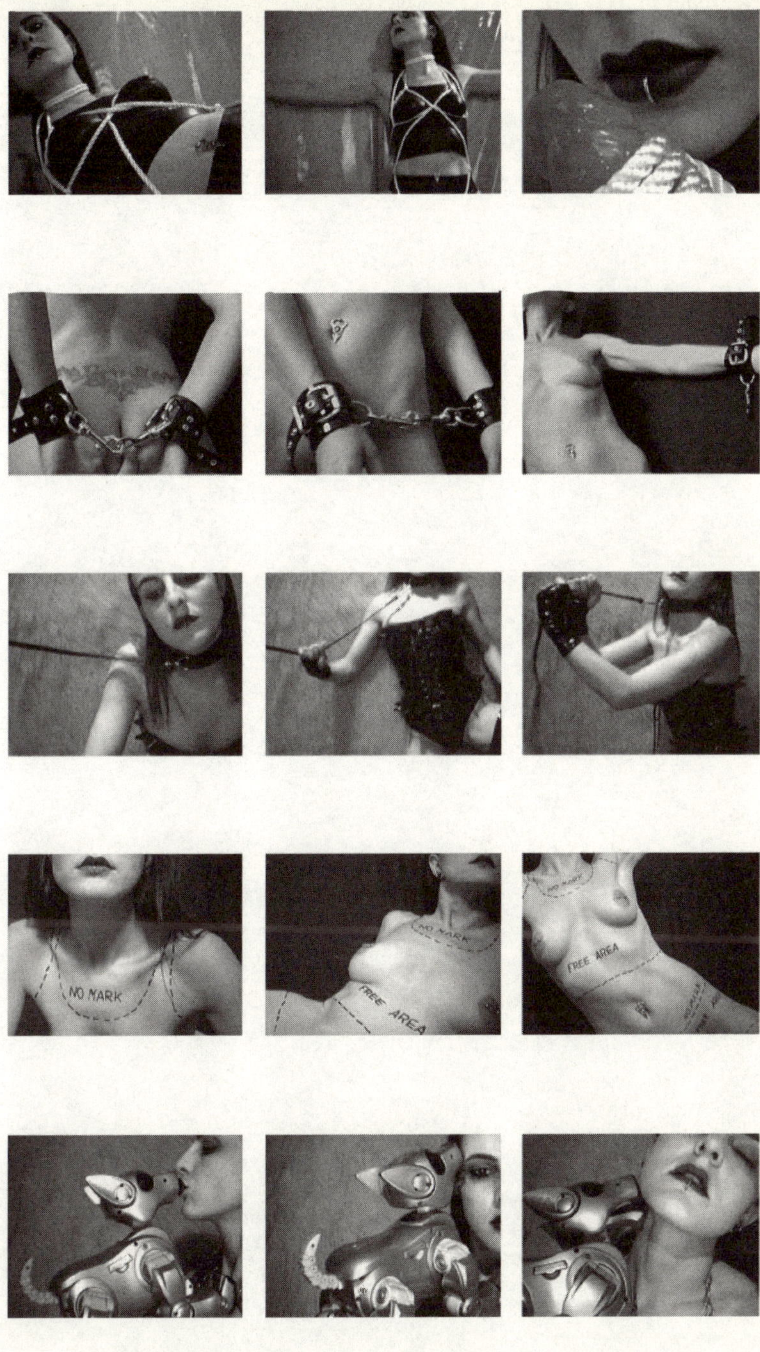

France Cadet

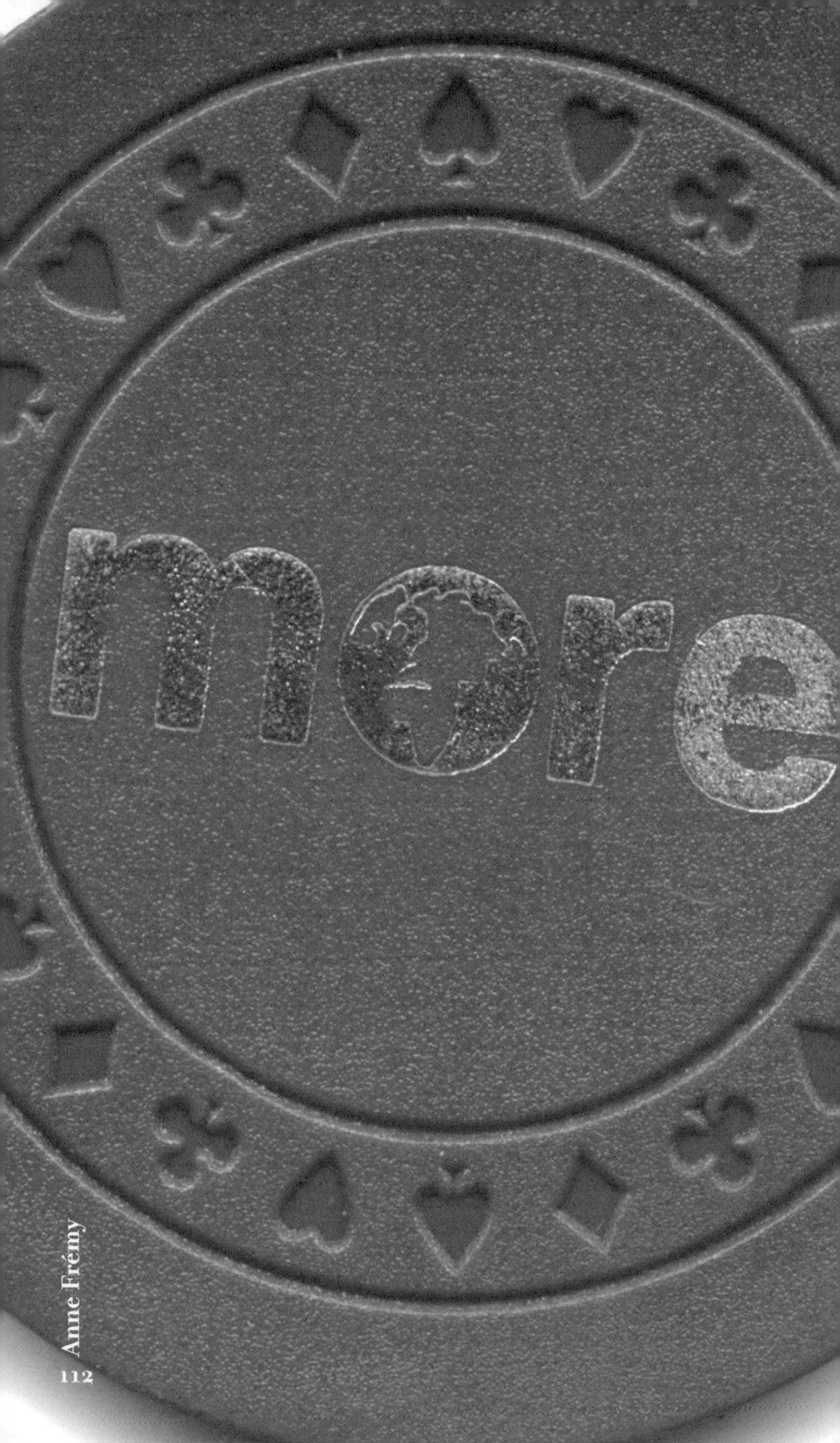
more

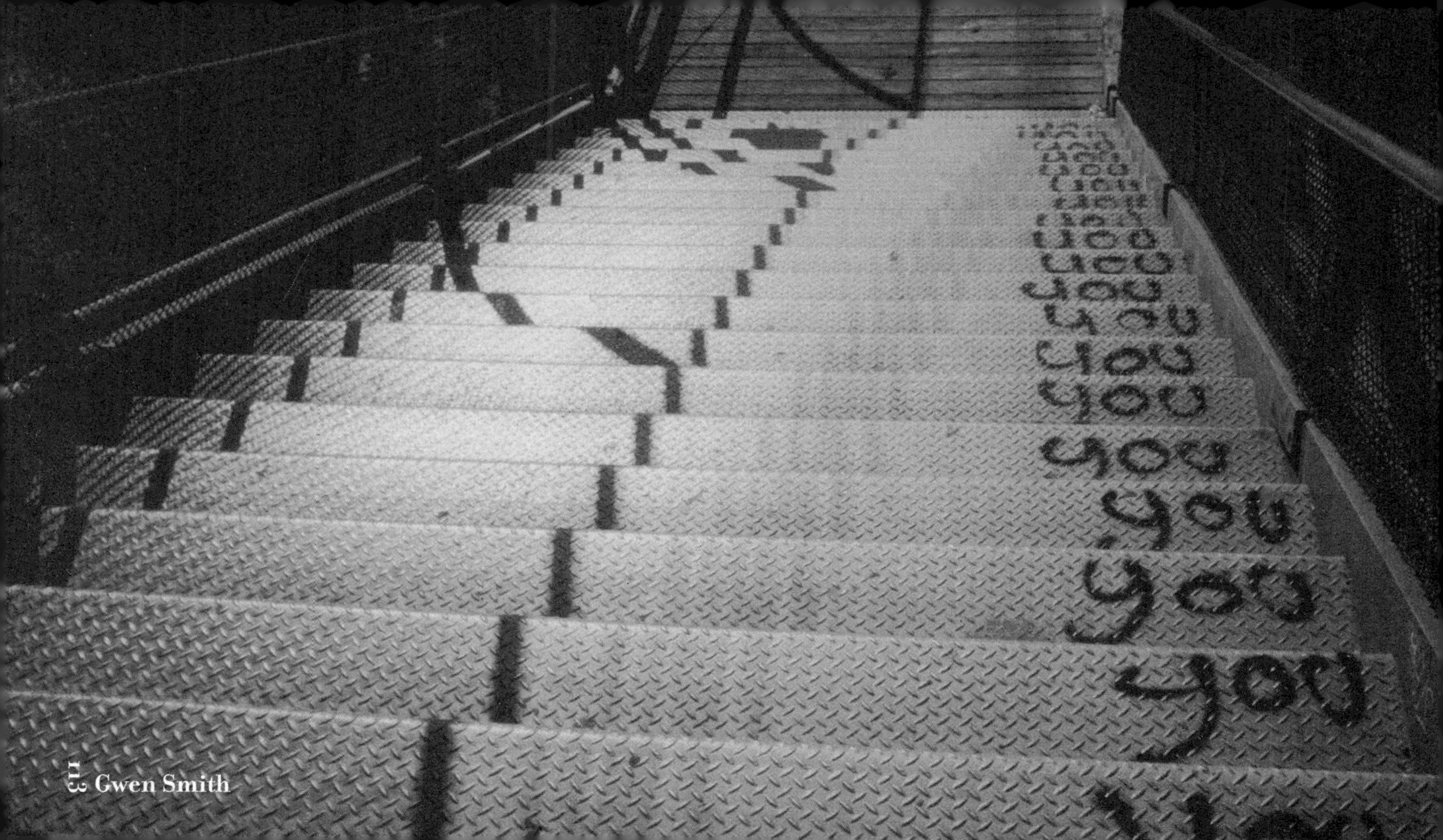

you
you
you
you
you
you
you
you
you
you
you
you
you
you
you
you

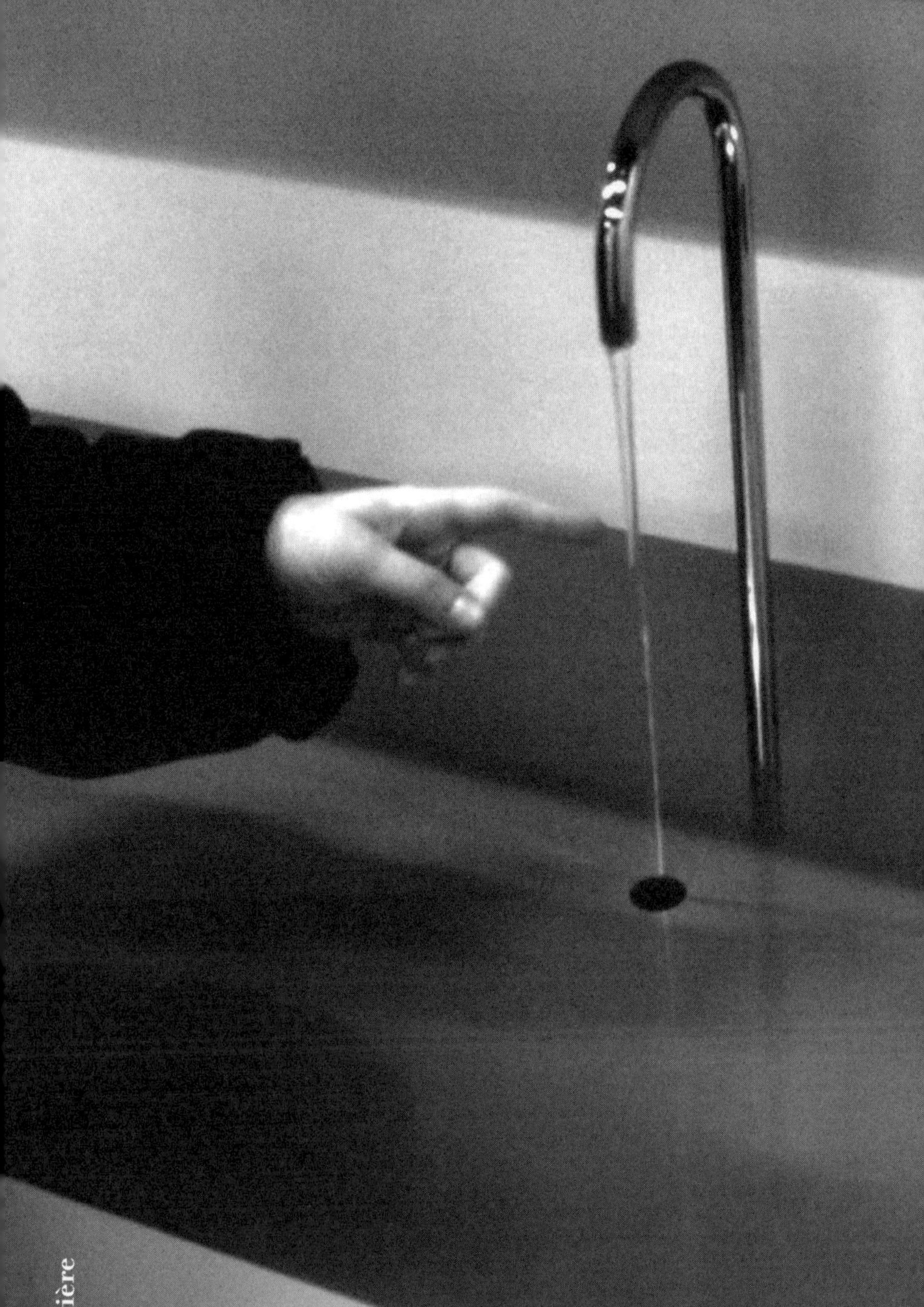
Un "Tiens" vaut mieux
que deux "Tu l'auras".

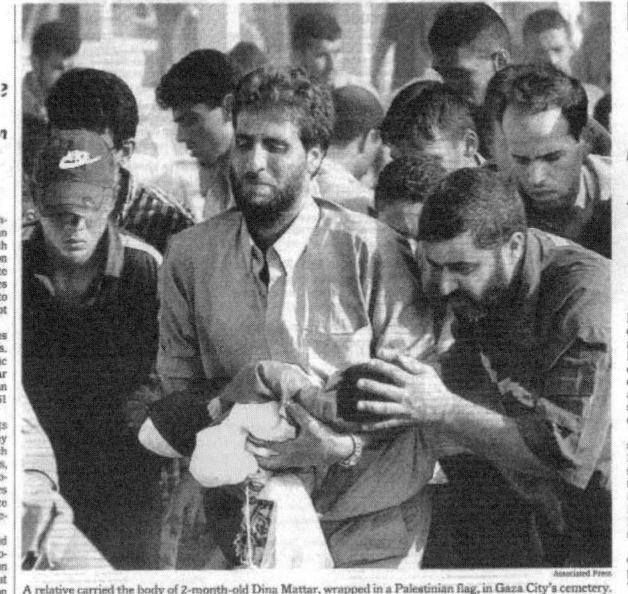

Associated Press
A relative carried the body of 2-month-old Dina Mattar, wrapped in a Palestinian flag, in Gaza City's cemetery.

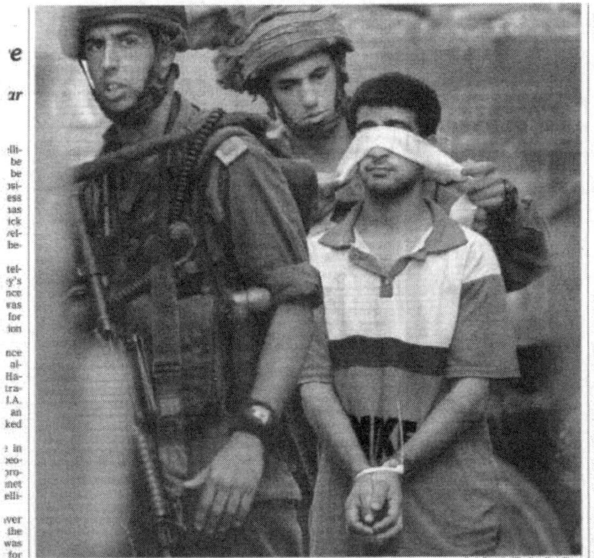

Ruth Fremson/The New York Times
Israeli troops with one of at least 50 Palestinians they seized in Nablus yesterday for questioning.

Ni•ke (nī′kē) *n. Gk. Mythololgy.* The god-dess of victory.

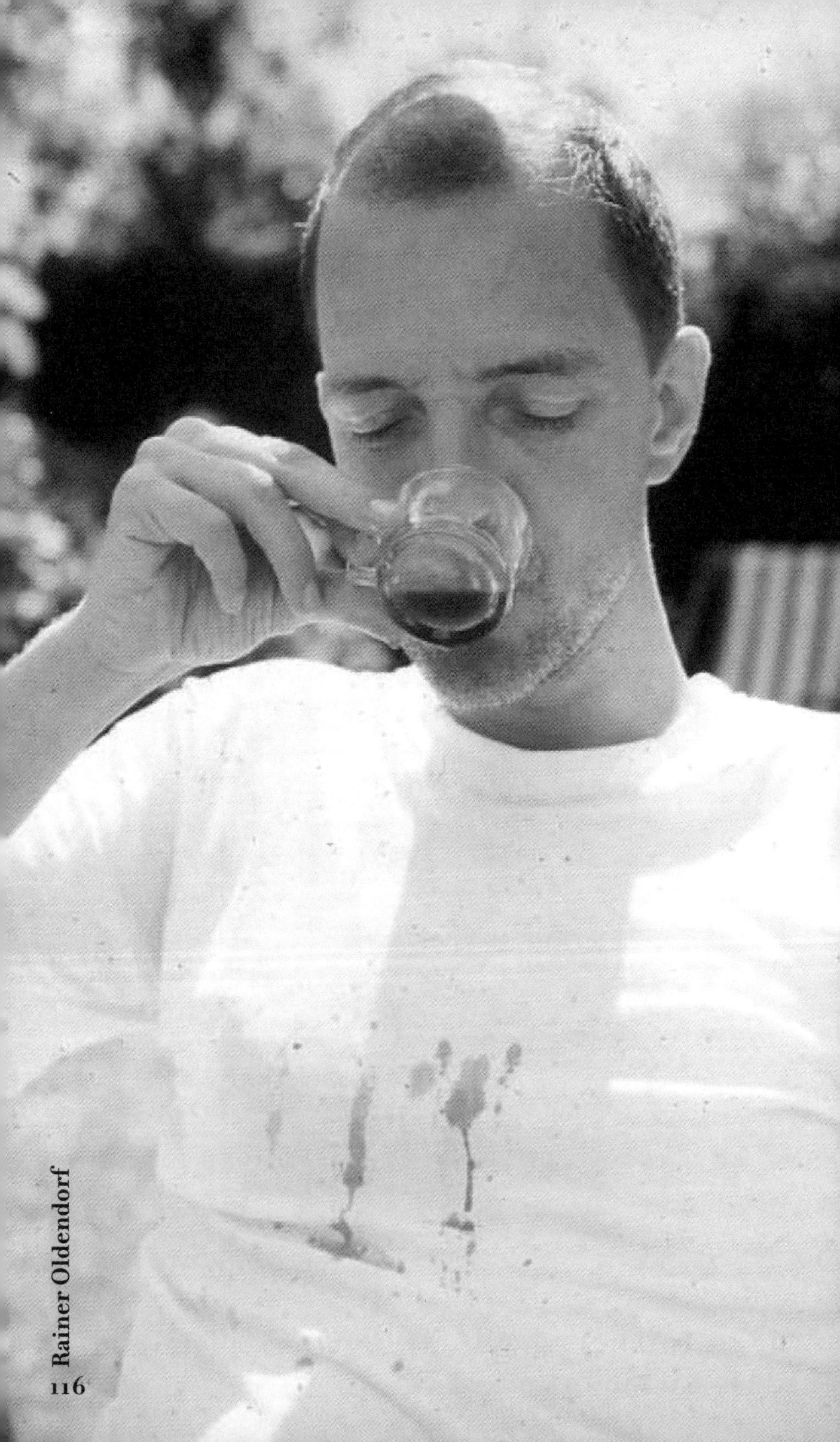

Rainer Oldendorf

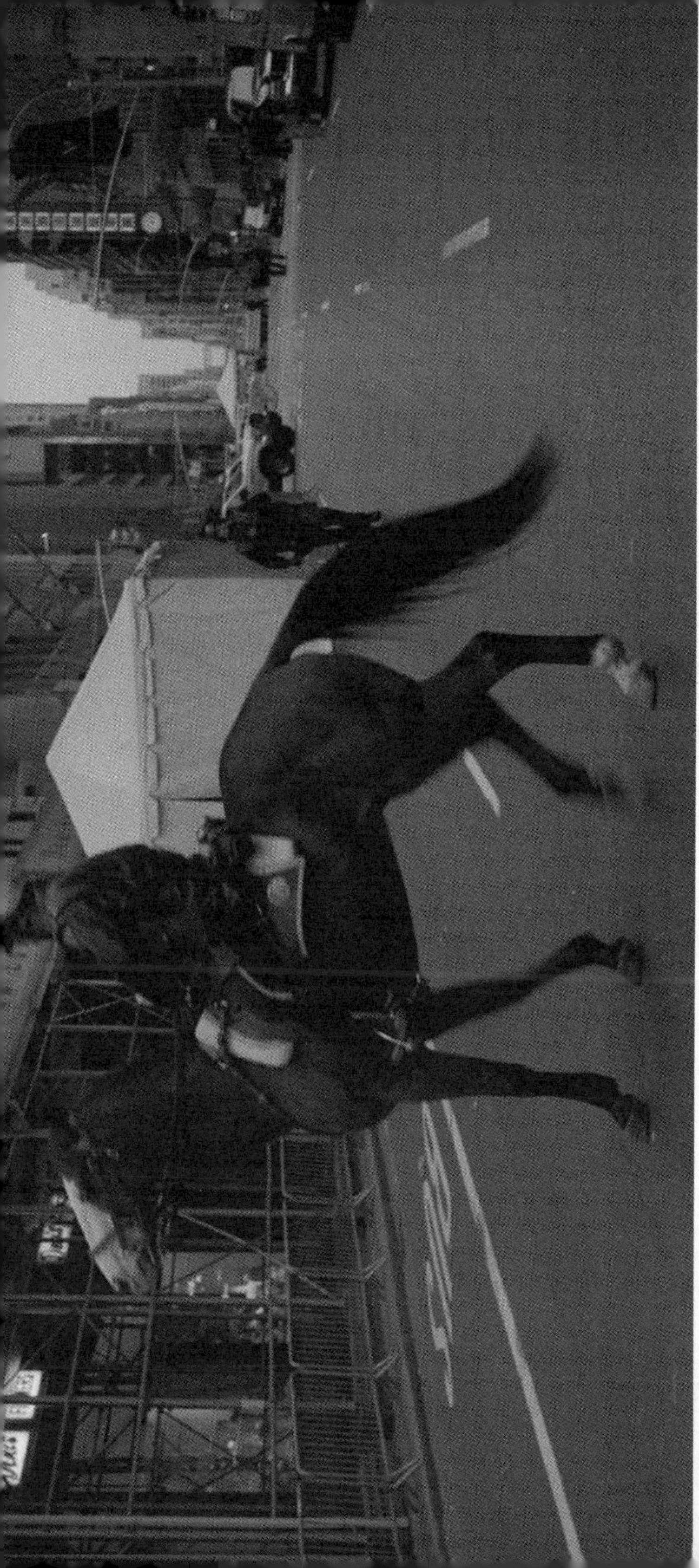

The bus turns onto a highway. The landscape is wide and open. Her eyelids are closing periodically, the radio next to her ear. *...first the news.* On the other side of the window the landscape is a line. *The World Economic Forum, which ran from January 31 to February 4 at the Waldorf-Astoria Hotel in New York City...* It gets dark outside. *...a company called the Carlyle Group. And in the wake of recent events,* "Excuse me..." *its power and influence have become significantly stronger.* "Excuse me. *The company operates within...* "Hey, can you turn that down." She turns her head towards the window and covers herself with a blanket. *...so-called iron-triangle of industry, government and the military.* The bus moves at high speed. *Its list of former and current advisers and associates includes a vast array of some of the most powerful men in America and indeed around the world. It has also brought together the current Secretary of State Colin Powell, former President George Bush, and Osama Bin Laden's half brother. You are listening to Democracy Now, the war and...* She falls asleep. As she wakes up somebody else is sitting next to her. "Sorry." She pulls up her blanket and turns back to the radio. The station has changed.

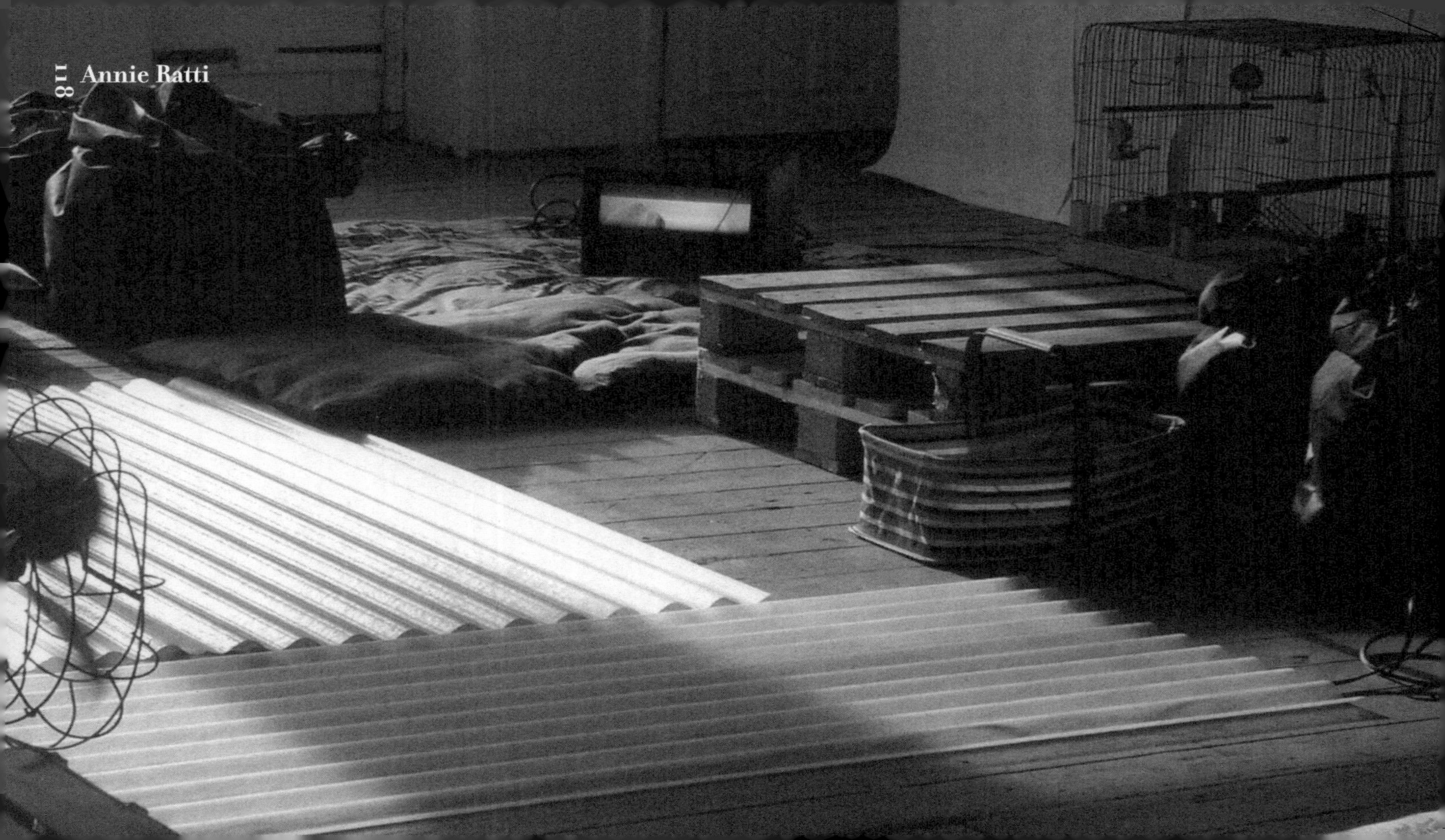

 Annie Ratti

Blue Circles #3
This recording was made by Julian Dashper
in front of Jackson Pollock's Blue Poles: Number 11, 1952
Monday 7th January 2002 in the National Gallery of Australia.
This recording was released on the occasion of the exhibition
by Julian Dashper at the Sue Crockford Gallery in Auckland
September—October 2002.
33.3 RPM
Records
records@clear.net.nz
PO BOX 78 010 GREY LYNN AUCKLAND 1030 NEW ZEALAND

on dit pas je veux
on dit je voudrais

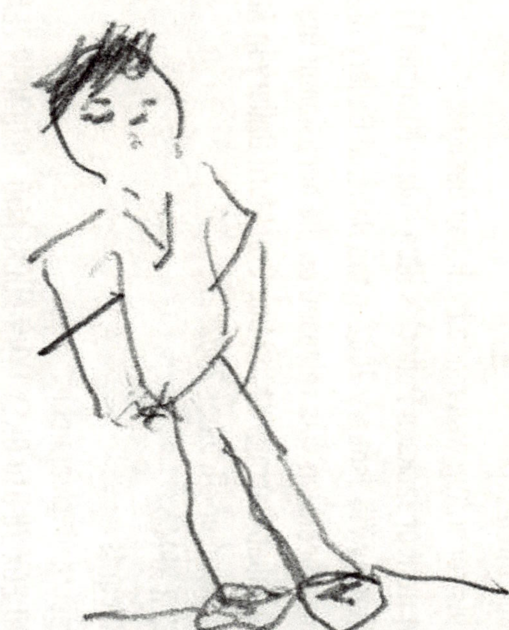

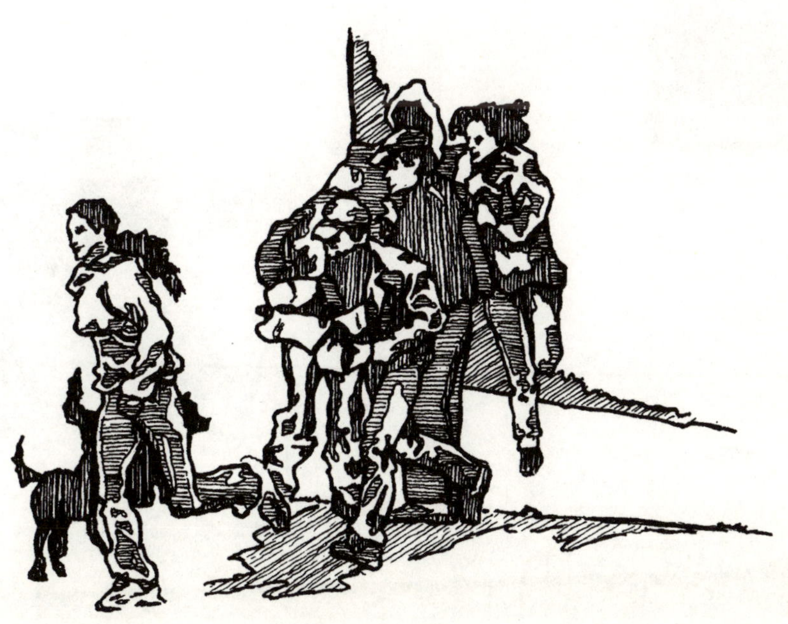

Anthony Elms

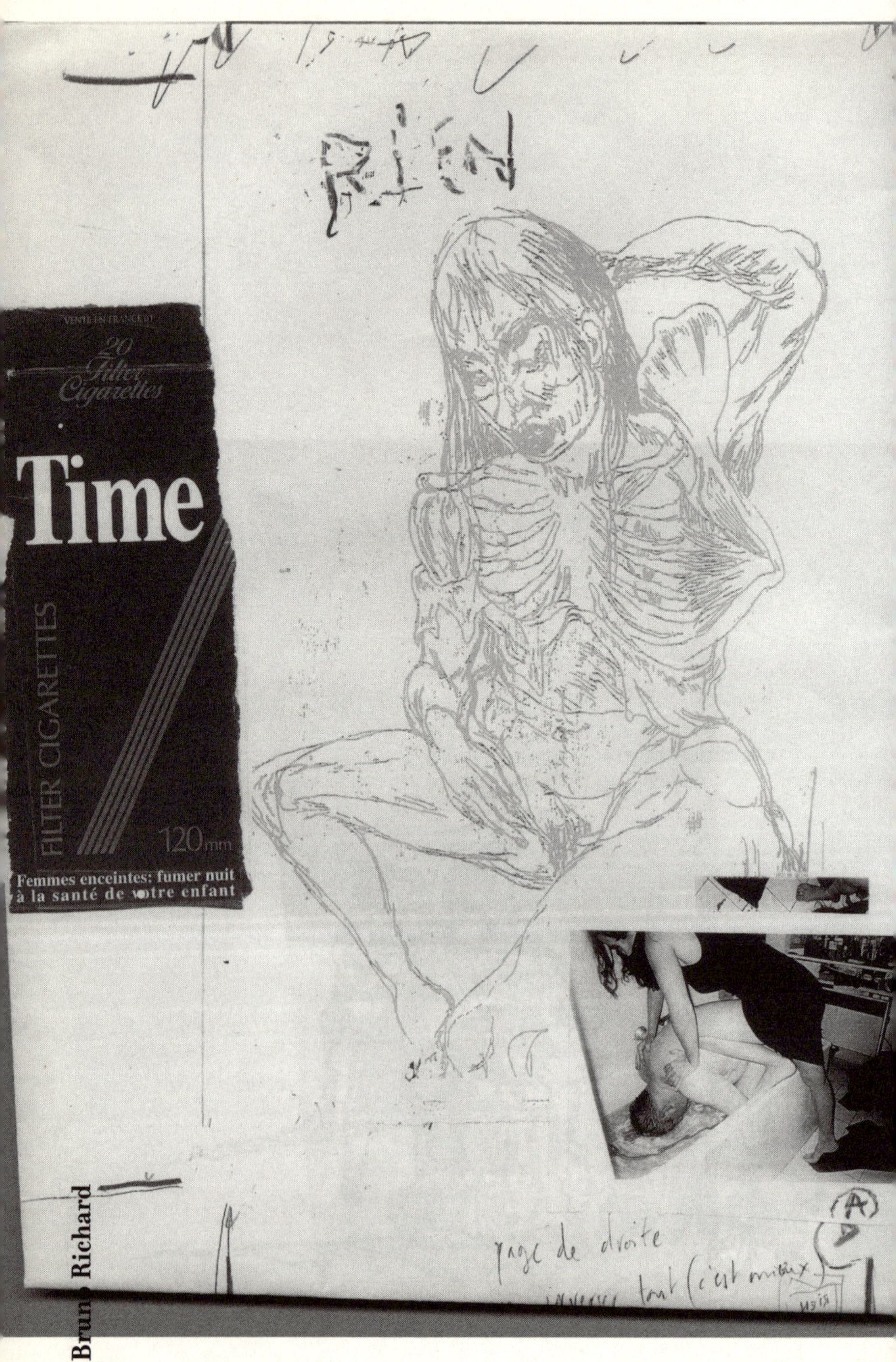
RIEN
VENTE EN FRANCE
20 Filter Cigarettes
Time
FILTER CIGARETTES
120 mm
Femmes enceintes: fumer nuit
à la santé de votre enfant
page de droite
tout (c'est mieux)

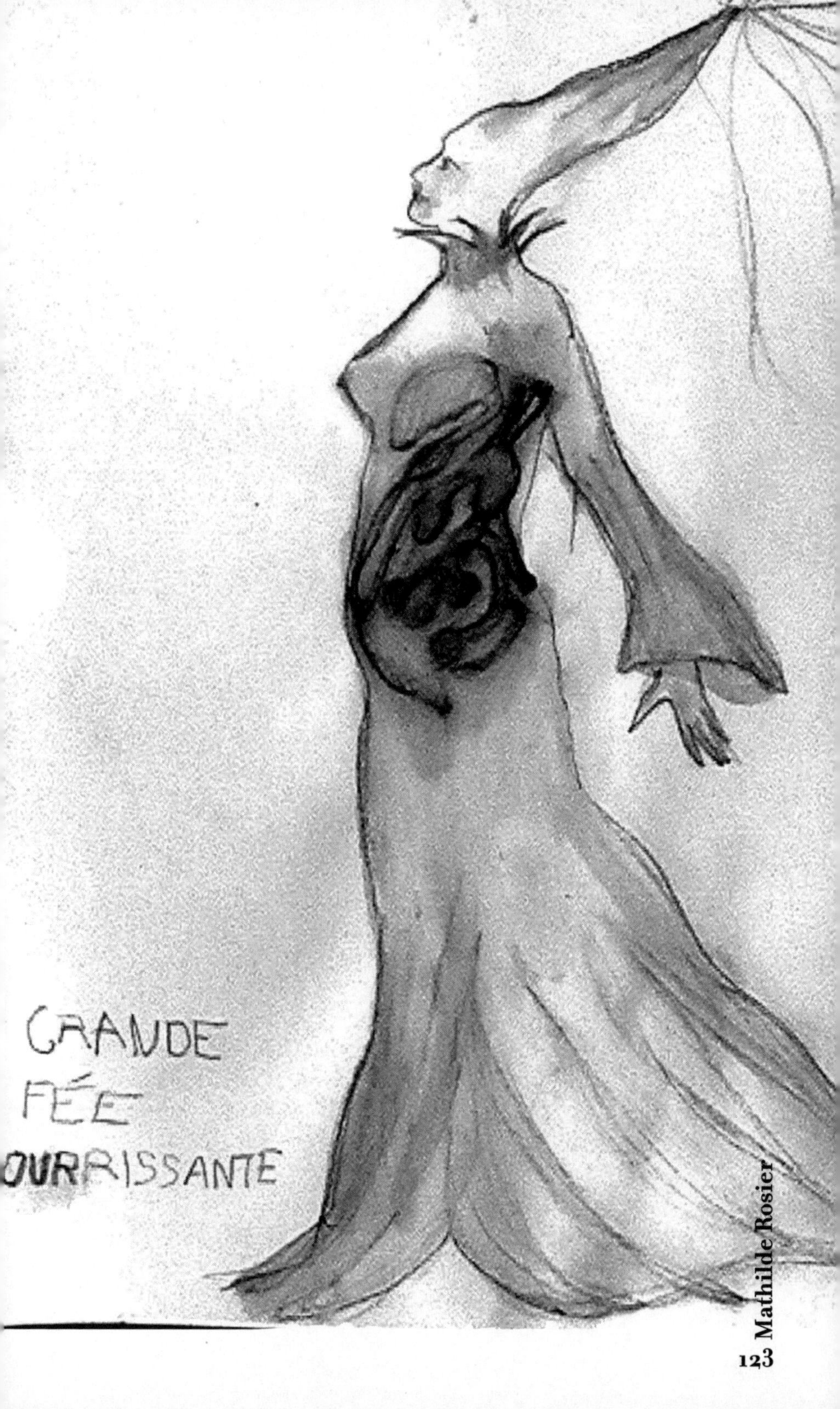
GRANDE
FÉE
OURRISSANTE

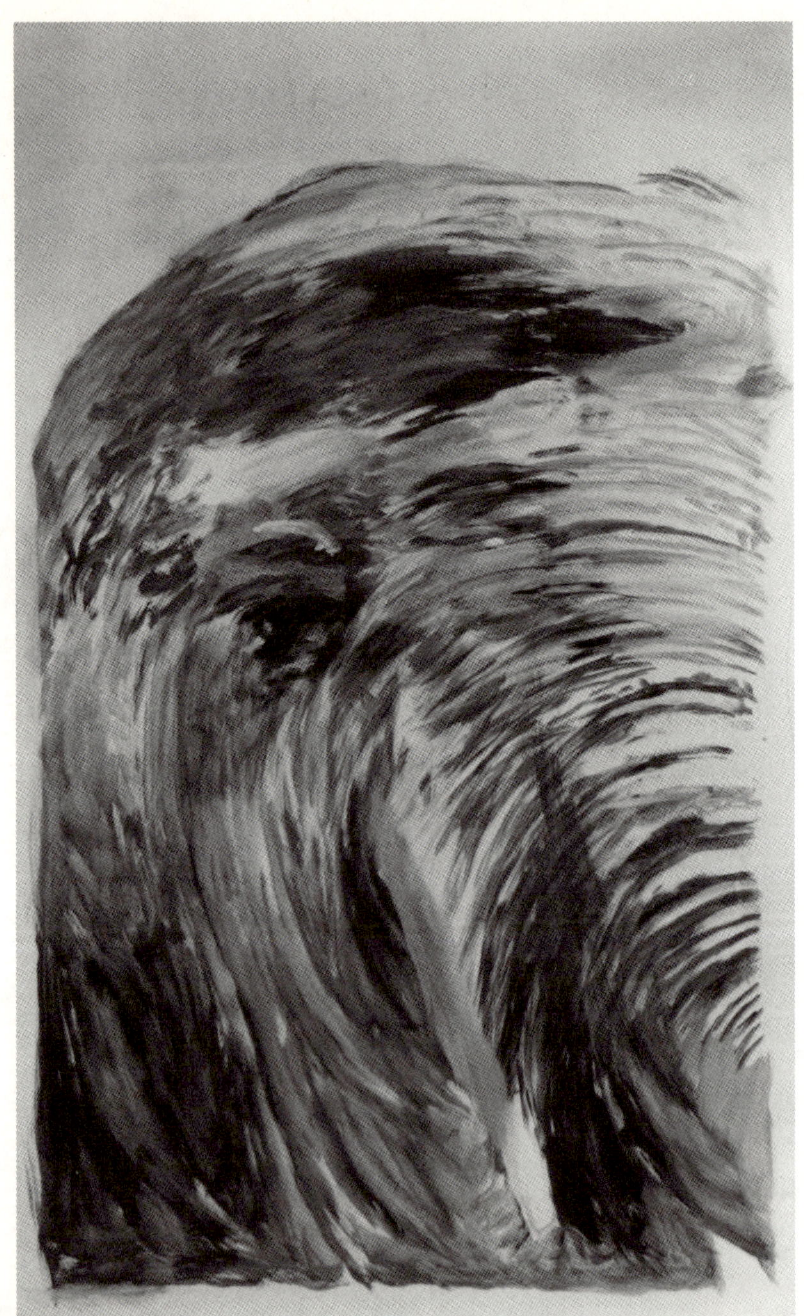

Donatella Scalesse

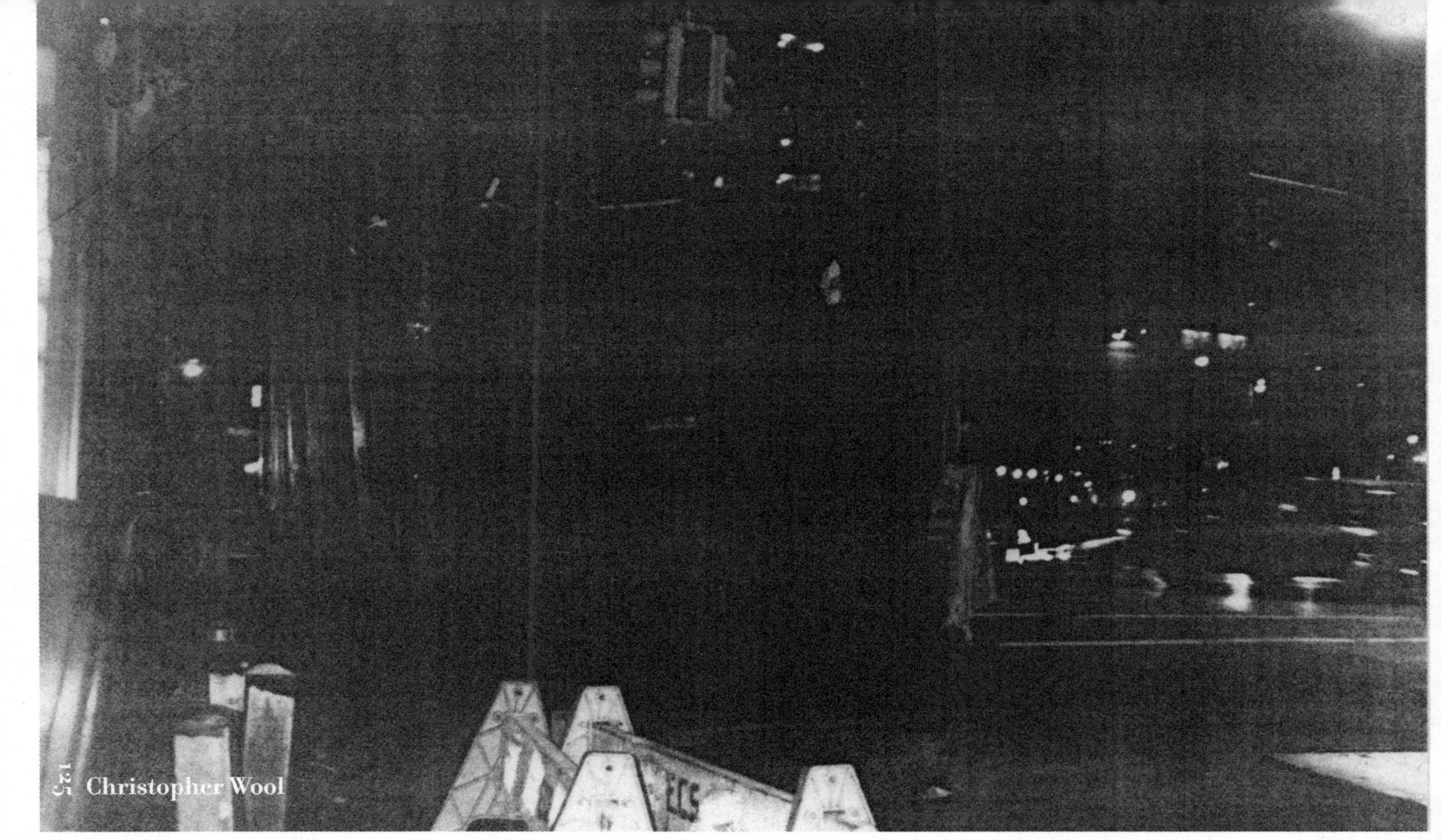

 Christopher Wool

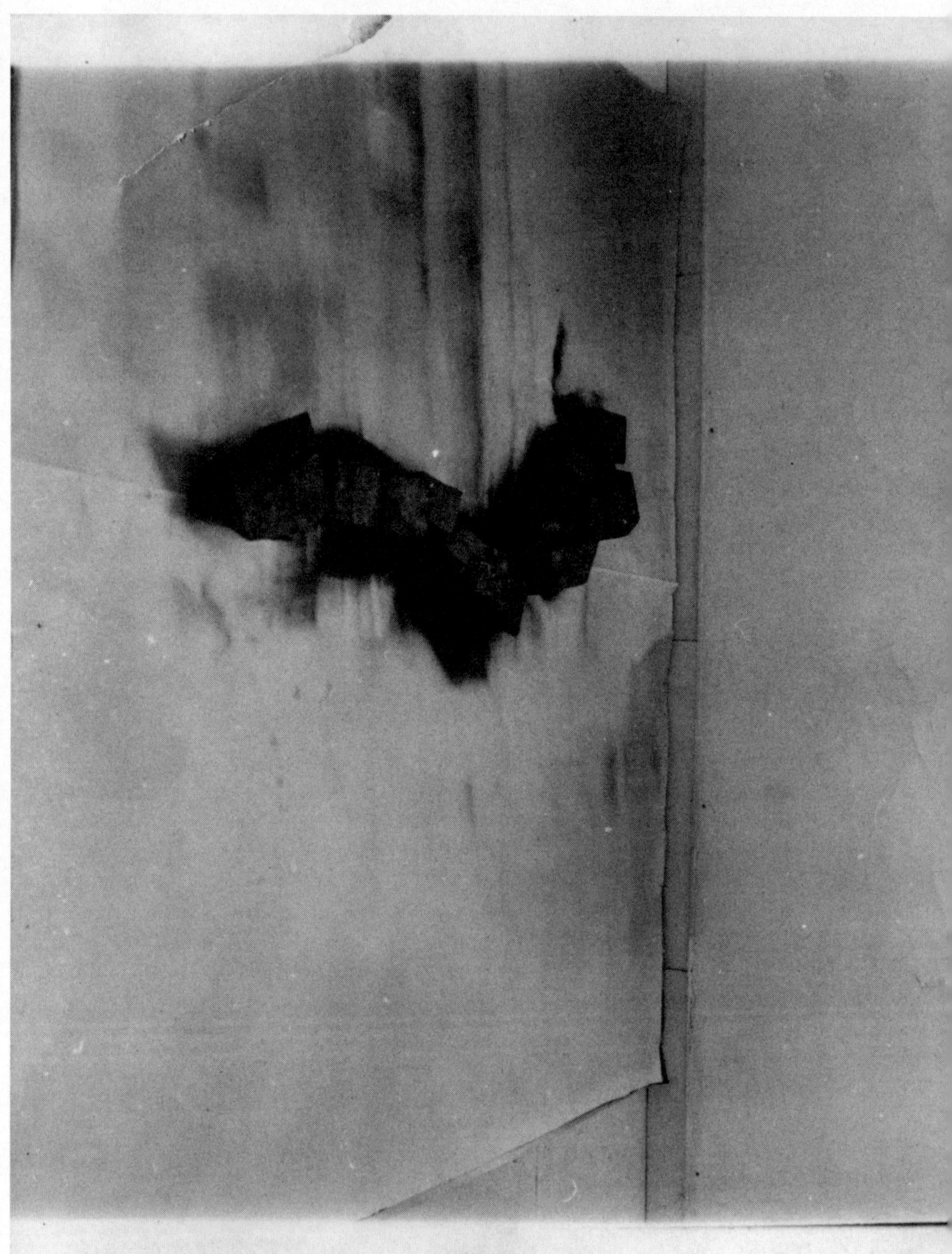

Emilio Prini

Regia: Gianni Barcelloni; *soggetto*: Alberto Moravia; *sceneggiatura*: Gianni Barcelloni e Dacia Maraini: *fotografia* (16mm, colore): Ivan Stoinov; *suono*: Roberto Faidutti; *interpreti*: non professionisti presi dalle strade della Nigeria e della Costa D'Avorio; *produzione*: Cosmoseion per la Rai-Tv; durata: 84 min.

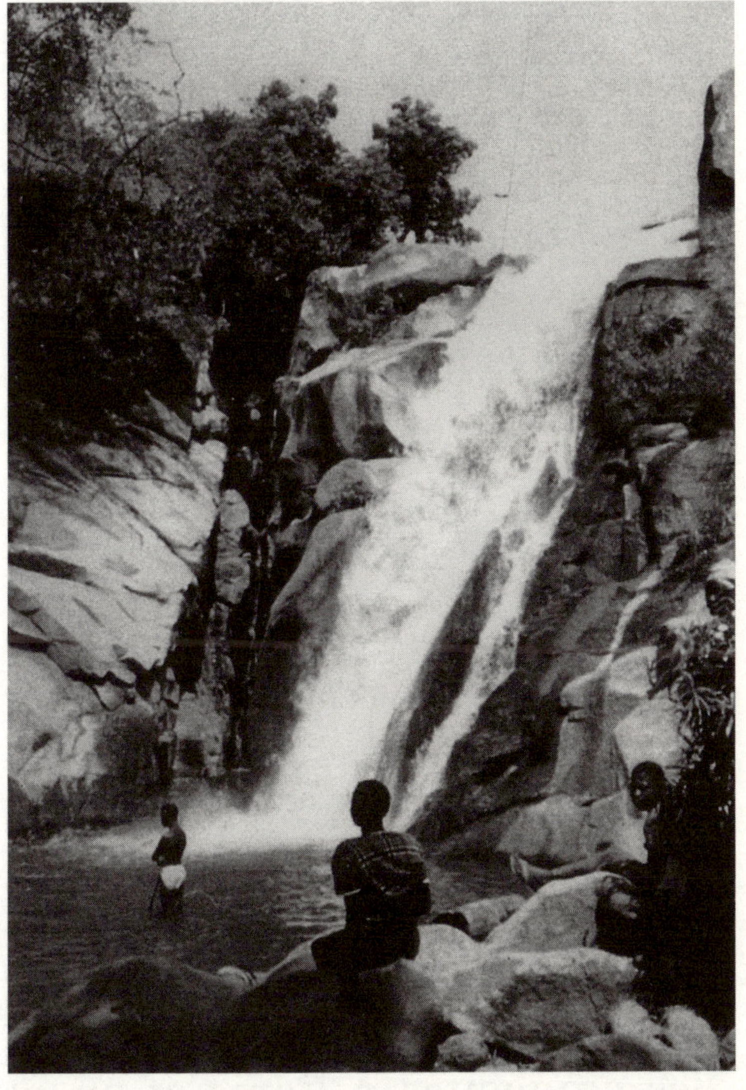

Gianni Barcelloni (Abramo in Africa, 1973)

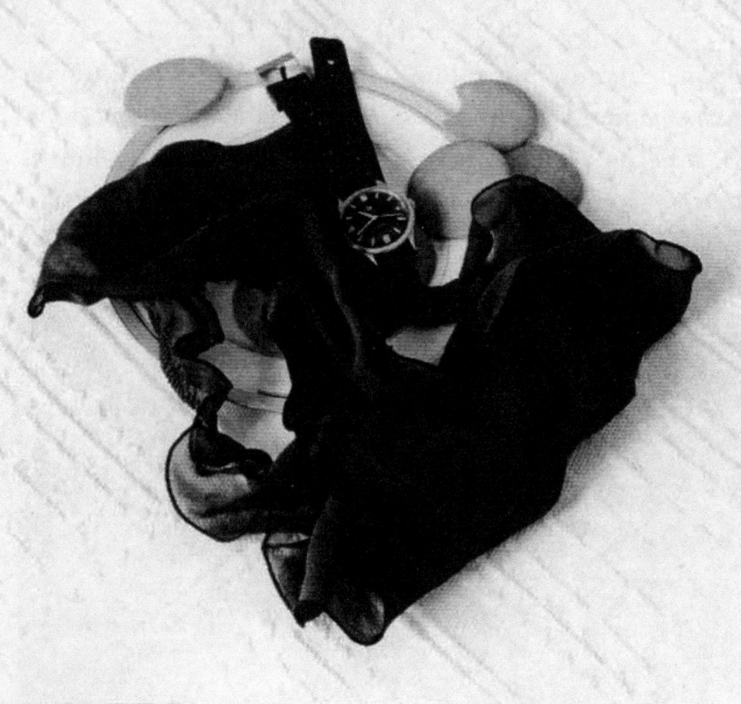

Paul-Armand Gette

... des croquettes à l'anis et un peu plus de couleur dans le paysage ...

Suspluga fuftulgaf Supugla Soupoglas susplugas
supuga sutlugas sustlugas Supugla Suplugassu
splusgass Sulpulglas Susplustgas stutugas susp
oglassuspu ggassurplusgas supogas surplugaz fufp
lugas esplugas supragas susplugass Sutlugasu
p ogas soupoglas surgas suslustas supragas supu
gas suceplugas suspugas utlugas susseplugaf
uplugas Sutlutgas suspapegas surpluga soupog
as suslegas surplusga SUSPULEGAZ SASPLAGAS so
plogasurlugas susplu sustugat supraglas Sussg
ass susplubas Sustulgas sussgas sushplugas
SUSPOGAS SUPRAGASS supugla surplugas
susputga sustluga SUSPLUGAZ fufplugaf spagula
Suspulgas suceplusgas surplusgas fuflugas supuga

Luigi Ontani

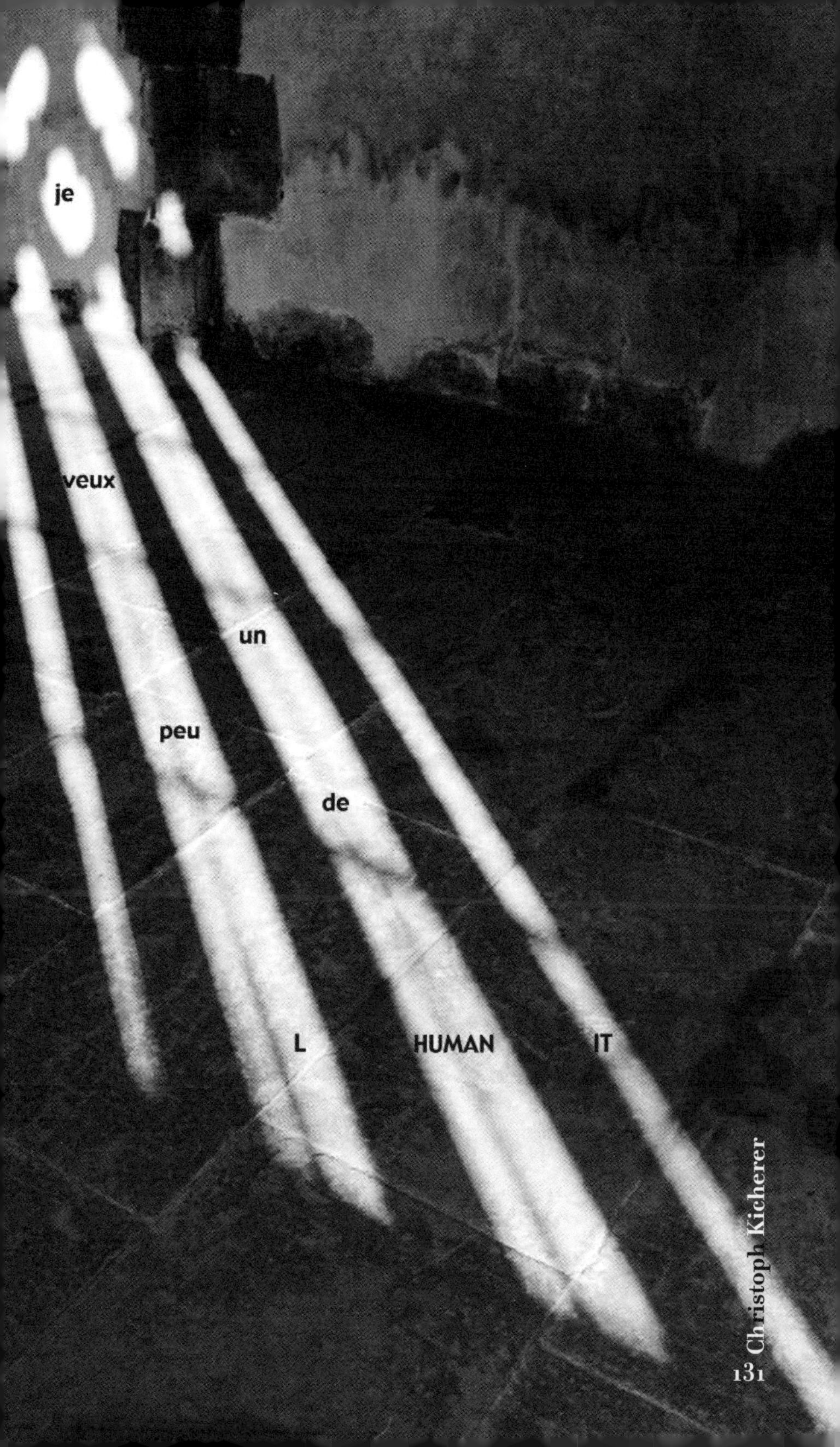

je
veux
un
peu
de
L   HUMAN   IT

Christoph Kicherer

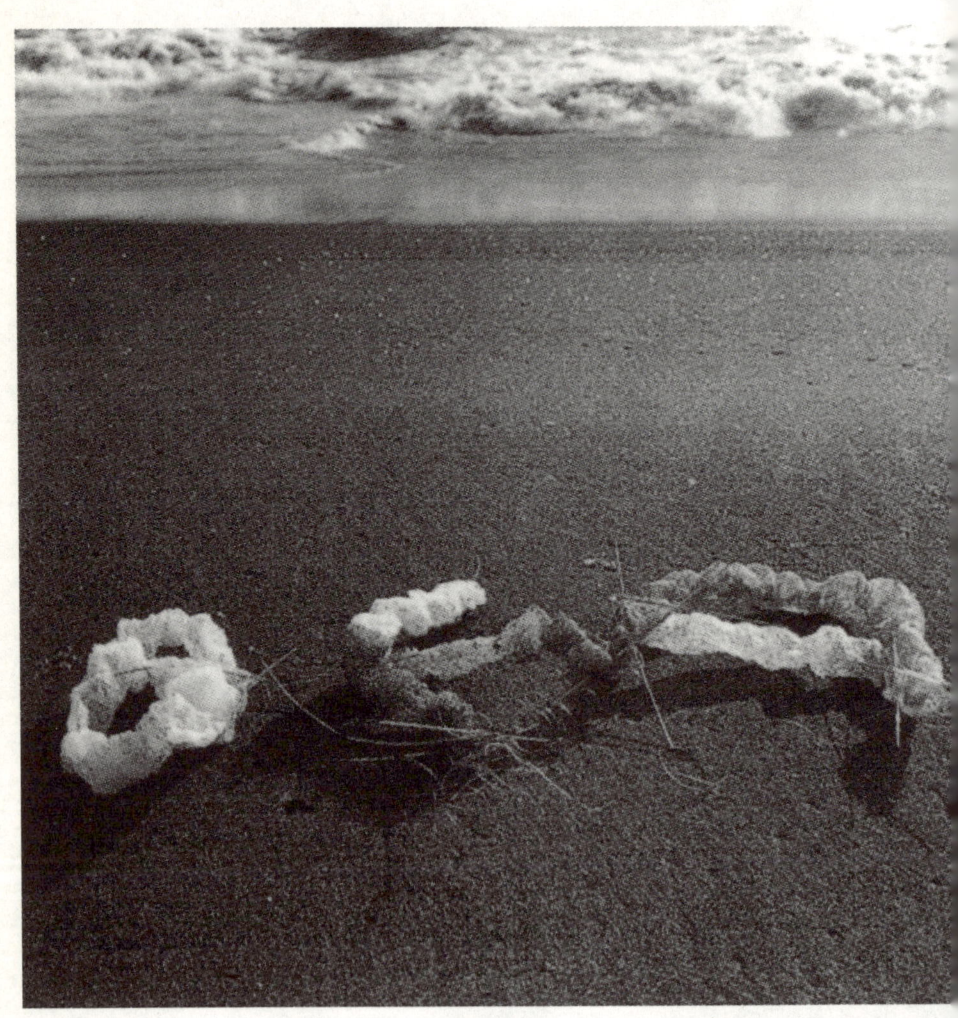

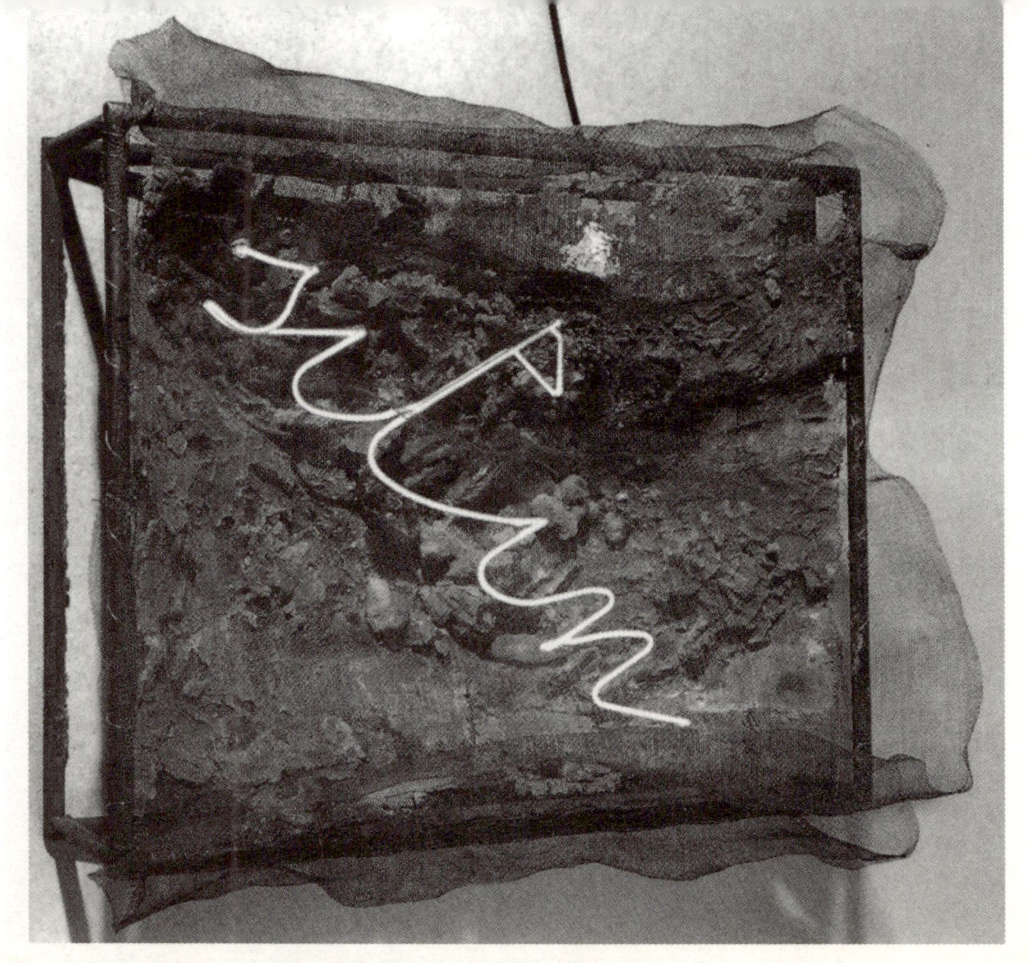

133 Mario Merz

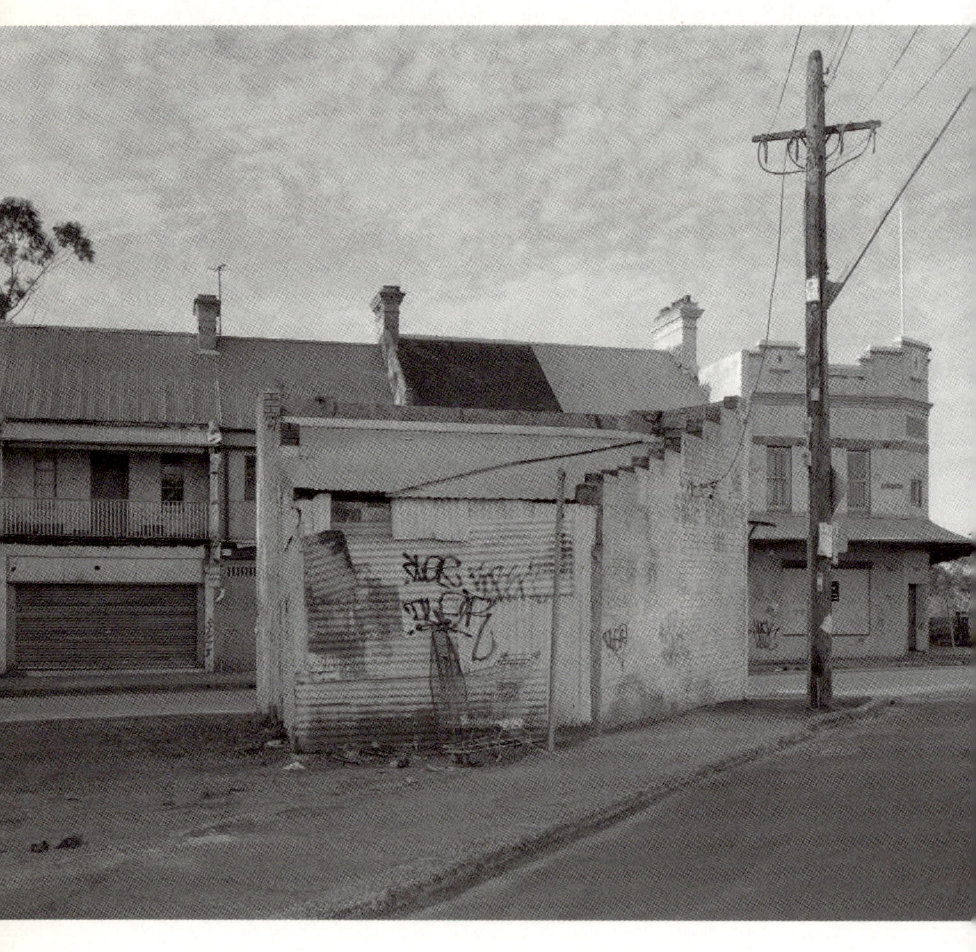

Debra Phillips

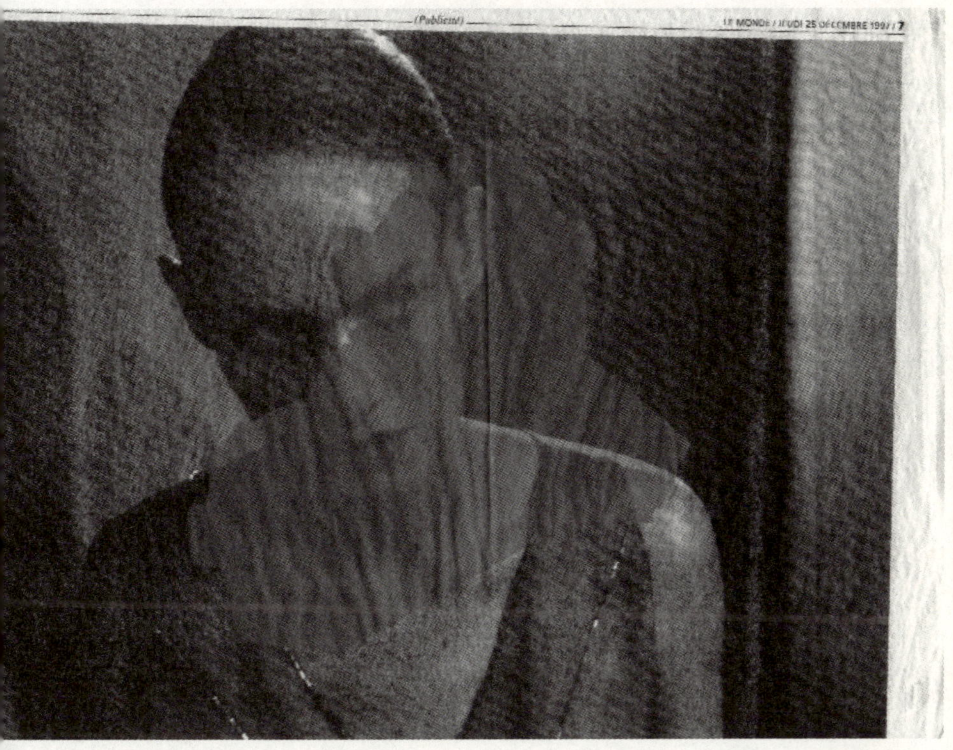

oxydant, n.m. Côté de l'horizon ou le soleil se couche ; ouest, couchant. Ensemble des états du pacte de l'Atlantique Nord (avec une majusc.)

Maxime Touratier

135

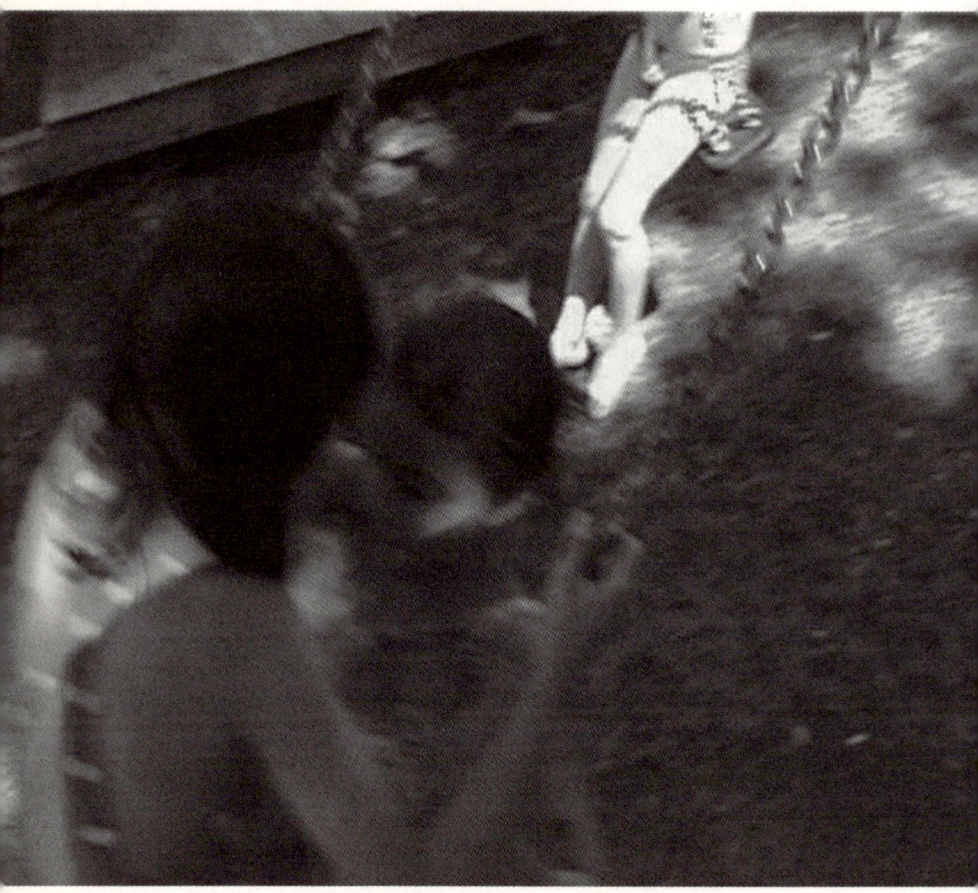

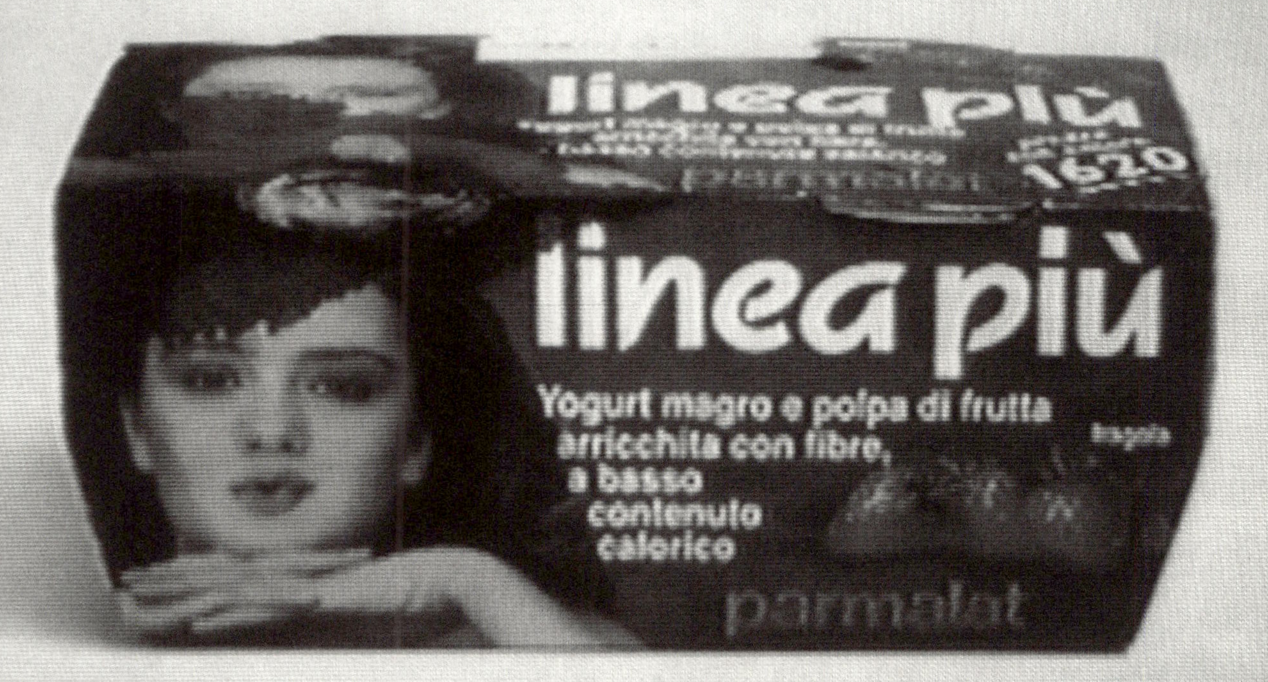

je n'existerais plus.

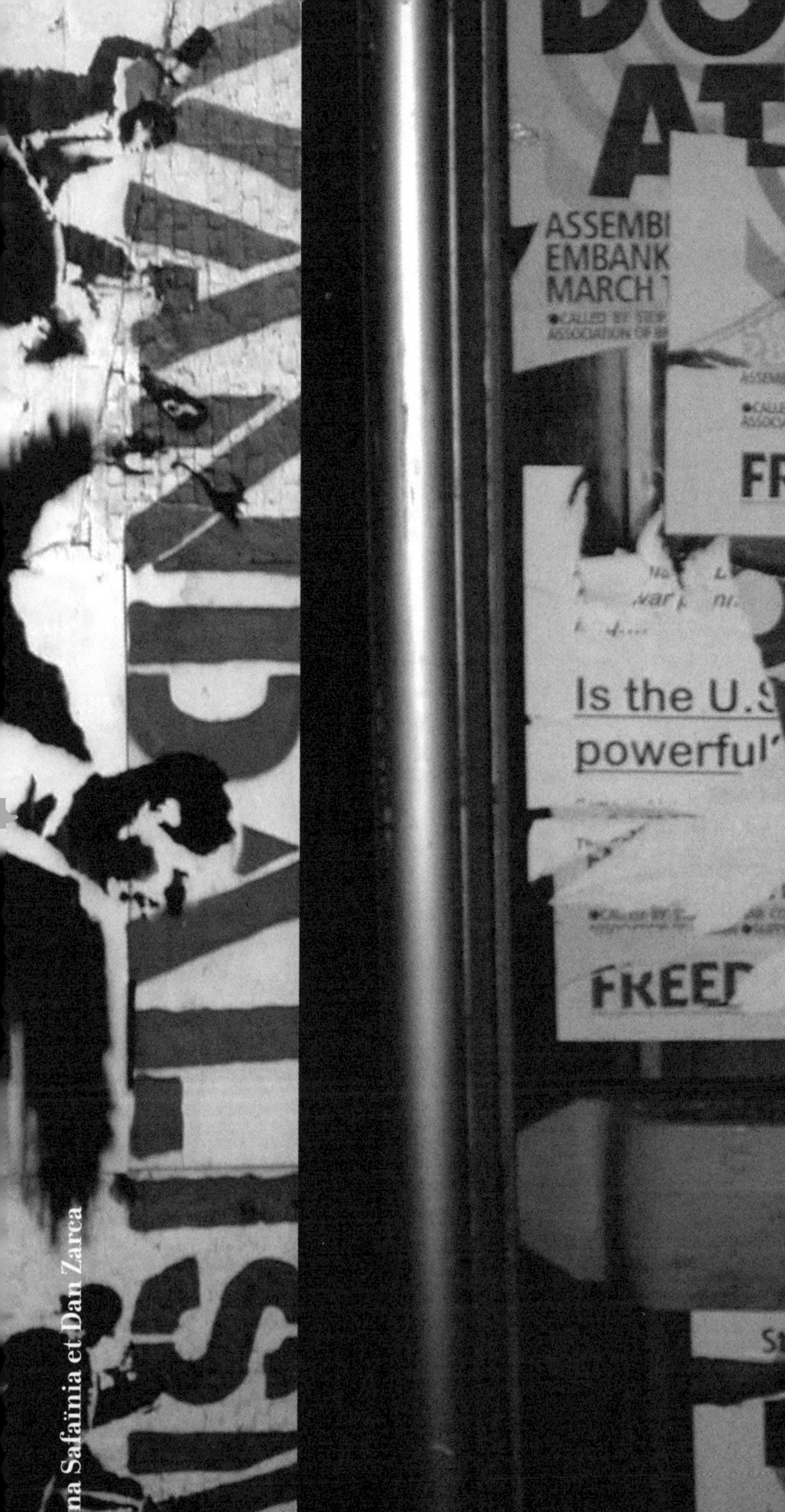DON
ATTA
AT
ASSEMBL
EMBANK
MARCH
FREEDO
Is the U.S
powerful
PM
LONDON
DE PA
FREE
Stop the War

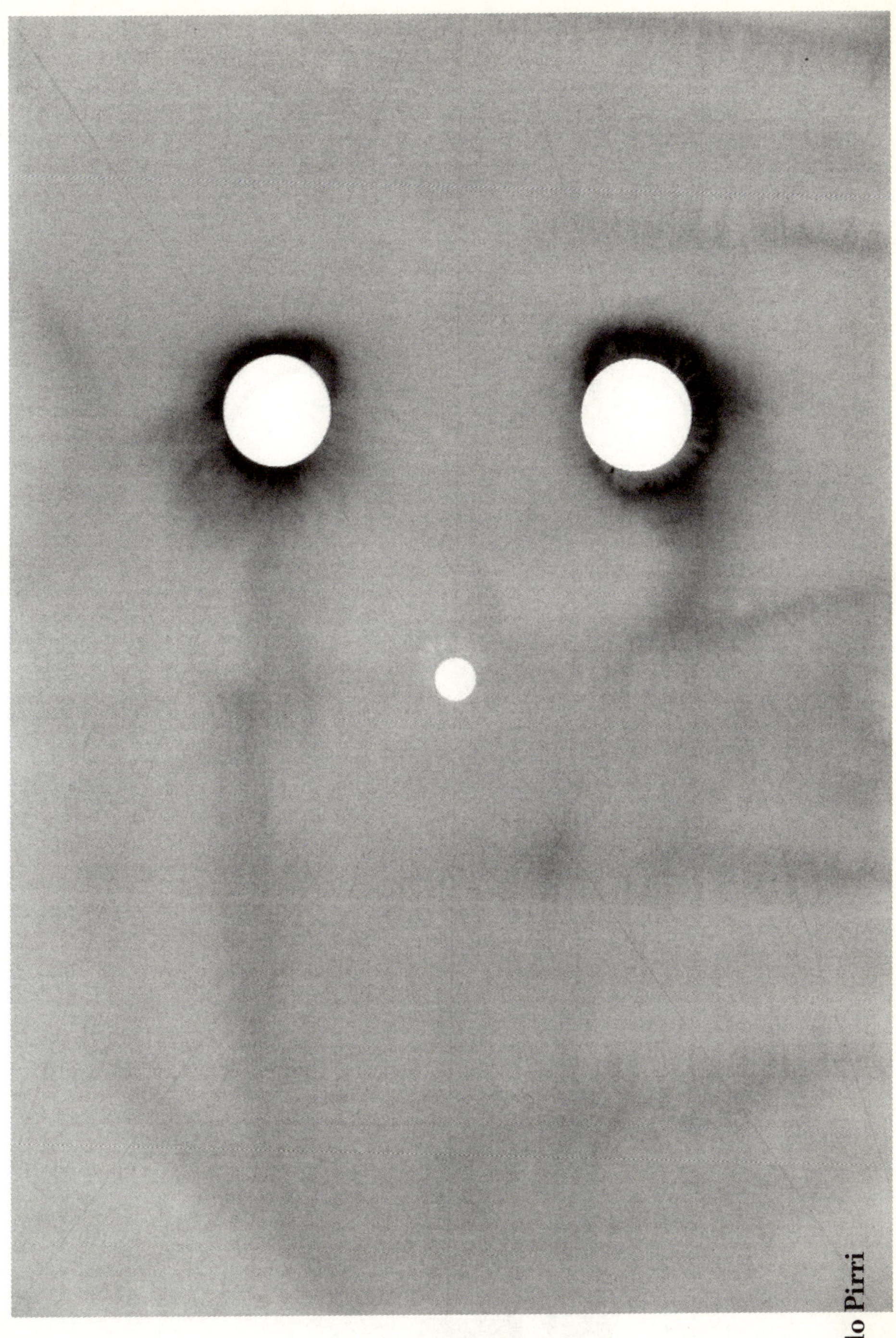

Alfredo Pirri

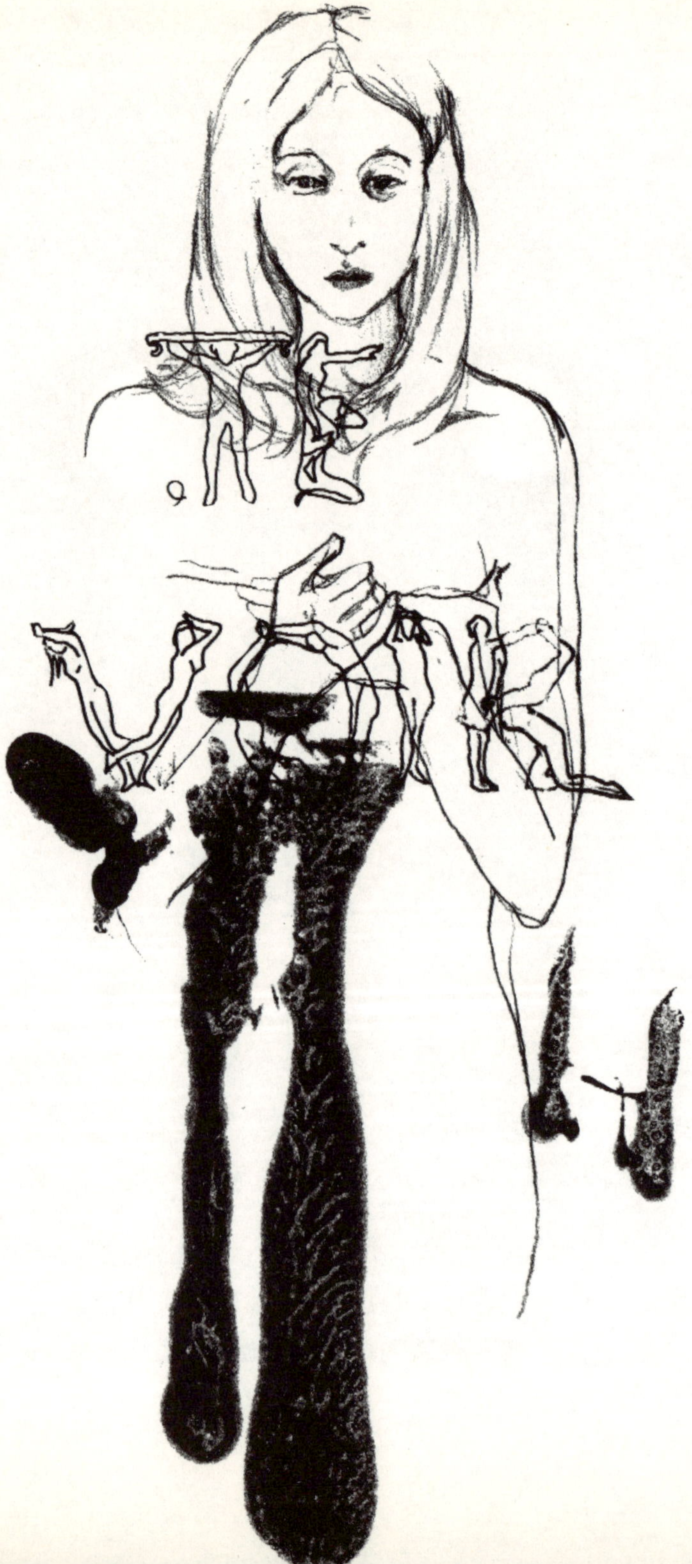

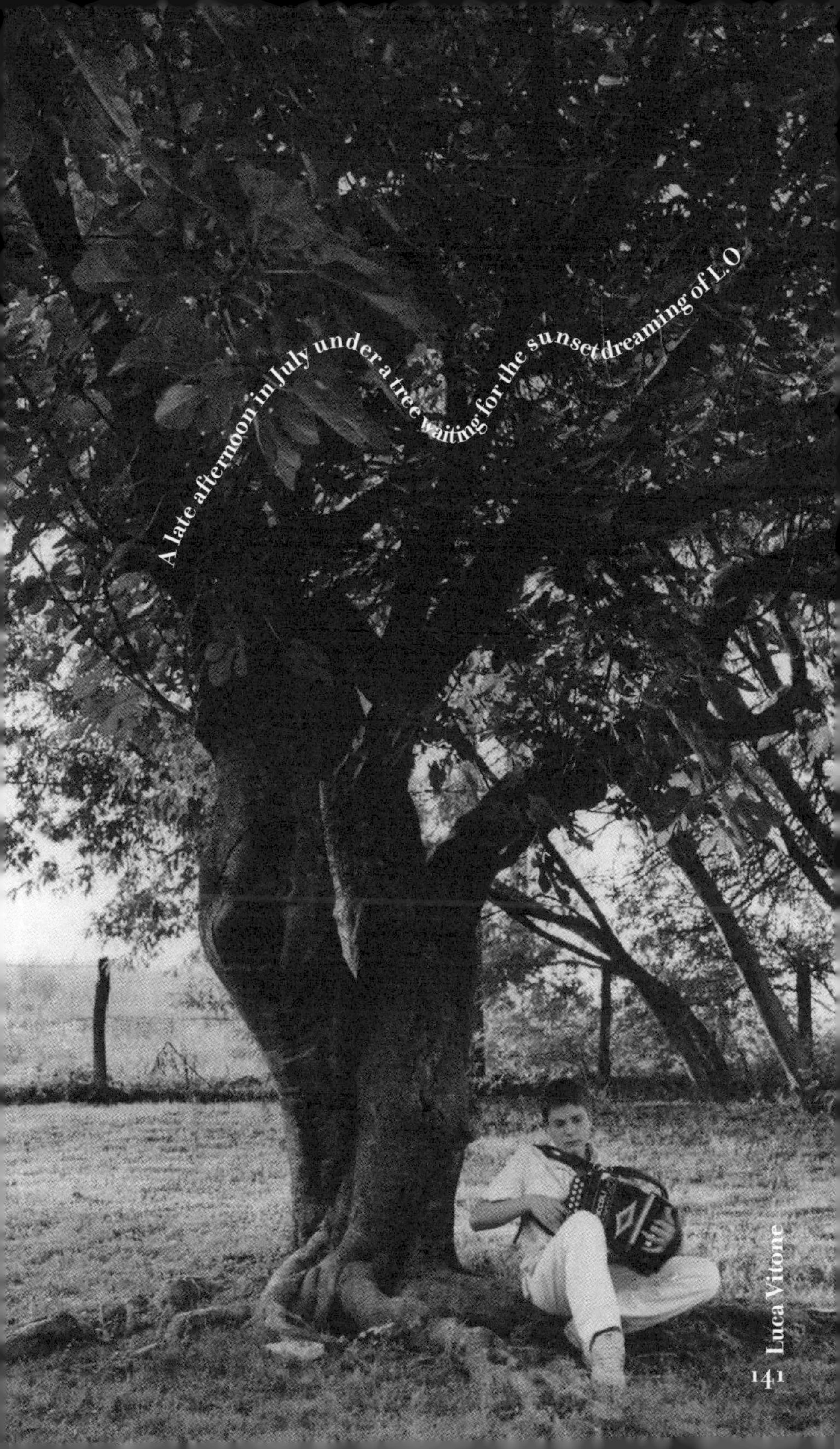

A late afternoon in July under a tree waiting for the sunset dreaming of L.O
Luca Vitone

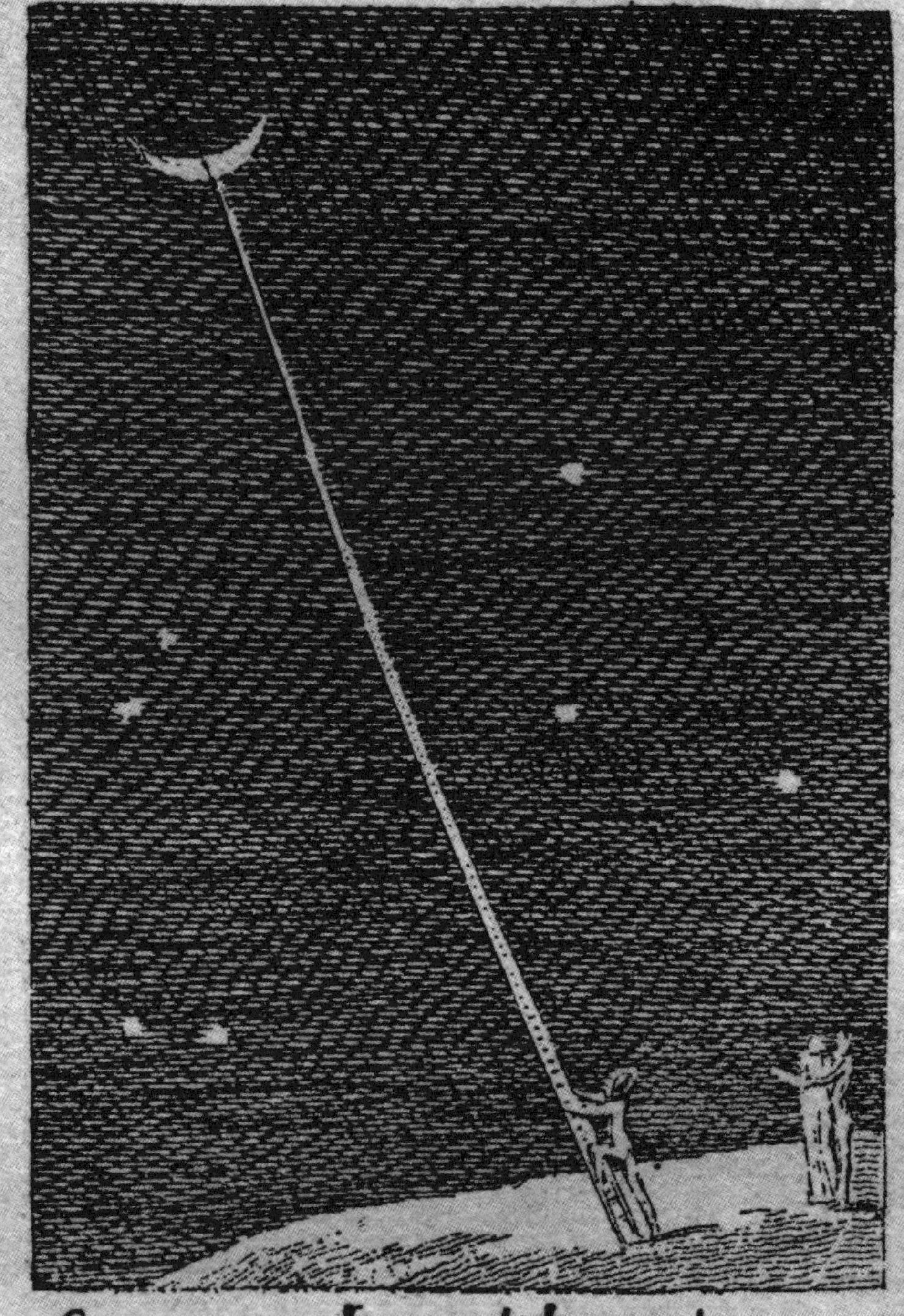

Leif Elggren

142

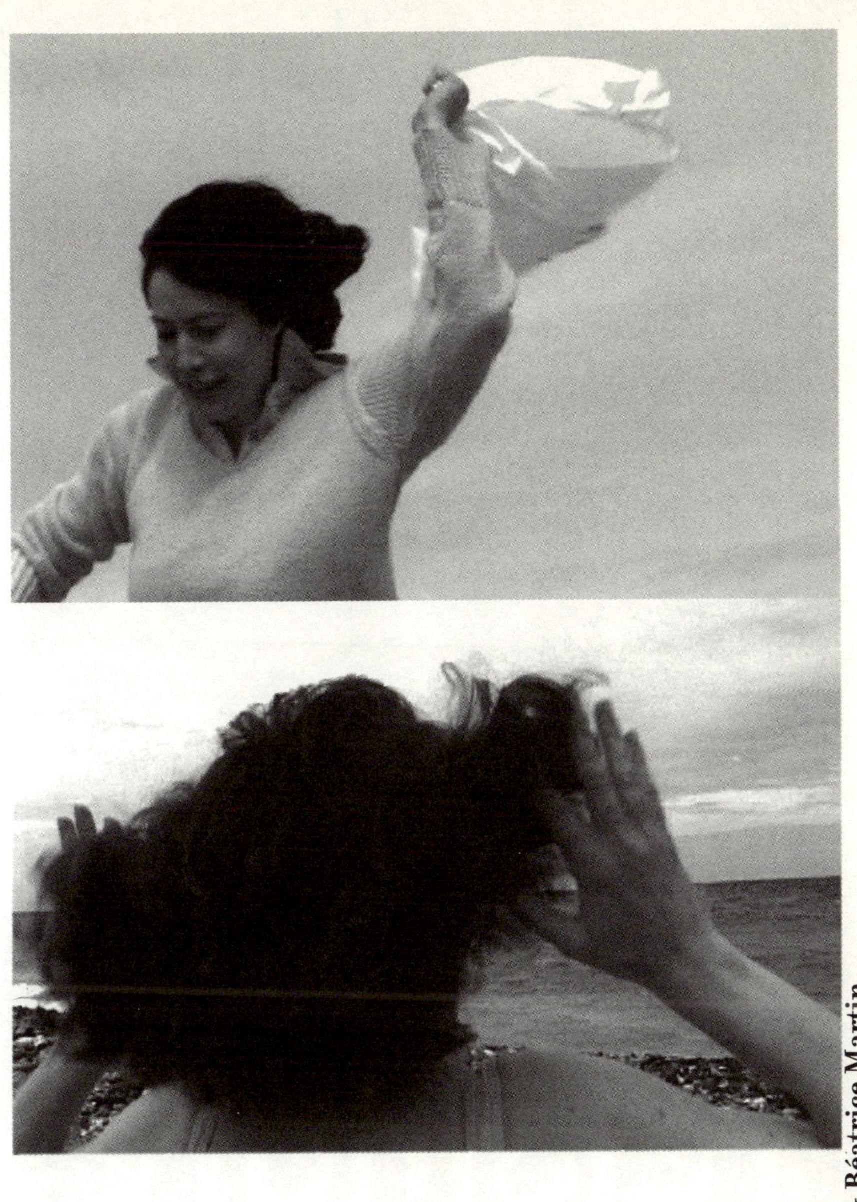

Liberté guider peuple je veux
le ciel commence à m'énerver

rejoindre le front !

Alain Séchas.

JE VEUX VOULOIR...   C'EST BIEN, MON PETIT...

JE VOULAIS VOULOIR...   ET JE N'AI PAS PU...

JE VOULUS VOULOIR...   BIEN QUE... AH!...

J'AI VOULU VOULOIR...   PAUVRE DE MOI!...

J'AVAIS VOULU VOULOIR...   ET ÇA A MARCHÉ!...

JE VOUDRAI VOULOIR...   Y PARVIENDRAI-JE?...

JE VOUDRAIS VOULOIR...   SI TANT EST QUE...

QUE JE VEUILLE VOULOIR?... ET POURQUOI PAS!...

QUE JE VOULUSSE VOULOIR...   CELA VOUS ÉTONNE?...

QUE J'EUSSE VOULU VOULOIR...   CELA N'Y AURAIT RIEN FAIT...

QUE J'EUSSE LA VOLONTÉ DE VOULOIR VOULOIR, S'EN ÉTONNERA-T'ON?

QUE J'EUSSE EU LA VOLONTÉ DE VOULOIR VOULOIR: TRÈS POSSIBLE!

VEUILLE VOULOIR!... DE GRÂCE, S'IL TE PLAIT!...

VEULANT VOULOIR............ JE ME SUIS PLANTÉ!...

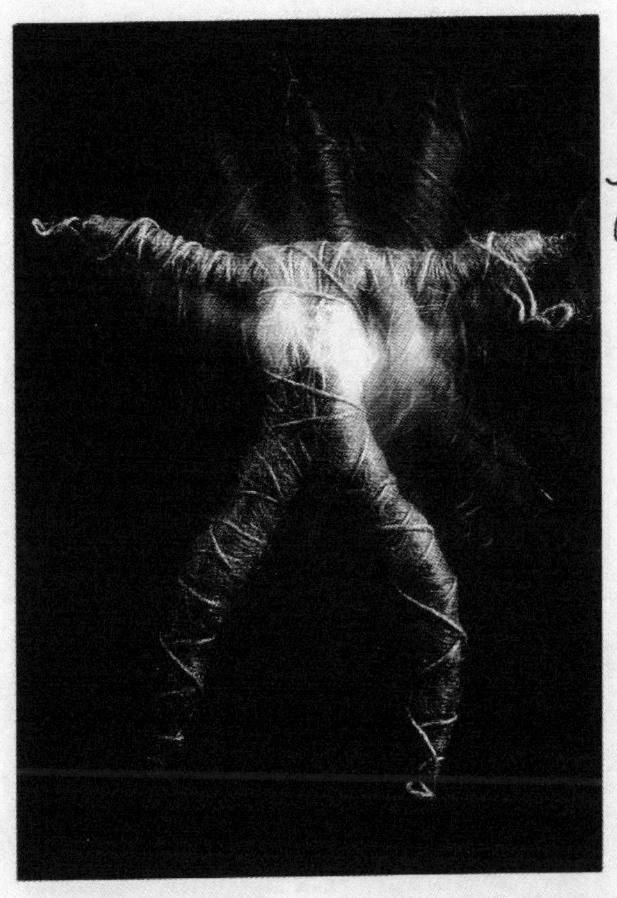

Françoise Janicot

147

Vettor Pisani

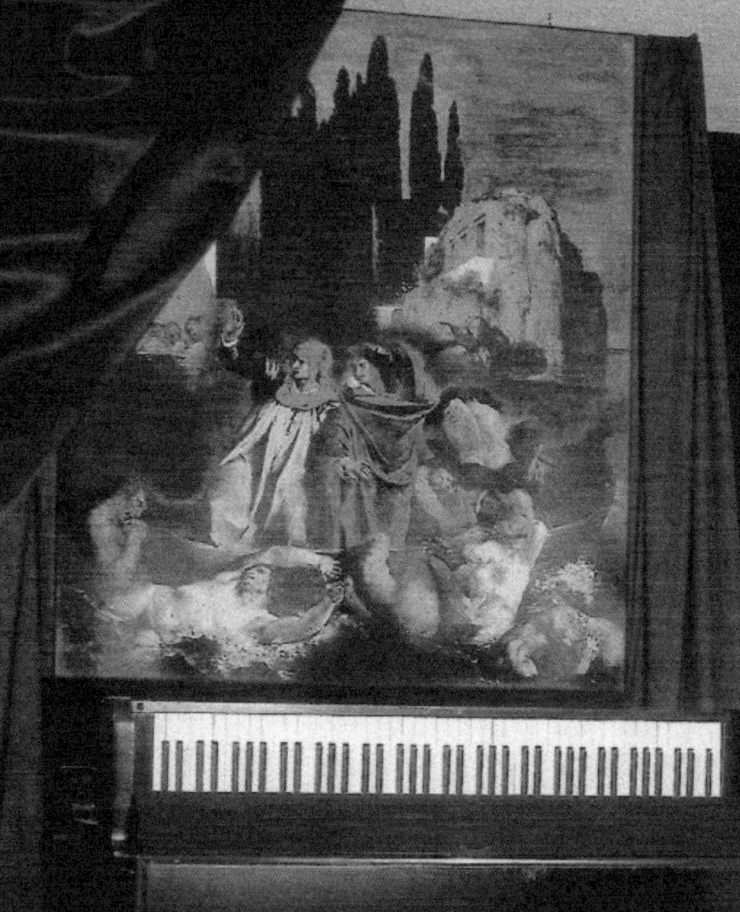

Fugge la barca dei poeti dalle ombre
in virtù delle perfette parole.

                    Fuggono i custodi
del dire dall'abbraccio meduseo
della morte. Risalgono dalle profondità
dell'errore all'eco, al miraggio,
al bagliore, alla visione di luce
che squarcia tenebre come diamante.

                              Mimma Pisani

PEACE

Christian Marclay

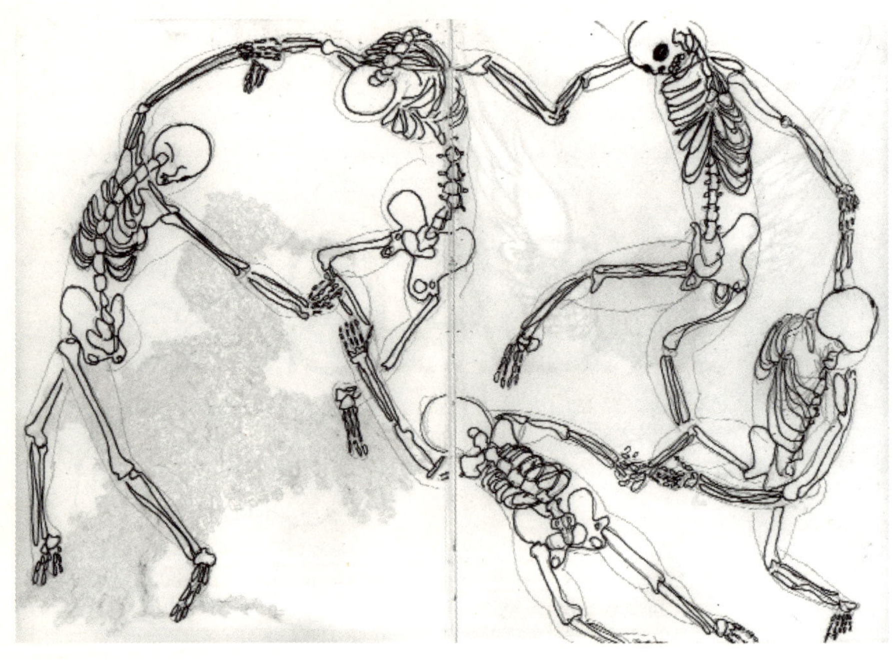

Laurent Vailler

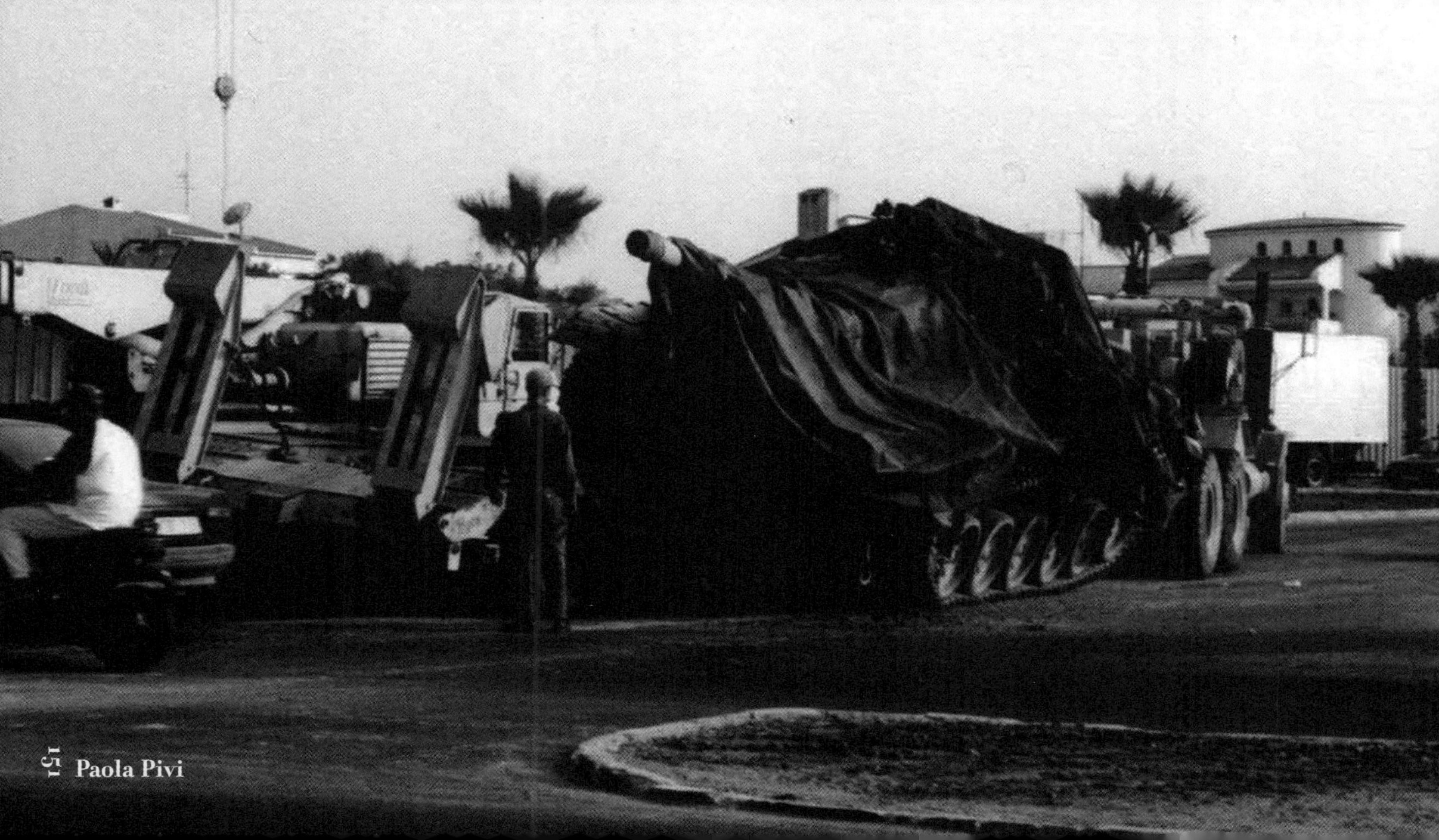

151 Paola Pivi

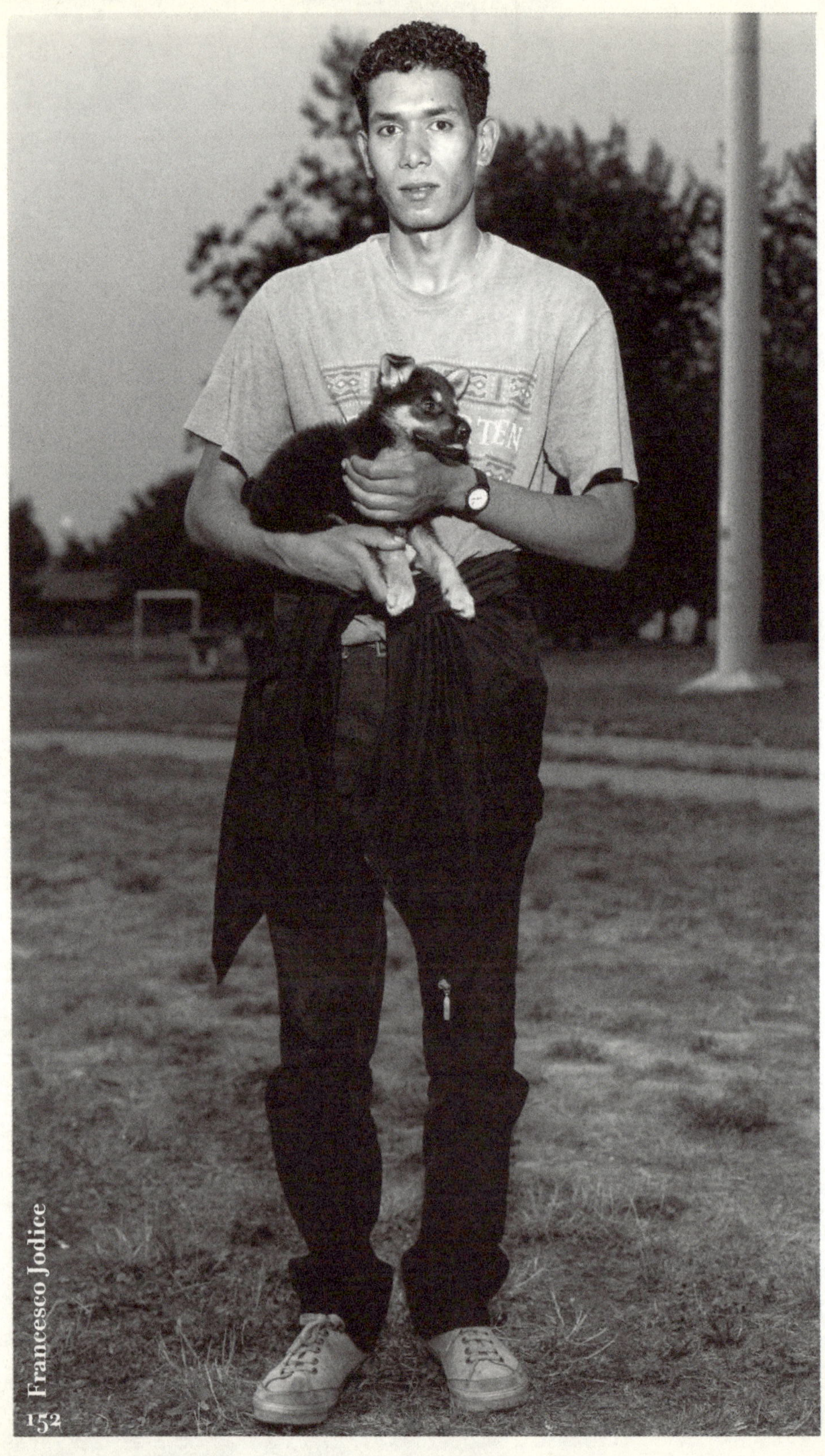

Francesco Jodice

I want :

To tell all the hurling schemers I'm on to them. The police are out of this affair it's you and me, we're the party. All the scopes and gauges of the world at our disposal. The icing and fairy lanes of your pink lips a forceps corroding and dire. We know the punch lines and sometimes they show us the score. I want money; and land in the sand of the West Indies; and that fat fuck that robbed my stepfather while I was on his shoulders on Eastern Parkway, summer 1976; and that crazy pimp that cracked the car window with his fist the same year just to show us boys where we were going and what we could do with our tempera paint. Those cops that smashed Dwane's face into the low brick wall because he had a fake gun and tried to rob an old lady even though he was only 8. I want to fuck. Spray. Strip the gears off that guy's Porsche I had to park 17 times, while Buzzy the coked-up restaurateur cocked shingles around the parking lot and Jackie Onassis stiffed me. I want to capture you moving across the shipping depot, slow and empty, with the pastel gas tanks across the brackish pond. I want you to love me. I want to know where some of them go as they leave bars and restaurants and why I drink. I want to know why I came to France broke and worked my ass off for 7 years and am still broke. I want to tell the New Yorker that Adam Gopnik's Paris is as big a scam as Paul Auster's Brooklyn. I want to know what all those French bureaucratic acronyms stand for and why they get all my money. I want the naked bleeding junkies off my doorstep. I want to show the ad agencies their mistakes. I want to see a snake and an owl. I want my kids to know snow. I want some champagne. I want to hear you laugh and see her smile. I want to dive in, slow and easy, and come out the other side.

Nicholas Mir|

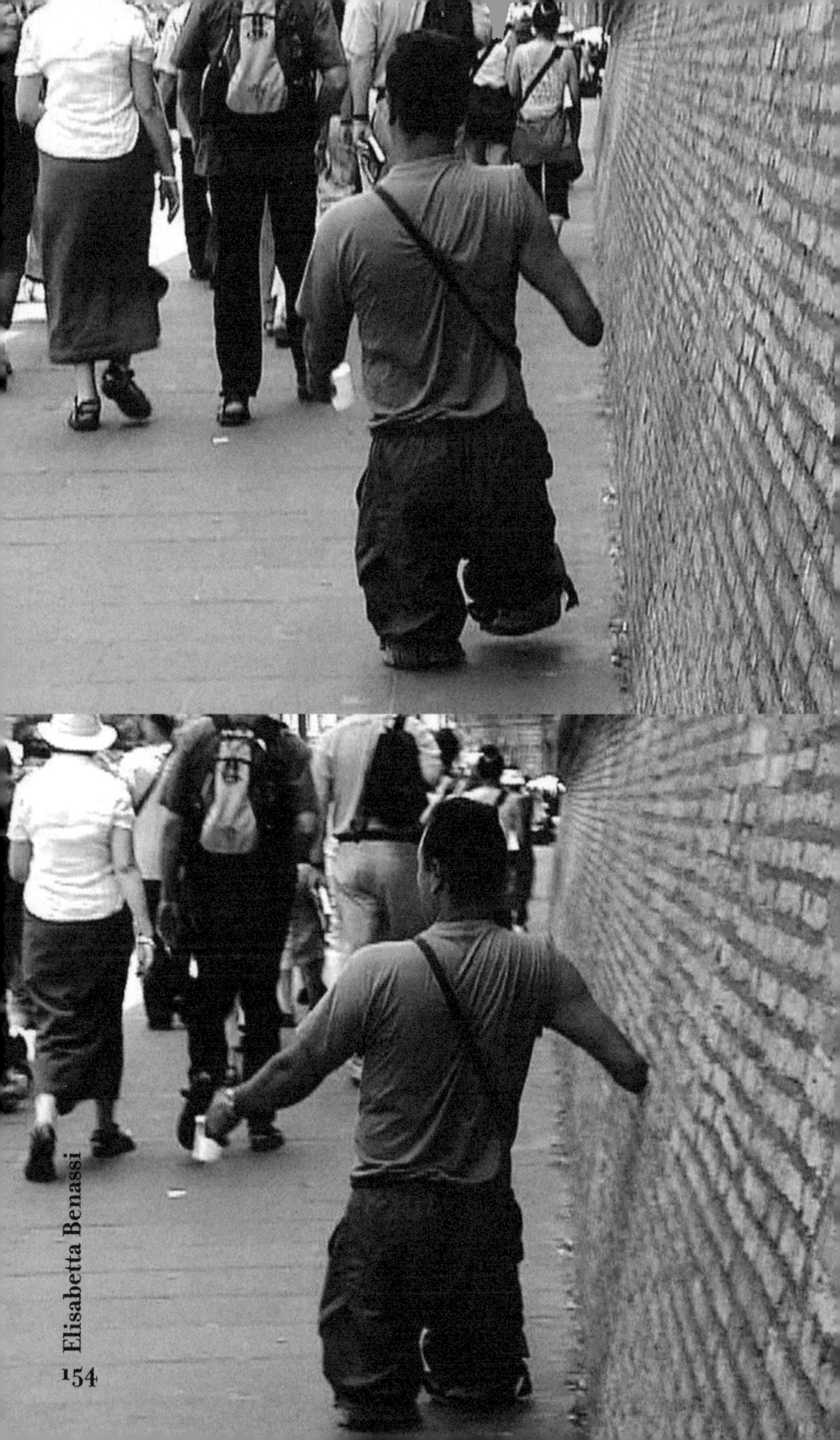

Elisabetta Benassi

J AIME LE MONDE
SANS VOUS !

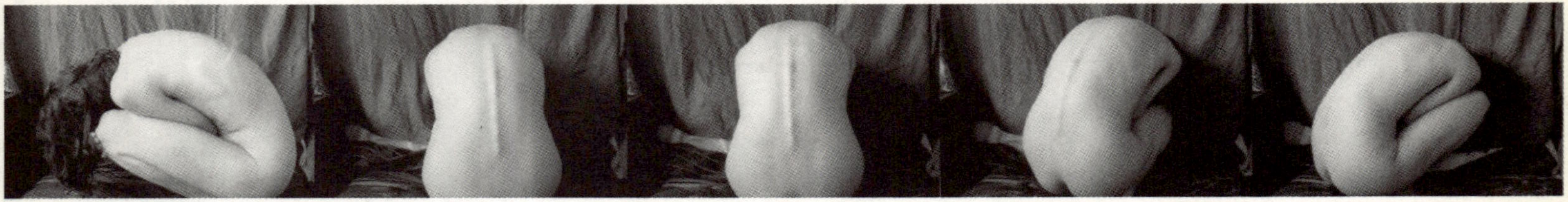

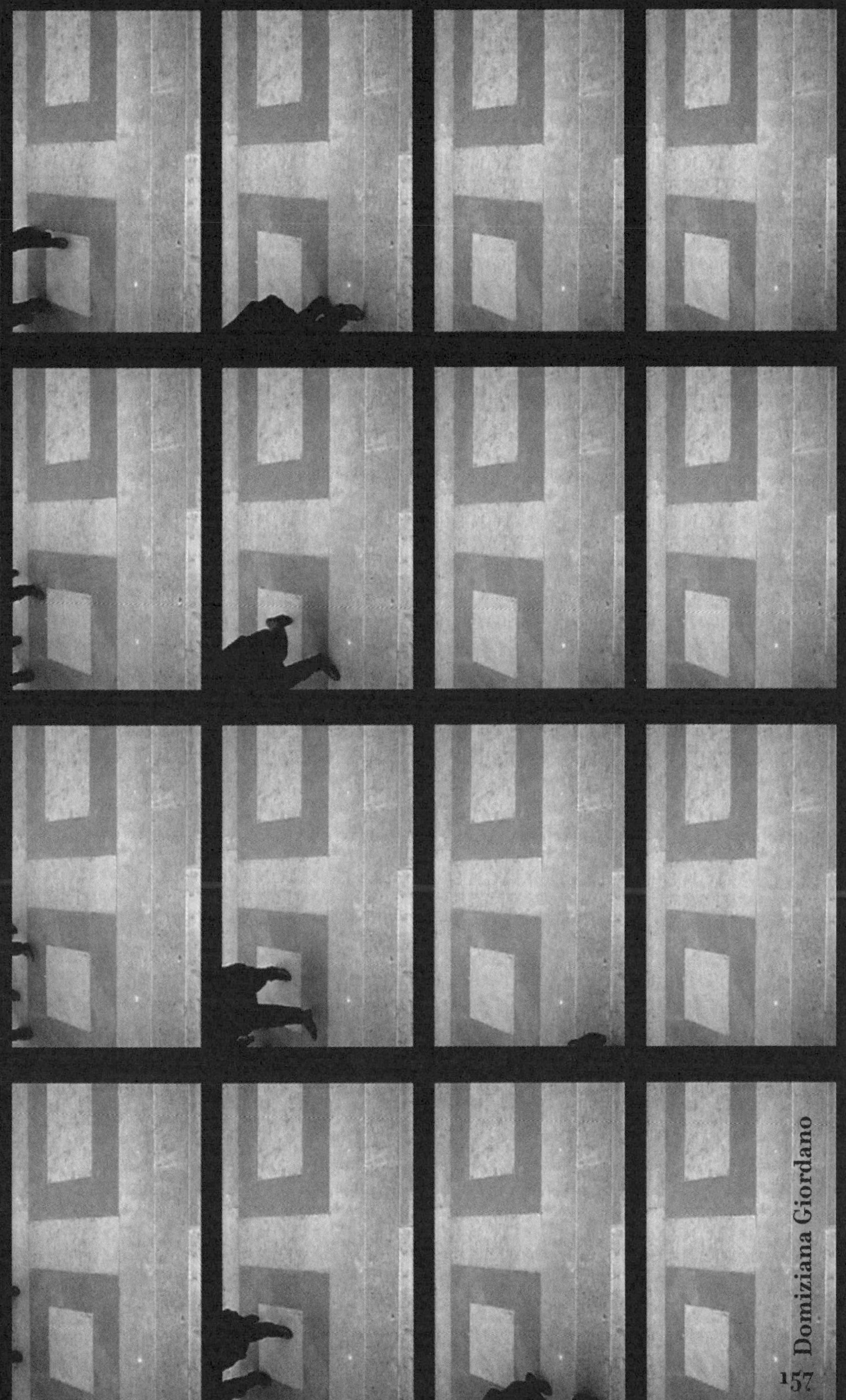

157

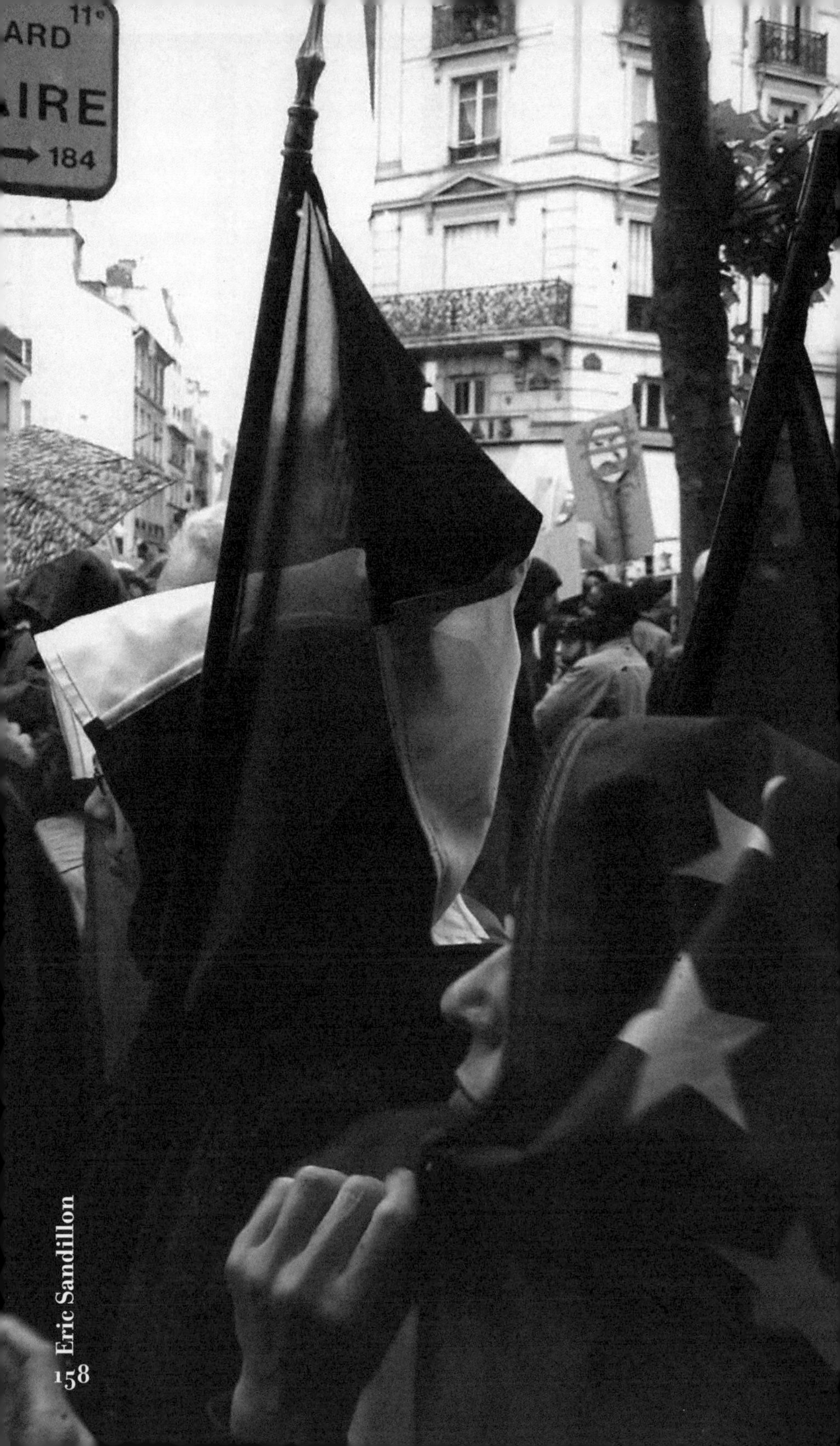

Eric Sandillon

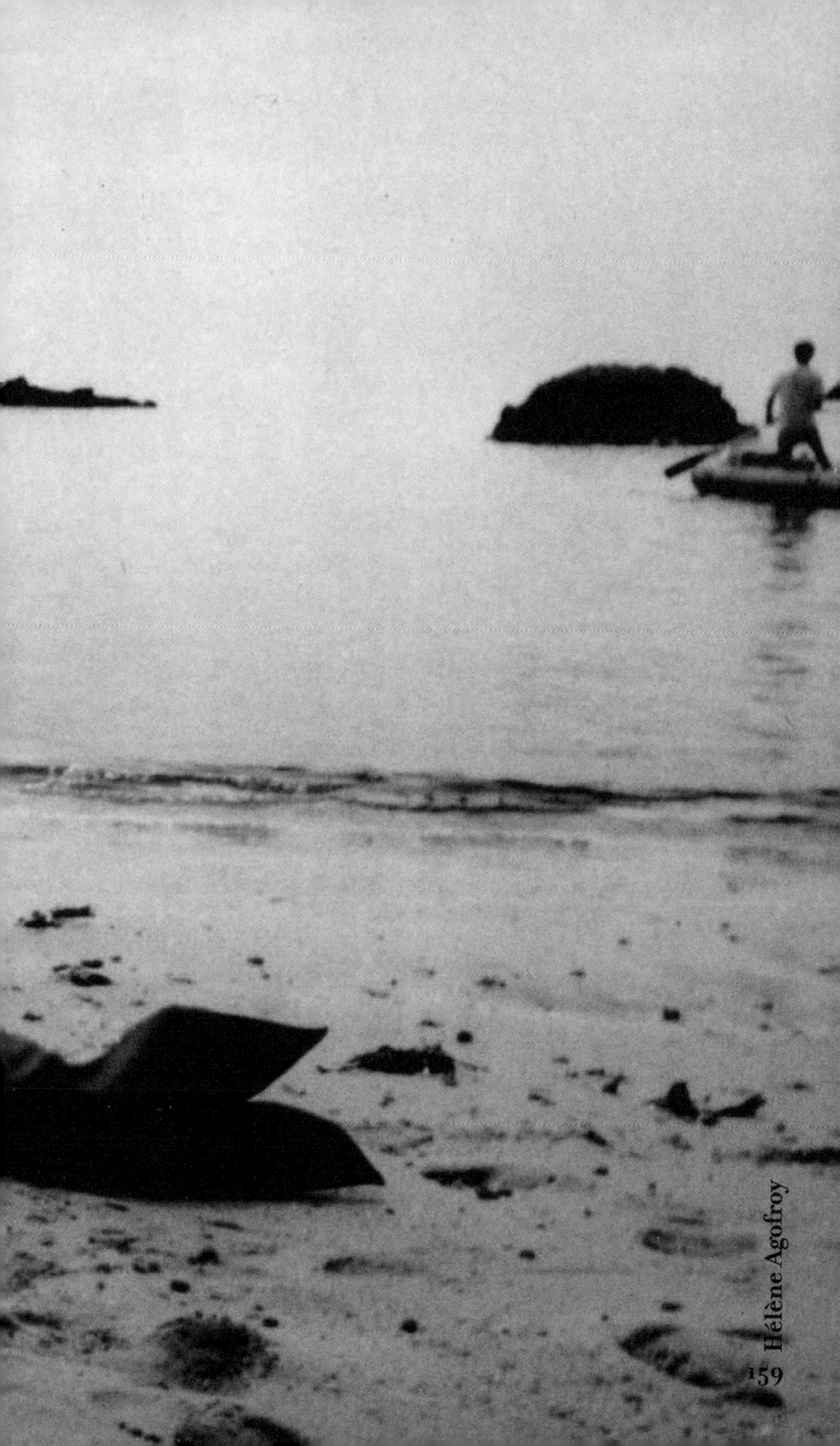

Hélène Agofroy

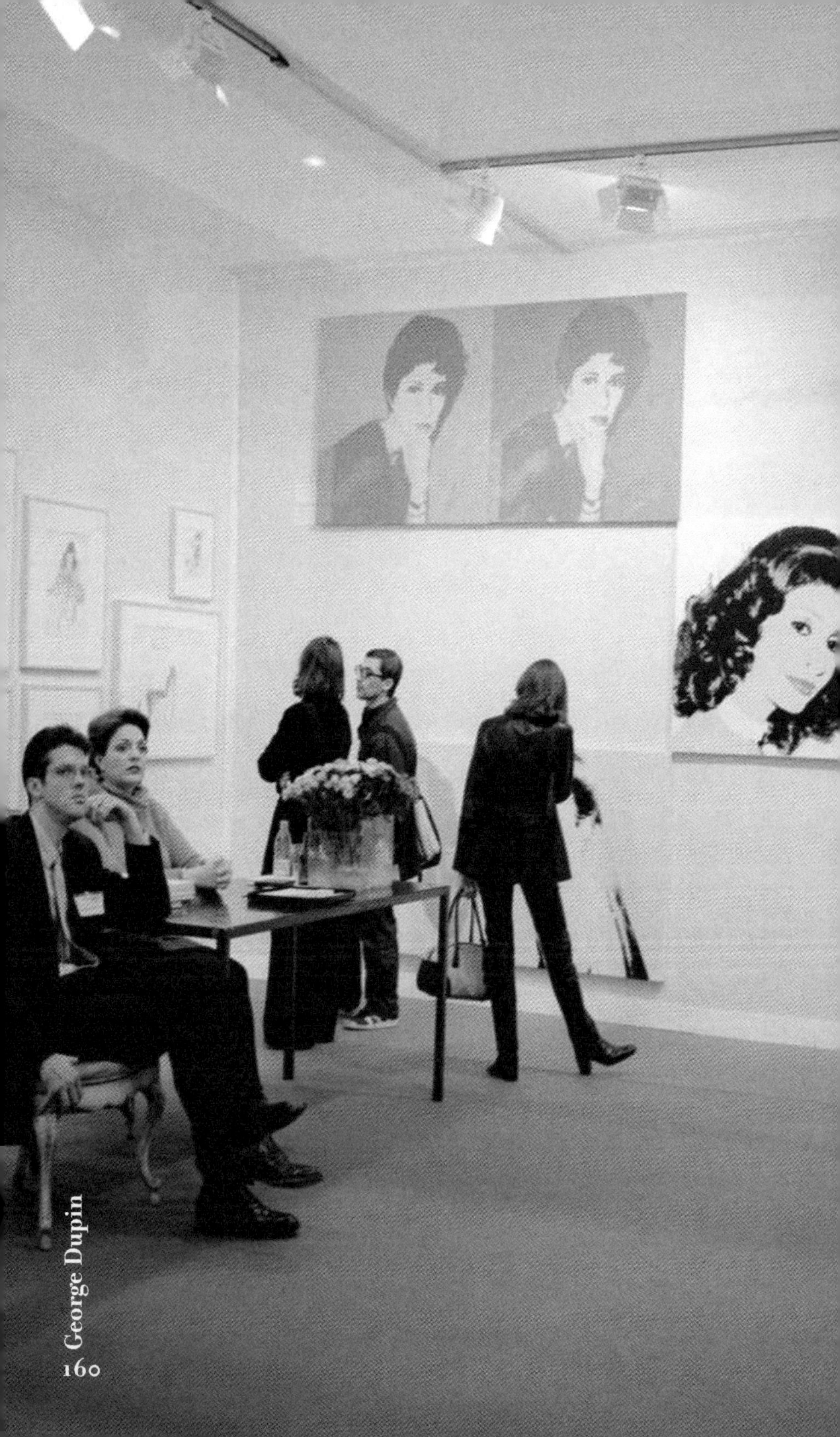

George Dupin

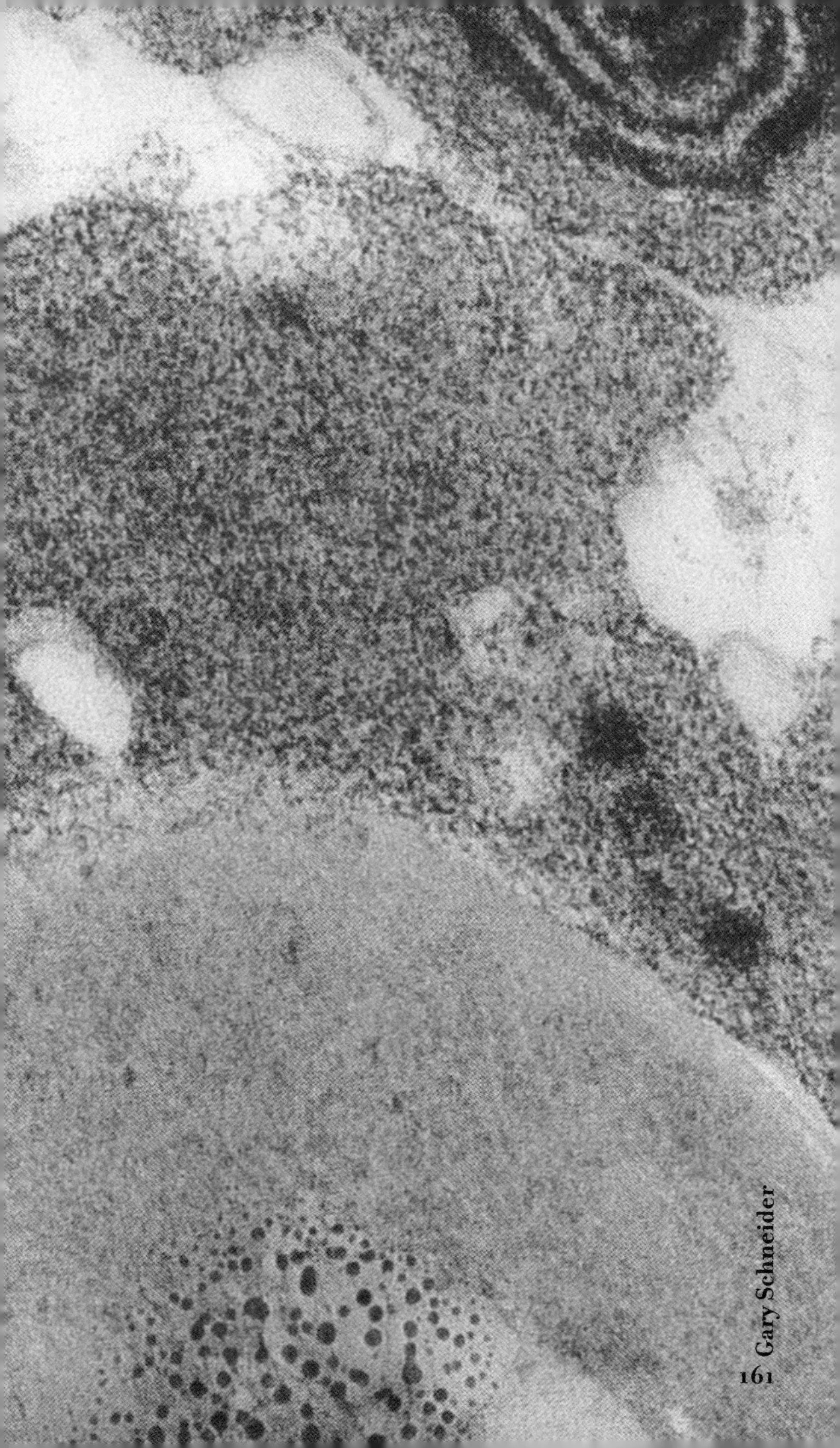

Gary Schneider

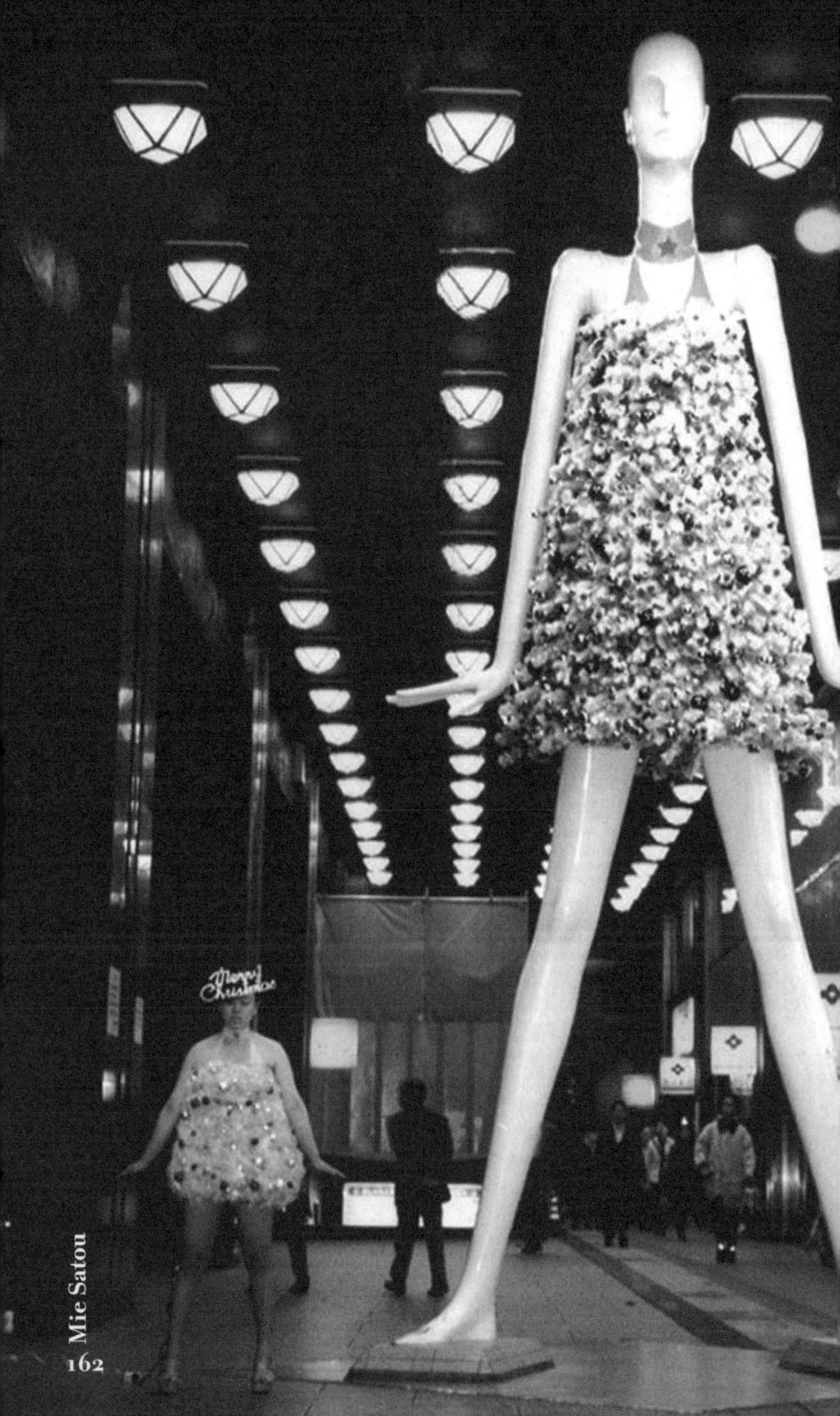

Mie Satou

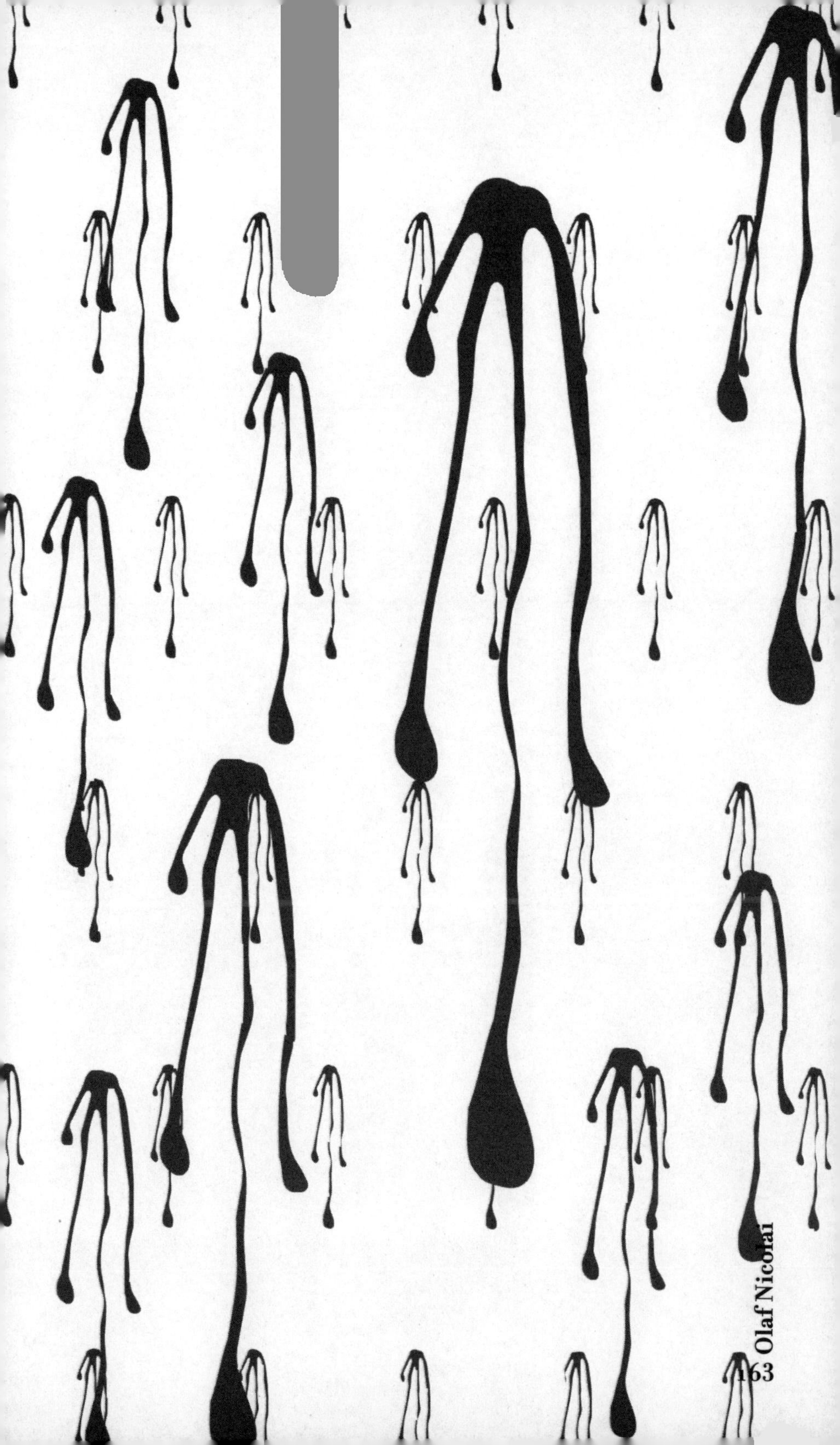

Olaf Nicolai

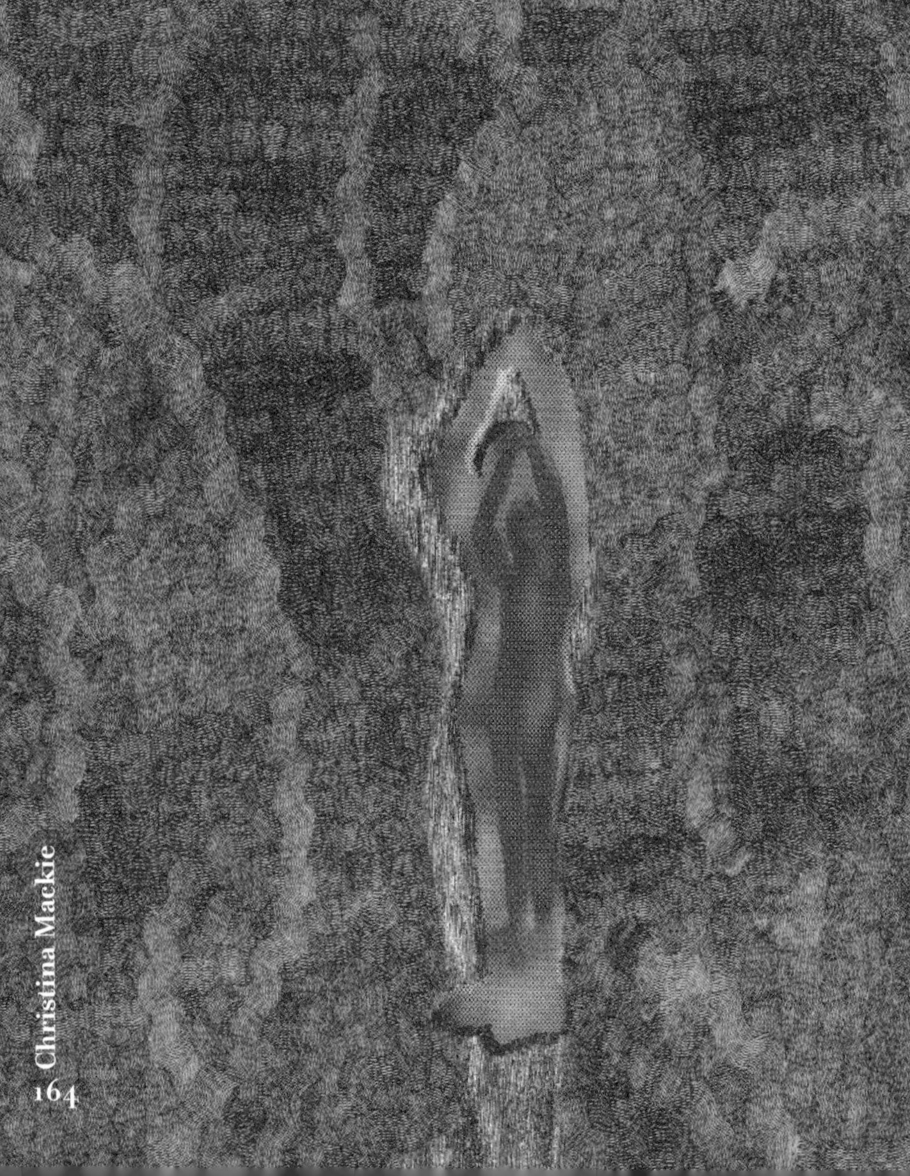

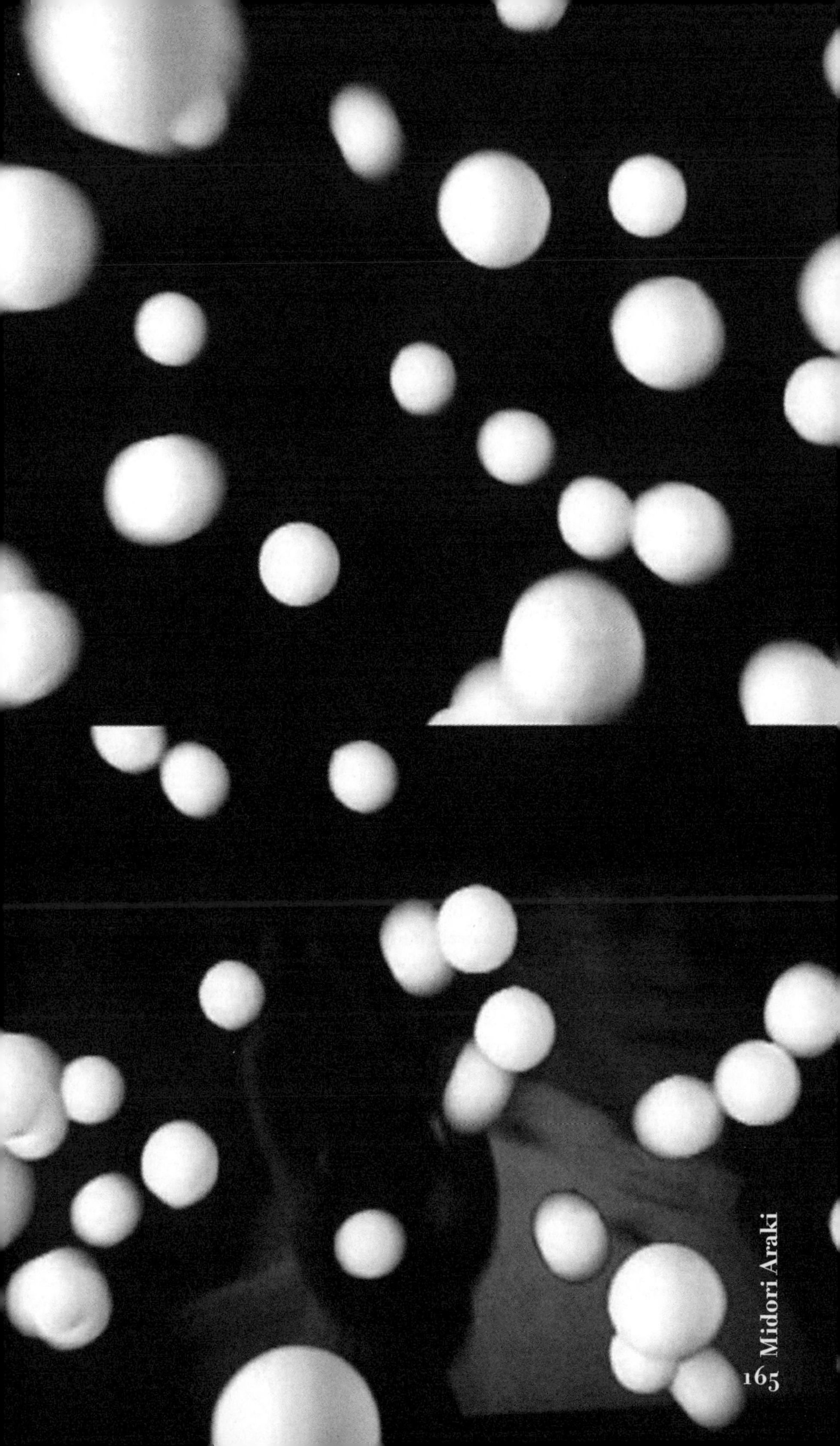
Midori Araki

Je veux

In fact—personally speaking— I don't really want anything. I know that sounds pretentious, but it's true. I never really wanted much. When I was a kid my father would bring home presents from his business trips. I usually gave them to friends who seemed to want them more than I did. I collected books for a while, and still have a lot of books. But I sold most that I've ever owned. Before I came to Paris I gave away my car, TV, stereo, many books, all my furniture, kitchen stuff, records, and things too numerous to remember. I don't miss any of it. The problem is that people don't really let you get away with not wanting anything. Wanting things is the ultimate human urge. And it begins with sex.

To have sex with someone brings you into an exchange with their stuff and your stuff. This includes psychological baggage as well as possessions. Relationships are about projects and acquisitions. The projects can be anything from babies to houses to drug habits, in any order, on any basis. The acquisitions involve every domestic appurtenance, no exceptions. Relationships also brings up the issue of ambition, and, therefore, the philosophical problem of Being versus Becoming—of being who you are, in the Know Thyself sense, versus becoming something, such as a mechanic, doctor, celebrity, or success story. Partners usually want their mates to increase something, if not everything.

I've often been accused (mostly behind my back) of lacking ambition. But that's not the case exactly. It's just that you can't always do things that work out in exact or increasing exchange ratios. Sometimes the things you do aren't that financially rewarding. But to not want things, you have to accept poverty, especially when you don't have family money. OK, you have to work. And work can be pleasurable, especially when it comes from your real self. But it isn't always about making bucks.

I used to think that monks had sidestepped the acquisition game. But years ago, reading Chöguyam Trungpa's Cutting Through Spiritual Materialism, I realized that it's easy to deceive yourself into thinking that avoiding material possessions is the essence of not wanting. That's not the case either, which brings up the somewhat Zenlike pretension noted earlier. In fact the problem of not wanting anything is as great as wanting as much as you can get.

The physical universe is a great gathering storm measured by energy loss, or entropy. Momentum and heat-exchange involve matter. Human matter involves acquisitions, including spiritual property. I mean, sure, I'd like to see the end of nuclear armaments, genocide, pollution, G. Dubya Bush's presidency. But that's not my real "je veux." That's only today's list.

Living requires material possessions. But it doesn't mean that those possessions possess you. They exist as you exist. They will disappear just as you will. We share space with fridges and computers, as well as garbage and friends. You don't have to have the latest or the best made goods. But it sure seems that way. And it can really wear you out.

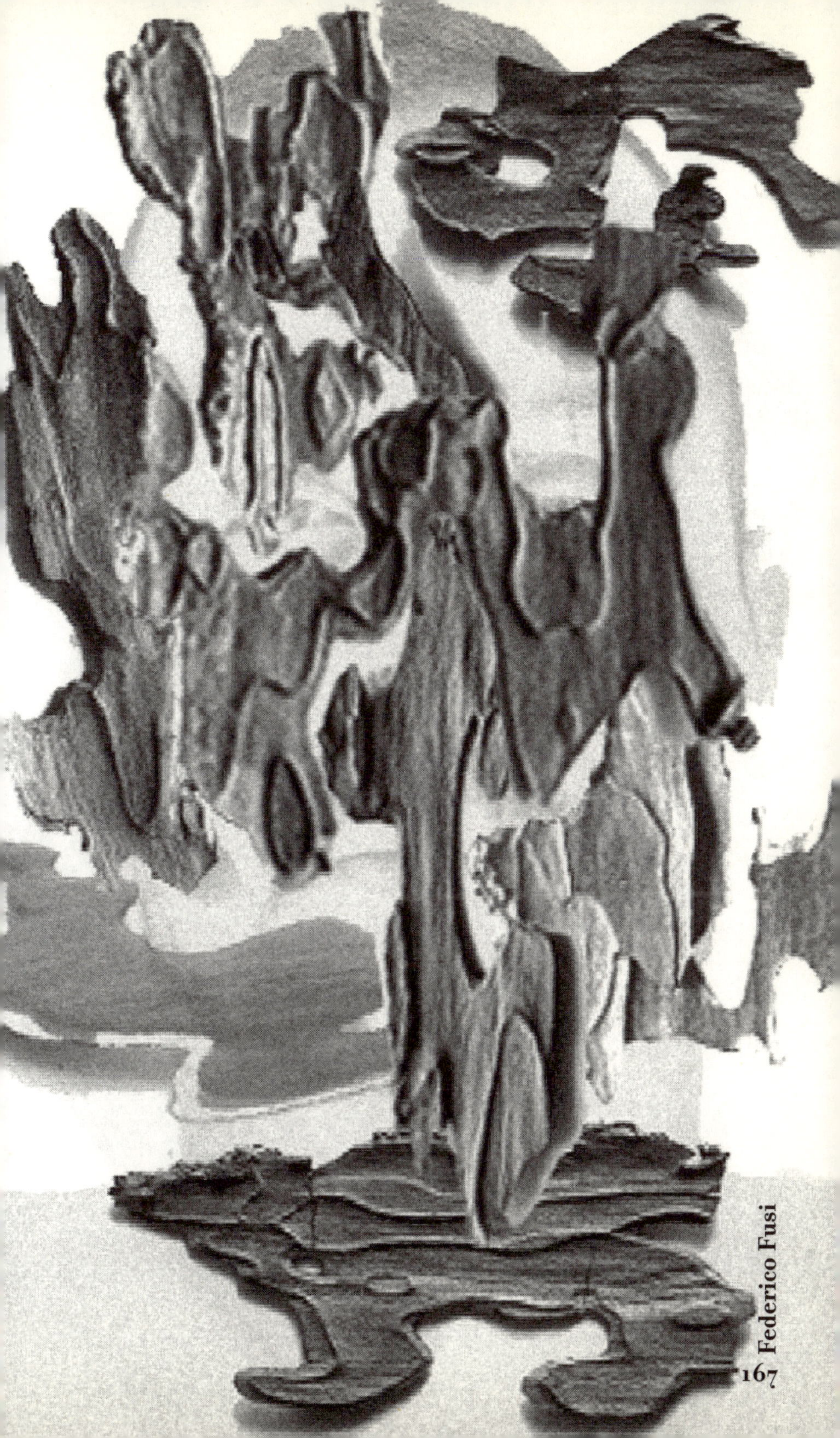

Federico Fusi

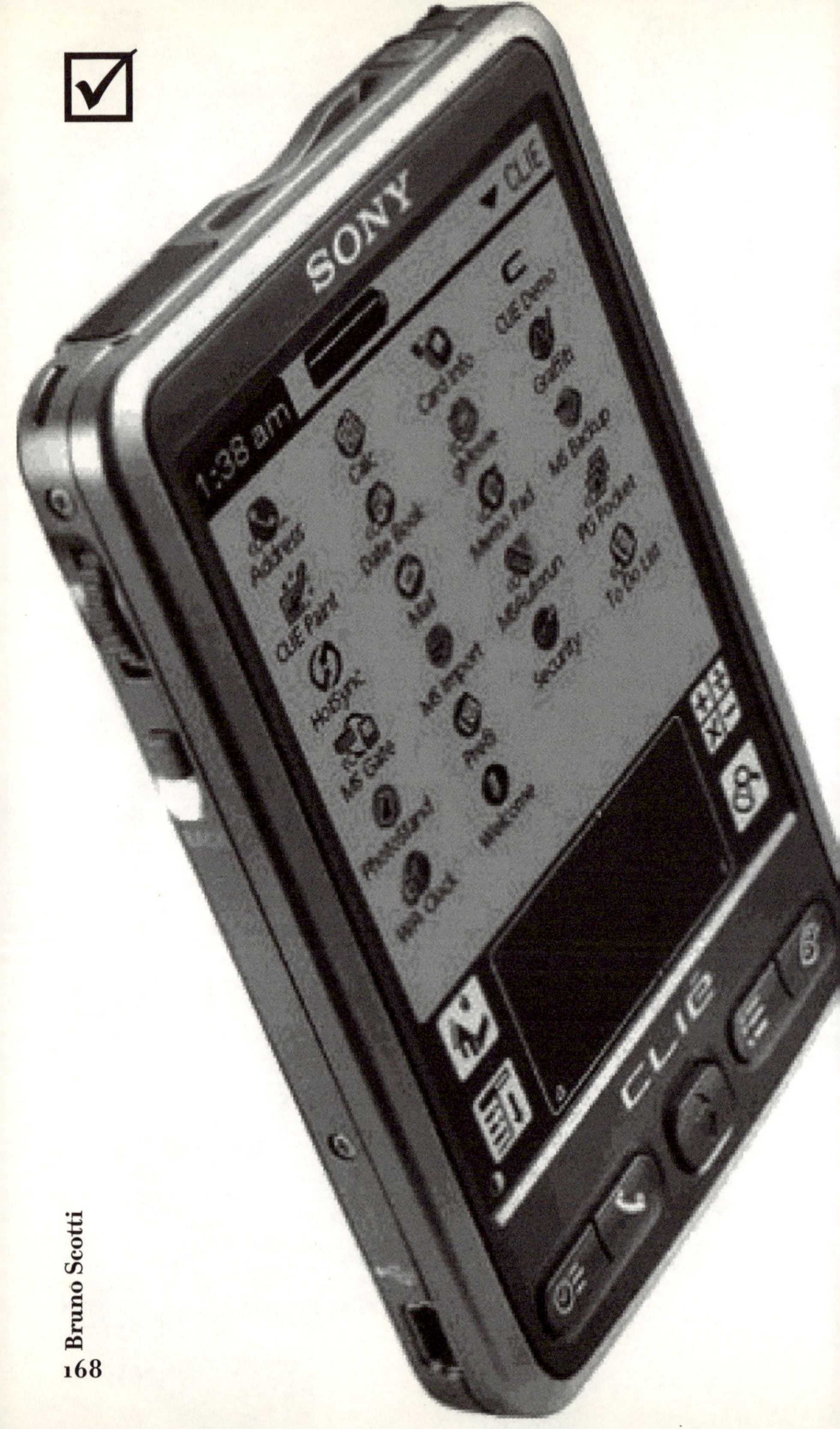

SONY
CLIE
1:38 am

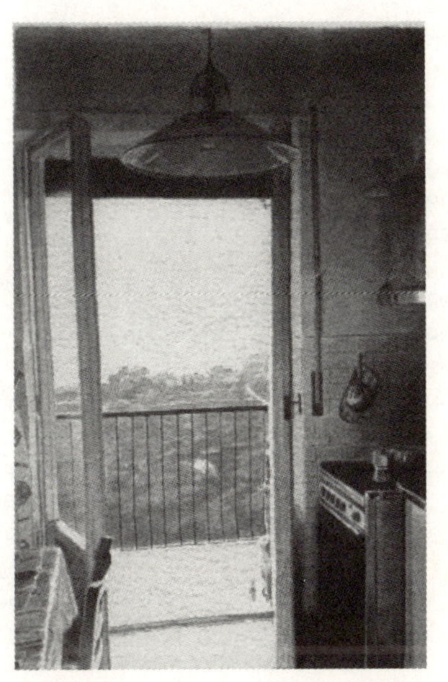

I WANT YOU
UNDER MY SKIN

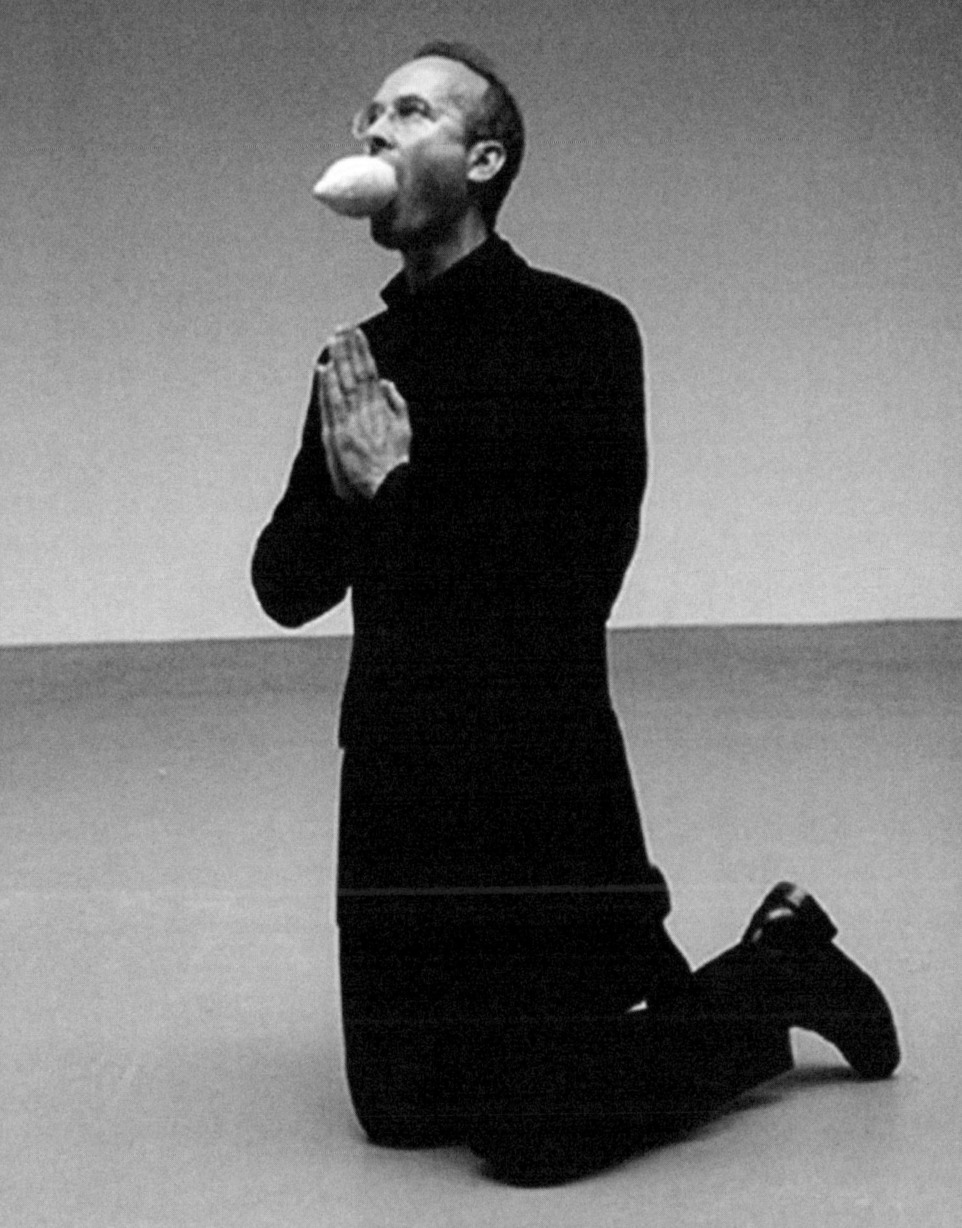

Erwin Wurm

Ghost Texts

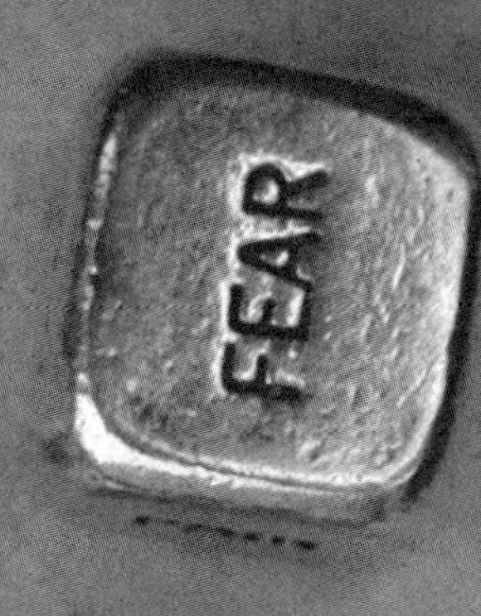

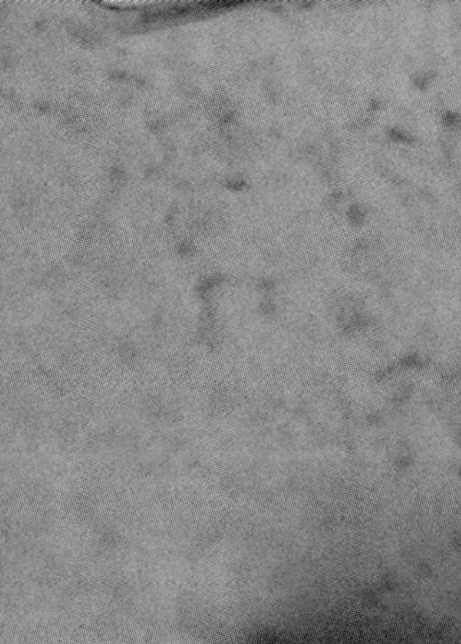

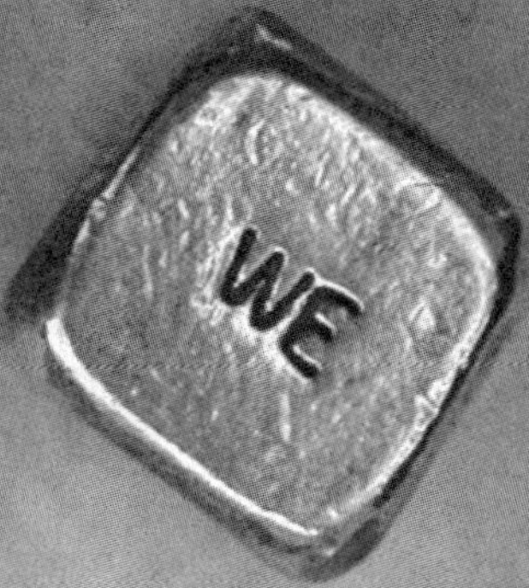

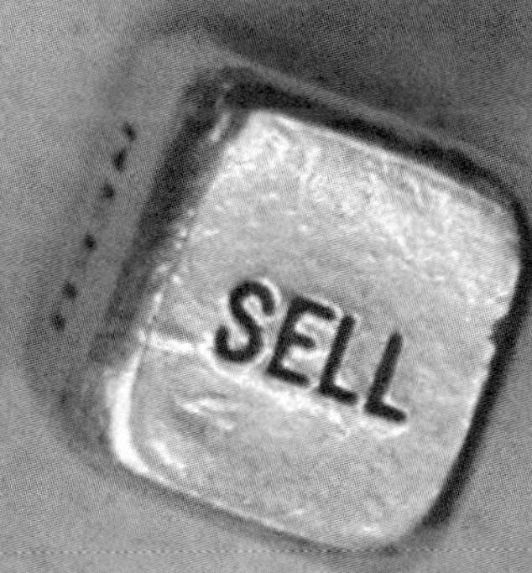

Sam Samore

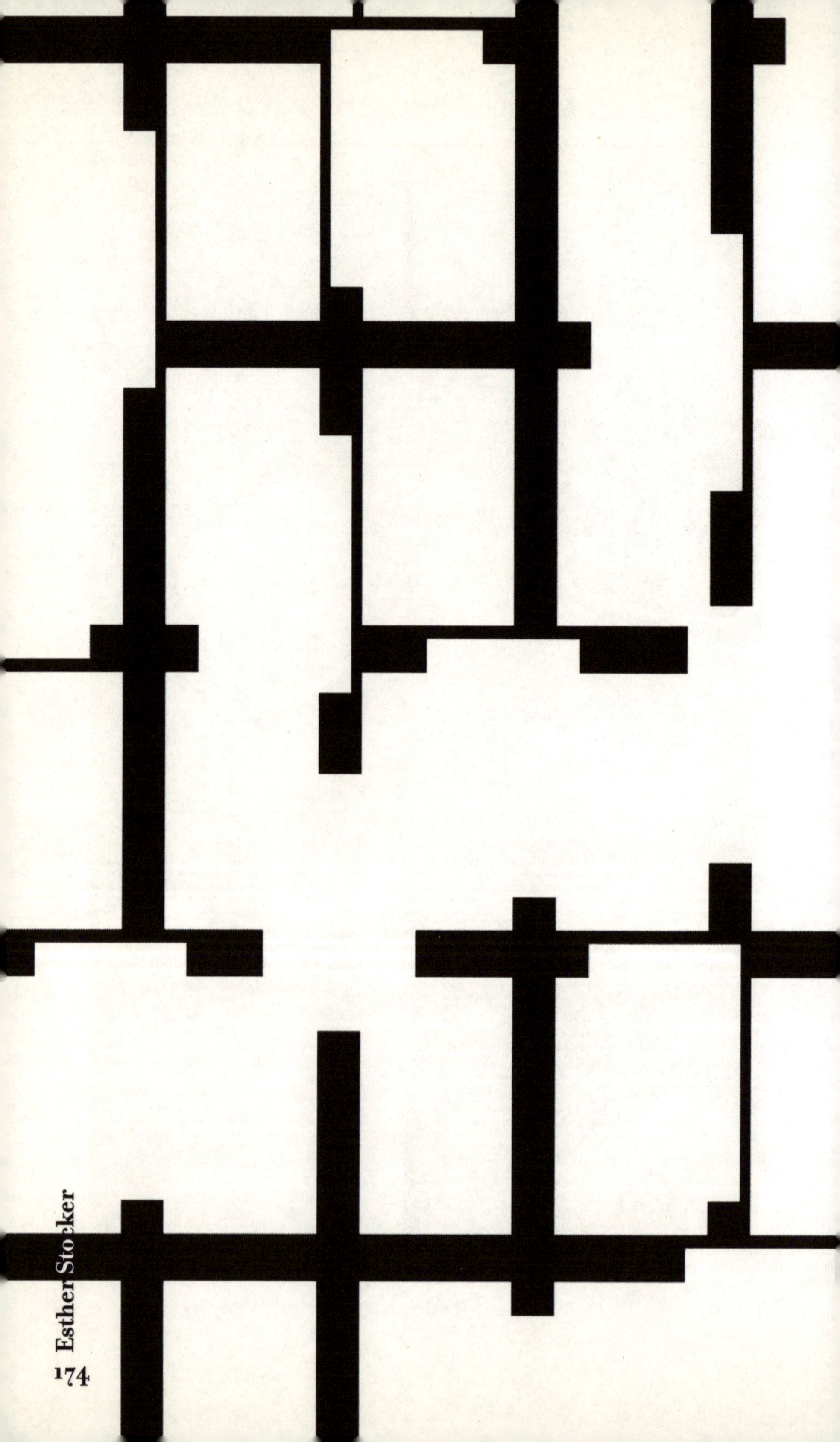

Esther Stocker

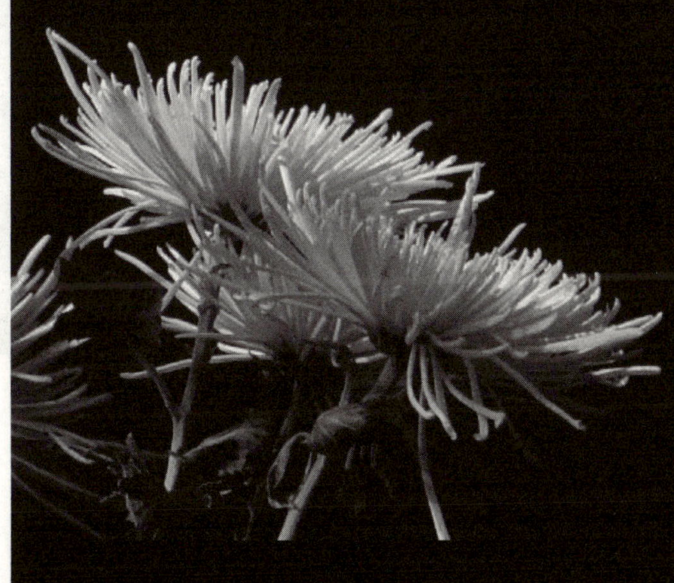
a girlfriend named Crème Brûlée
Burned cream

live

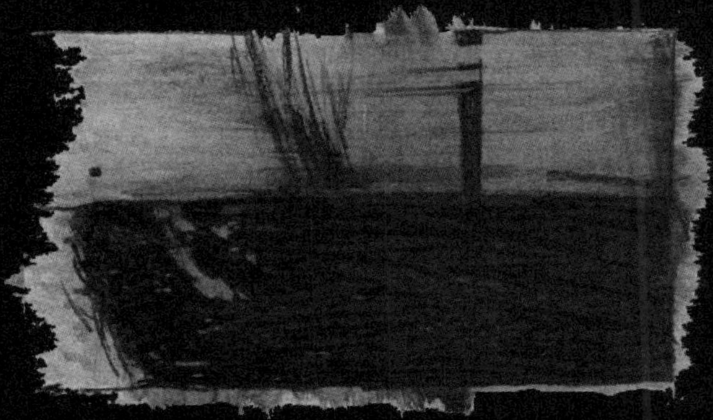

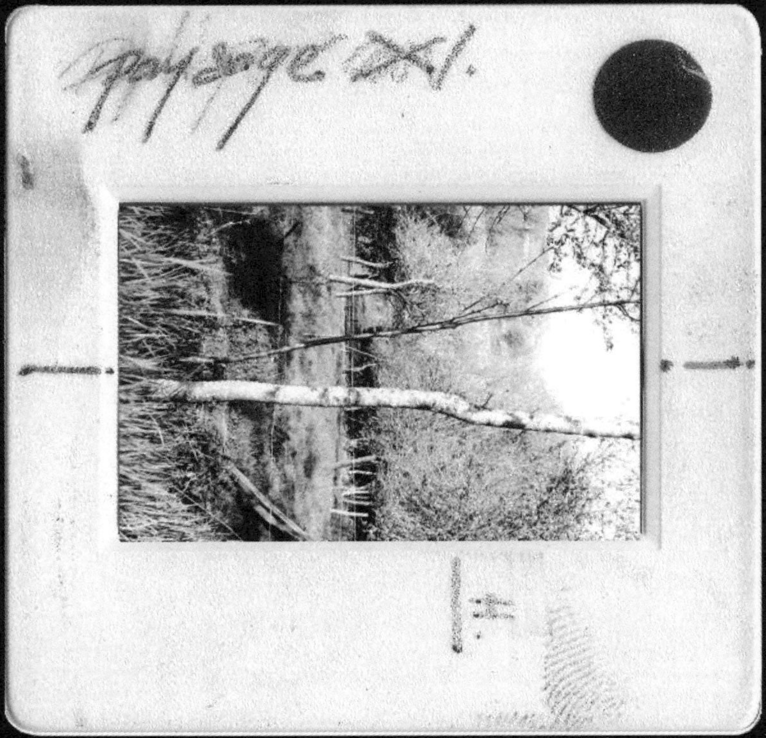

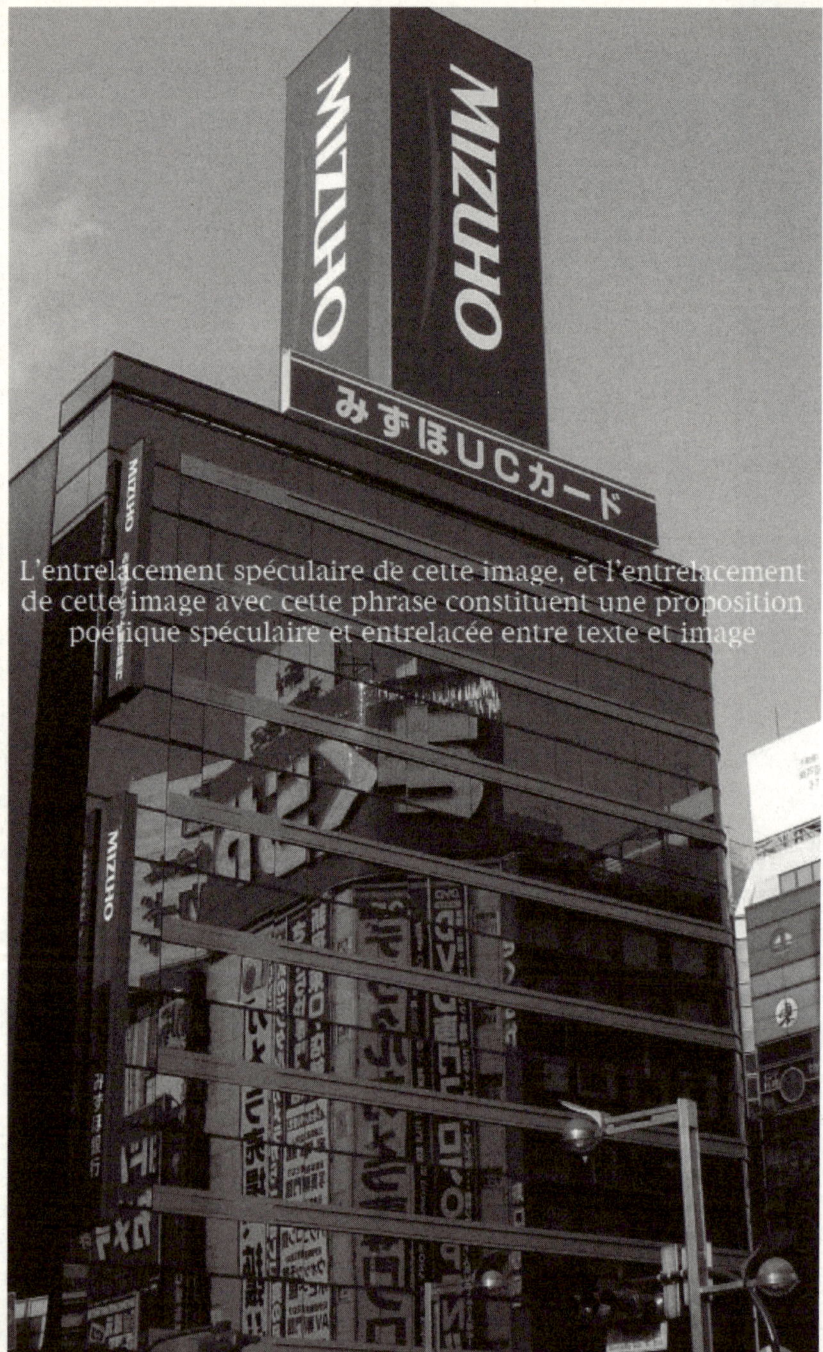

MIZUHO
MIZUHO
みずほUCカード
L'entrelacement spéculaire de cette image, et l'entrelacement
de cette image avec cette phrase constituent une proposition
poétique spéculaire et entrelacée entre texte et image

il sonno diminuisce la temperatura cerebrale; nell'uomo occorrono circa 90 minuti prima che la temperatura diminuisca di 0,8° centigradi, e in quel momento alcuni sistemi singolari, forse dei termoregolatori al centesimo di grado, avvertono il cervello che le riserve energetiche sono ricostituite. - Un attrattore a un punto fisso è un punto limite di un sistema dinamico; il sistema cade nel bacino dell'attrattore, o pozzo nello spazio degli stati, e si ferma - Più diminuisce la temperatura interna più aumenta il sonno paradossale - non so quello che dico – avevo un costume dorato e scivolavo nell'acqua gelata. Per un paio di volte sono stata abbagliata dalle montagne allora chiudevo forte gli occhi - impossibile distinguere i livelli di profondità se non cadendo - Viscosità: grandezza fisica che descrive l'attrito interno di un fluido (in partic. un liquido) cioè la tendenza di uno strato in moto del fluido a trascinare con sé gli strati immediatamente adiacenti - resta il fatto che i due esseri permangono sempre distinti l'uno dall'altro, per quanto l'essere simmetrico si rifletta nell'essere asimmetrico. Questa situazione può essere paragonata a quella esistente nella produzione di corrente indotta: i due rocchetti non si toccano mai eppure la corrente indotta si produce come risultato dell'azione di corrente diretta. La situazione di induzione è una proprietà essenziale della struttura della mente umana - i condensatori per alte tensioni possono essere costruiti con l'aria come dielettrico – nonostante la tensione molto elevata, eventuali scariche non sono pericolose data l'elevata frequenza: la corrente ad una frequenza di 50 kHz scorre sulla superficie del corpo senza colpire gli organi vitali - Il vento quando non ha ananke non ha direzione - ho sognato P.G. come se fosse un uomo perso, trasparente, come un fluido d'acqua contenuto. In quello stato era perso e sdraiato nella sabbia. Poi parlavo con G. come in sintonia come ieri sera, ma improvvisamente lei si ricordava di qualcosa cominciava a urlare e inseguirmi perché o me ne volevo andare da quegli urli. Eravamo nel corridoio qui fuori più ampio e quasi buio e stava sulla destra al posto delle scale. G. mi urlava con una voce enorme molto più grande di lei e rauca. Urlava così la voce riempiva tutto quel gran corridoio e lei era molto più piccola. Io mi allontanavo camminando. Quando stavo per entrare nello studio mi voltavo e le tiravo addosso una bottiglia di birra, senza volerla rompere, solo per spaventarla - l'ipotalamo regola temperatura corporea, ricambio idrico, funzioni sessuali, sonno, reazioni che accompagnano gli stati emotivi, attraverso la secrezione di sostanze ormonali - vi è molta ironia nel processo che sale dalle leggi a un Bene assoluto come a un principio necessario per la loro fondazione. Vi è molto umorismo nel processo che discende dalle leggi a un Meglio relativo, necessario per persuaderci a obiettivi - Lei invece me l'ha tirata indietro per romperla, l'ha frantumata. Ho detto: 'e adesso chi li raccoglie i vetri?', poi entravamo a studio, lei dietro di me, in terrazza si vedeva un lumino, l'ombra di B. e D. in un grande letto. Loro erano nude ma c'erano anche altre persone vestite. Guardavo di sfuggita continuando a camminare veloce verso la finestra sopra al mio letto, la raggiungevo, mi ci aggrappavo e guardavo giù - dimmi come cerchi e ti dirò cosa cerchi – lo scopo era quello di strutturare ciò che in misura maggiore si sottrae allo sguardo della coscienza, secondo un'ipotetica sostanza che (nel suo lato tangibile) provochi una frattura nello scontro con ciò che costantemente vediamo e facciamo oggetto di ogni nostra esperienza vissuta – CORRENTE ELETTRICA: fiume di elettroni che scorre nei cavi come l'acqua scorre

 nelle tubazioni; quanto più la sezione del cavo è grande, tanti più elettroni possono passarvi dentro. - Perché gli elettroni si muovano è necessario che i fili elettrici formino un circuito chiuso –"STRAIN": deformazione di un corpo nell'intorno di un suo punto—Uscivo dall'università ma era sconosciuta, era buio e inverno. In quel posto incontravo delle persone. Volevo far vedere il mio pesce al nonno perché volevo bene a tutti e due nello stesso modo, ma grundartangi era diventato nero e più lo guardavo più era nero, veramente, lo stava diventando. Ha sputato del nero debolmente nell'acqua limpida. Io dicevo che era malato e che dovevamo aiutarlo, ma per tutti era solo un pesce che stava morendo o cambiando colore. Alla fine lo tagliavo a fettine e mangiavo la sua carne scura. Incontravo le persone in posti sconosciuti e mi raccontavano cose che non sapevo del mio passato - il metodo è la coscienza intorno alla forma dell'interno muoversi del suo contenuto – ciao mik, penso che faccia male troppa extasy in circolo nel sangue. Non capisco come ti sia venuta l'idea di chiamare pensiero felice un evidente trip! Scherzi a parte l'idea dello ionizzatore pare molto adeguata, ma sicuramente ti serviranno più moduli, e di una certa potenza; però è molto difficile valutare quanta ne sia necessaria per raggiungere l'effetto voluto, in un tempo ragionevole; per evitare poi che gli ioni generati si scarichino, neutralizzandosi .. - Purtroppo non ricordo più tutto quello che hanno detto sul mio passato - a ciascun tratto singolare delle nostre intuizioni spaziali corrisponde un fondamento nel mondo delle cose; solo in quelle proprietà che lo spazio ha nella nostra coscienza non può esistere in sé senza essere pensato o intuito - Di fianco al tavolo c'era una ringhiera di rete di pollo e dietro le montagne islandesi che cominciavano a gonfiarsi e sgonfiarsi contro la rete, in modo ritmico e progressivo. Tutti pensavano che fosse un gioco ma alla fine esplodevano - .la somiglianza di alcuni meccanismi del sonno con quelli dell'ibernazione colloca il riposo nel quadro generale dei meccanismi di ripristino energetico nell'organismo - era un posto pieno di erba verdissima e di paludi coperte dall'erba - non si va mai così lontano come quando non si sa dove si sta andando – fra poco tornerò da dove sono partita - 'strain gauge': tipodielementosensibile per estensimetri elettrici, costituito da un sottile filo metallico collegato a un ohmmetro piegato più volte e annegato in una piastrina di materiale isolante, in modo che incollando la piastrina sul corpo in esame le deformazionidel corpo provocano corrispondenti variazioni nella resistenza elettrica del filo. - NON ASPETTARE, TUTTO ARRIVA - niente che meriti di essere dimenticato - la massa è energia condensata - la coesistenza di vari livelli e la relazione fra il livello e la grandezza di ognuna delle variabili dell'emozione porta alla conclusione che ad ogni livello vi è una determinata grandezza di ognuna delle variabili di un'emozione (intensità, tensione, frequenza, capacità) - Keine Ferne macht dich schwierig kommst geflogen und gebannt - devo aver sognato anche luft ma devo anche averlo dimenticato immediatamente - muovendo dal reale e tendendo ad esso, il possibile è risolto nel reale che ci si attende – non sto rischiando adesso, sto aspettando che mi caccino, non è un rischio. Rimanendo qui aspetto solo che mi caccino che mi chiudano dentro. Devo aspettare mezz'ora con l'ansia che mi caccino da un momento all'altro - l'ipotesi più sensata che si accorda con le nostre conoscenze è che le leggi della fisica non siano fisse. - si potrebbe tentare di derivare le leggi sul movimento dei corpi rigidi mediante processi di limite a partire da un sistema di assiomi che dipendono dalla rappresentazione di condizioni variabili in modo continuo (e che vanno definite mediante parametri) di una sostanza che riempie in modo continuo l'intero spazio. - le nostre concezioni della mente sono interamente permeate dalla comparazione spaziale - nella determinazione di ciò che è possibile o lecito tentare la medietà sorveglia ogni eccezione - viviamo continuamente una soluzione di quei problemi che la riflessione non può sperare di risolvere - tutto ciò che è mentale nell'uomo è legato indissolubilmente al fisico; di conseguenza si esprime attraverso immagini --- onde lente ad alto voltaggio - Anche la retina è un tessuto elettricamente attivo. La cornea, il cristallo che chiude la finestra dell'occhio, è elettricamente neutra, mentre la pellicola fotosensibile della retina è fortemente elettroattiva. Essendo un dipolo elettricamente carico l'occhio, muovendosi, elabora dei potenziali spontanei. - Inseguire le forme non è altro che inseguire il tempo, ma se non esistono forme stabili non esiste assolutamente la forma - le linee di forza in un campo elettrico catturano gli ioni e li costringono in una direzione. In genere sono archi di circonferenze. - CARICHESPAZIALI: se in un campo elettrico ci sono cariche supplementari può succedere che parte del flusso proveniente da un elettrodo rimanga incastrata nel campo e il resto giunga all'elettrodo di segno opposto. FORZA COULOMBIANA: se una particella carica positivamente viene posta in un campo elettrico essa viene spostata lungo le linee di campo ("equipotenziali") secondo questa forza che è proporzionale al prodotto dell'intensità di campo per la quantità di carica. – RIGIDITA' DIELETTRICA DELL'ARIA: 30 Kv al cm in condizioni normali di pressione e umidità. – l'impossibilità di conoscere contemporaneamente la velocità e la posizione di una particella in un dato istante implica che il mondo microscopico è intrinsecamente turbolento. Io ho visto il campo magnetico sul lago, intorno alla pioggia, un lampo di luce fumosa indescrivibile, c'è stato e siamo saltate fuori dalla – a uccidere non è la tensione ma la corrente: 0 ~ 5 mA soglia di sensibilità; 5 ~ 30 mA scossa ben avvertita, tetanizzazione dei muscoli interessati dalla scarica, possibili rischi cardiaci se l'intensità della scarica attraversa la regione cardiaca intorno al limite superiore; > 50 mA scarica mortale se la corrente circola nella regione cardiaca, tetanizzazione e paralisi dei muscoli respiratori e fibrillazione ventricolare irreversibile. – ho sognato J. Ma non mi ricordo così bene come nel sogno, perché nel sogno lo raccontavo due o tre volte a due tre persone diverse. Però lui arriva e decideva che avrebbe dormito lì, quasi come un ricatto. Costruiva una pila di tavoli o sgabelli e si metteva a dormire su quella pila di cose sopra di me. La mattina dopo era spiaccicato nel suo corpo ai miei piedi. Erano rimasti solo i vestiti schiacciati per terra e lui dentro ancora più schiacciato. Era una cosa orribile perché ero sconvolta. Quando mi sono ripresa ho capito che era una cosa da tenere nascosta, che dovevo sbrigarmi da sola, ma mi ricordo che poi raccontavo a qualcuno, con molta chiarezza, come era successa la cosa. Poi ero con qualcuno, forse N., arrampicata da qualche parte che spiavo dalla finestra uno studio fantastico, luminosissimo, le finestre come alla scuola di danza. Entravo e poi scoprivo che c'era qualcuno dentro, come dei ragazzi che dormivano in delle stanze e stavano per svegliarsi. Mi ricordo che da fuori venivano ad avvertirmi che mi avevano scoperto, che ero in un guaio per la storia di J.. erano M.A., F.B. e G., e c'era anche luft da qualche parte e S. con una tazza di sangue e una di qualcos'altro. – kapitza assunse che la lunga vita dei BL fosse dovuta alla presenza di una fonte di energia esterna e suggerì che potesse trattarsi di onde elettromagnetiche stazionarie fra nubi e suolo originate dai temporali. Le regioni dove le onde hanno un minimo di intensità (interferenza distruttiva) sono dette nodi, mentre quelle dove l'intensità è massima (interferenza costruttiva) sono dette antinodi. Negli antinodi l'onda elettromagnetica può essere così intensa da separare gli elettroni dagli atomi e molecole dell'atmosfera, producendo una piccola regione ionizzata (plasma). Un plasma può assorbire onde elettromagnetiche di frequenza opportuna aumentando l'energia cinetica delle cariche e provocando ulteriore ionizzazione dell'aria. Da questo processo a cascata nasce il BL che emette radiazione grazie al processo di combinazione ioni-elettroni. La capacità del BL di passare dove esistono porte, finestre e caminetti è dovuto al fattoche questi costituirebbero delle

"guided'onda" per la radiazione. – il ghiaccio collassa su se stesso chiudendosi progressivamente dalle profondità verso la superficie. –17.06 ho sognato che io e kim eravamo in una casa dove c'era un grande pericolo. Fuori pioveva fortissimo. Ad un certo punto lei si fidava di me e decidevamo di far saltare la casa: con un interruttore, creando un campo magnetico sul lago fuori, ma c'era il rischio di prendere noi la scossa così mi arrabbiavo con kim che insisteva su quell'interruttore più del necessario. Io ho visto il campo magnetico sul lago, intorno alla pioggia, un lampo di luce fumosa indescrivibile, c'è stato e siamo saltate fuori dalla finestra. La casa è esplosa, un grumo di fuoco gigantesco. Poi non mi ricordo. Ho sognato l'esame, sempre in un posto umido e straniero come quella casa, simile alla sala d'aspetto di una stazione. Cellucci mi guardava serio senza dire niente; io ero contenta del mio esame ma lui non mi dava nessuna conferma, così che se era insoddisfatto non potevo nemmeno chiedergli un'altra domanda. Alla pausa prendevamo le biciclette per uscire, ma era quasi come un viaggio. Era molto umido, sembrava la banchina di un porto all'alba quando ha piovuto. Io stavo dietro Cellucci; gli raccontavo del mio sogno ma non sembrava particolarmente interessato, così che ho dedotto che non ero andata così bene e che l'altro professore mi avrebbe abbassato il voto perché avevo perso fiducia e non potevo più scovare nella mia testa Wittgenstein e Lemmon. Poi abbiamo superato un gruppo di bambini e adulti; mi sono voltata e ho rconosciuto lo zio di Peppe (più giovane di lui) che non mi ha mai visto. Allora gli ho urlato cose affettuose in napoletano. Lui sorrideva ma non poteva rispondermi perché effettivamente non ci conoscevamo, era imbarazzato. – 19. 06 ho sognato che costruivo un bambino e quello diventava vivo, era biondo slavato, con una tuta slavata. Aveva poco più di un anno perché camminava, andava da solo nei posti più pericolosi, come vicino al gas e al fuoco della cucina e lo stuzzicava. Aveva gli occhi azzurri e sorridenti ma come quelli di un automa. Non cominciava con me. Lo rimettevo sempre nella culla ma era slavata, c'erano 4 pupazzetti di stoffa ma non bastavano a coprire la plastica dura e fredda del fondo. – nella prima parte della notte c'era l'Islanda ma molto estrema: una distesa d'erba dura e rocce circondata da montagne di pietra con tanti piccoli geysirs che sbuffavano e bollivano. Li vedevo da lontano ma era come se fossi fra due fuochi: non potevo andarmene, facevano muro anche se da lontano. Kim era impiccata sulle montagne, mimetizzata, ma potevo riconoscere la sua forma. Diventava buio e umido, le facevo una foto e il flash illuminava una strana immagine. Nella seconda parte della notte ero con dei delinquenti e scappavamo. Era un sogno molto coinvolgente ma non riesco a ricordarlo. Solo alla fine eravamo in una enorme sala da biliardo, dei primi del secolo. Loro non sapevano giocare e non lasciavano giocare me. Cercavo di impormi almeno per sistemare le palle nel triangolo, ma il triangolo non era un triangolo, aveva una forma strana e le palle erano tantissime e loro facevano confusione. Alla fine costruivo una forma molto solida, come se fosse fatta di cose da mangiare, ma nessuno faceva in tempo a spaccare perché dovevamo scappare di nuovo. – 22.06.02 ho sognato che avevo il torace strappato: tutta la carcassa dalle spalle, sotto al collo, lungo le costole, fino allo stomaco. Anzi, non sono sicura che le costole fossero ancora attaccate al mio corpo o meno. La carcassa era attaccata solo alla pancia. La tiravo su e la incastravo con un rumore di ossa e muscoli sotto al collo. Chiedevo consiglio a G. che mi diceva che forse avrebbero dovuto operarmi o forse mi si sarebbe rimarginata da sola. Quando la incastravo e tenevo la mano sul petto era perfettamente incastrata. Solo da dietro si vedevano i muscoli sotto le ascelle scoperti. Poi... e c'era un problema satellitare: eravamo in una soffitta. - Una lampadina nel cuore della notte emette bagliori confusi e impercettibili. – mi sono tuffata dagli scogli nel mare mosso in un vento fortissimo senza nessuno. - Tutto quello che si dimentica prima o poi torna alla memoria, in una forma o in un'altra. - 16.08.02 ho sognato che scappavo insieme a qualcuno da un predatore della notte che guidava come un pazzo su una macchina veloce e ci cercava per drogarci. Noi ci nascondevamo dietro delle porte, fra la porta e un muro di terra secca sabbiosa e le scale di una palazzina. Io ero bravissima a nascondermi, guidavo io l'altra persona. Poi mi beccava, mi lanciava vicino su un prato in discesa, delle specie di tubi di gomma morbida lunghi circa 50 cm. Annusandoli ti drogavano. Quello mi dava uno stato di stanchezza pesantissima tipo chetamina. -12.12.01 ho sognato luft. Ero incastrata in un posto con G., tante cose da fare di notte. Facevo tardissimo. Ma questa volta eravamo insieme, in un corridoio. Ci s -

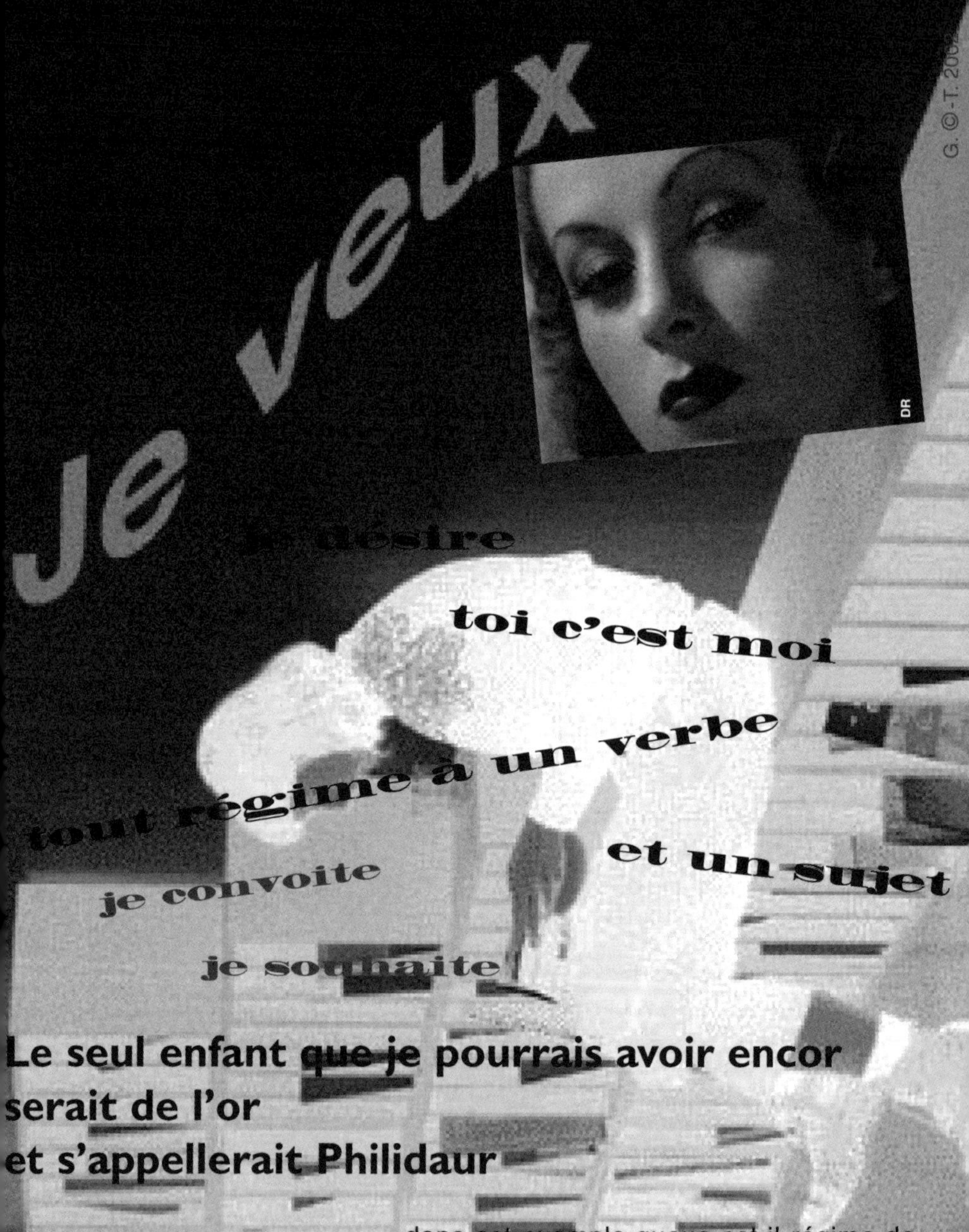
Je veux
DR
G. © - T. 200?
je désire
toi c'est moi
tout régime à un verbe
je convoite
et un sujet
je souhaite
Le seul enfant que je pourrais avoir encor
serait de l'or
et s'appellerait Philidaur
dans cet exemple queue est-il régime de ...
Au milieu de tes vers garde un juste équilibre,
Ris de tes amours, et résiste au sort,
Affronte l'indigence, et les vers et la mort ;
Comme un rocher que frappe une mer mugissante
Brave des mots émus la fureur impuissante.
d'après Voltaire

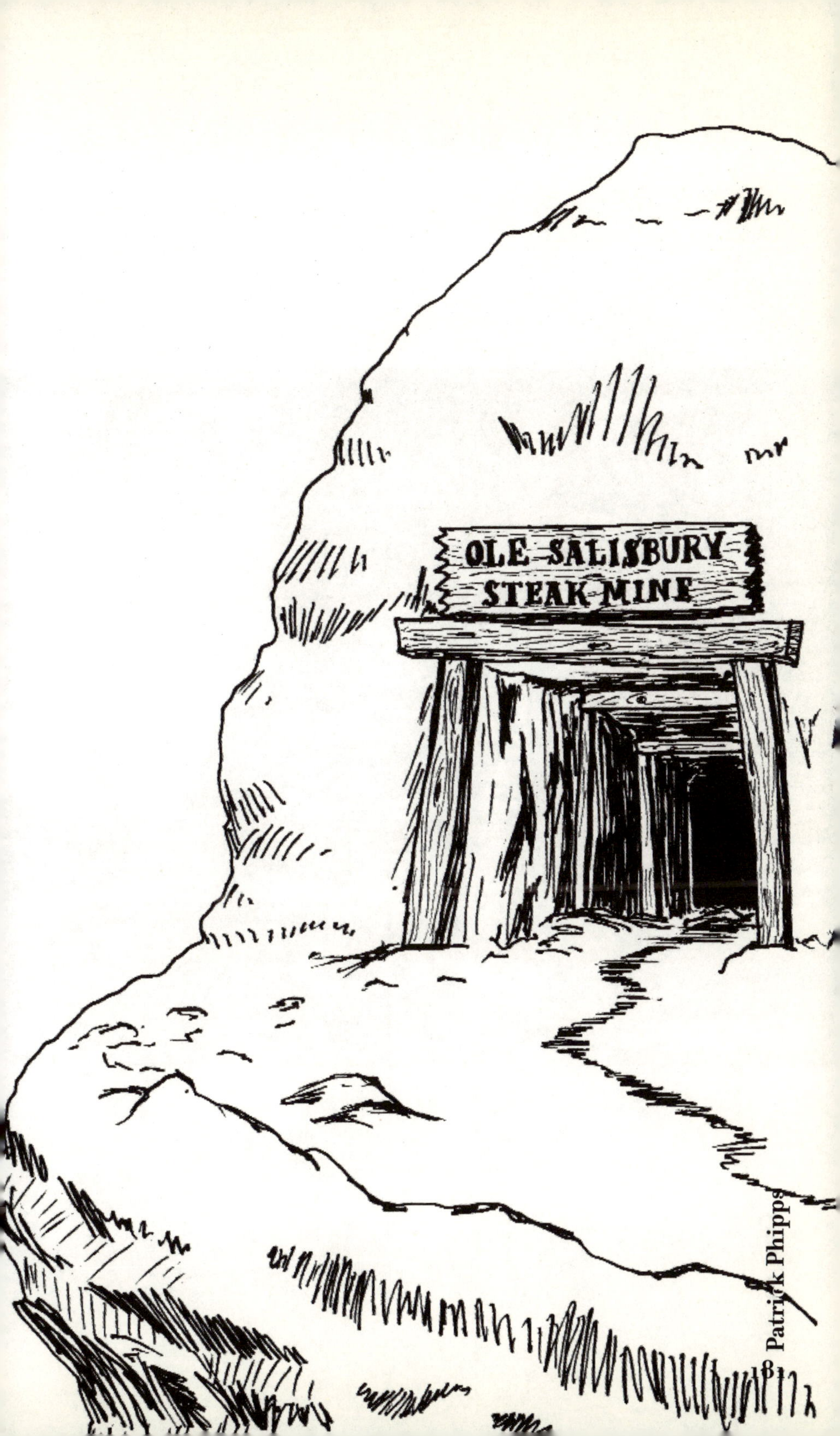

OLE SALISBURY
STEAK MINE
Patrick Phipps

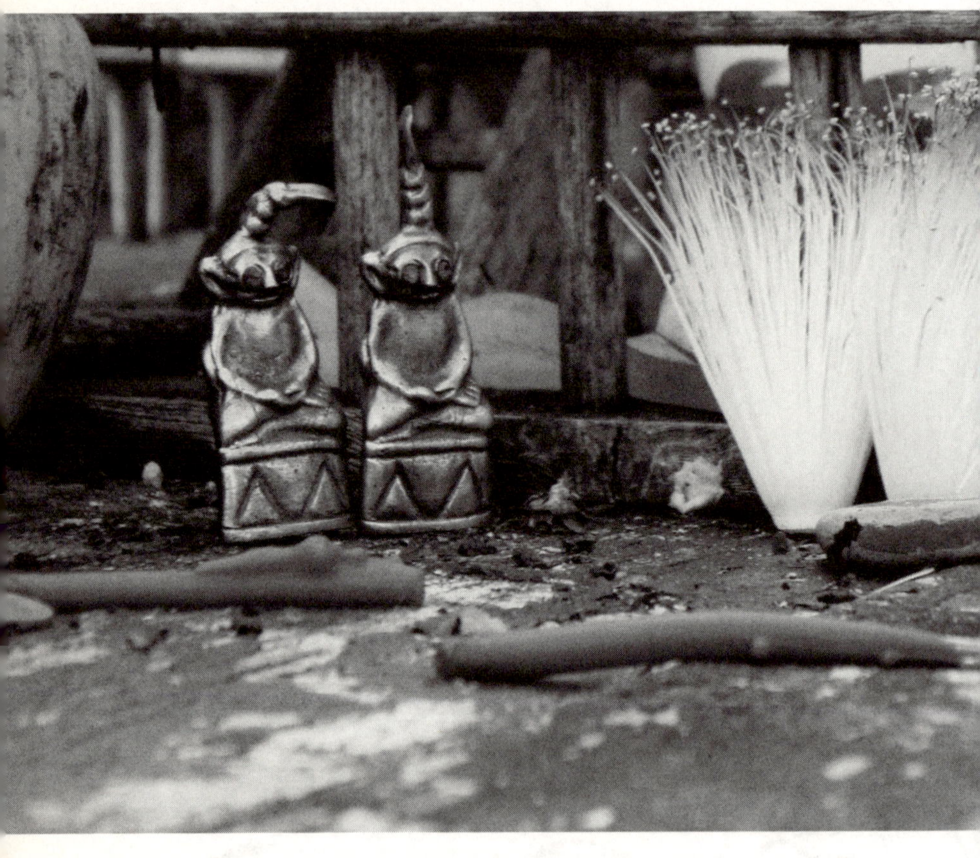

Sylvie Fleury

~~Je veux~~, je voudrais que ça aille moins vite.

Jean – Michel Alberola

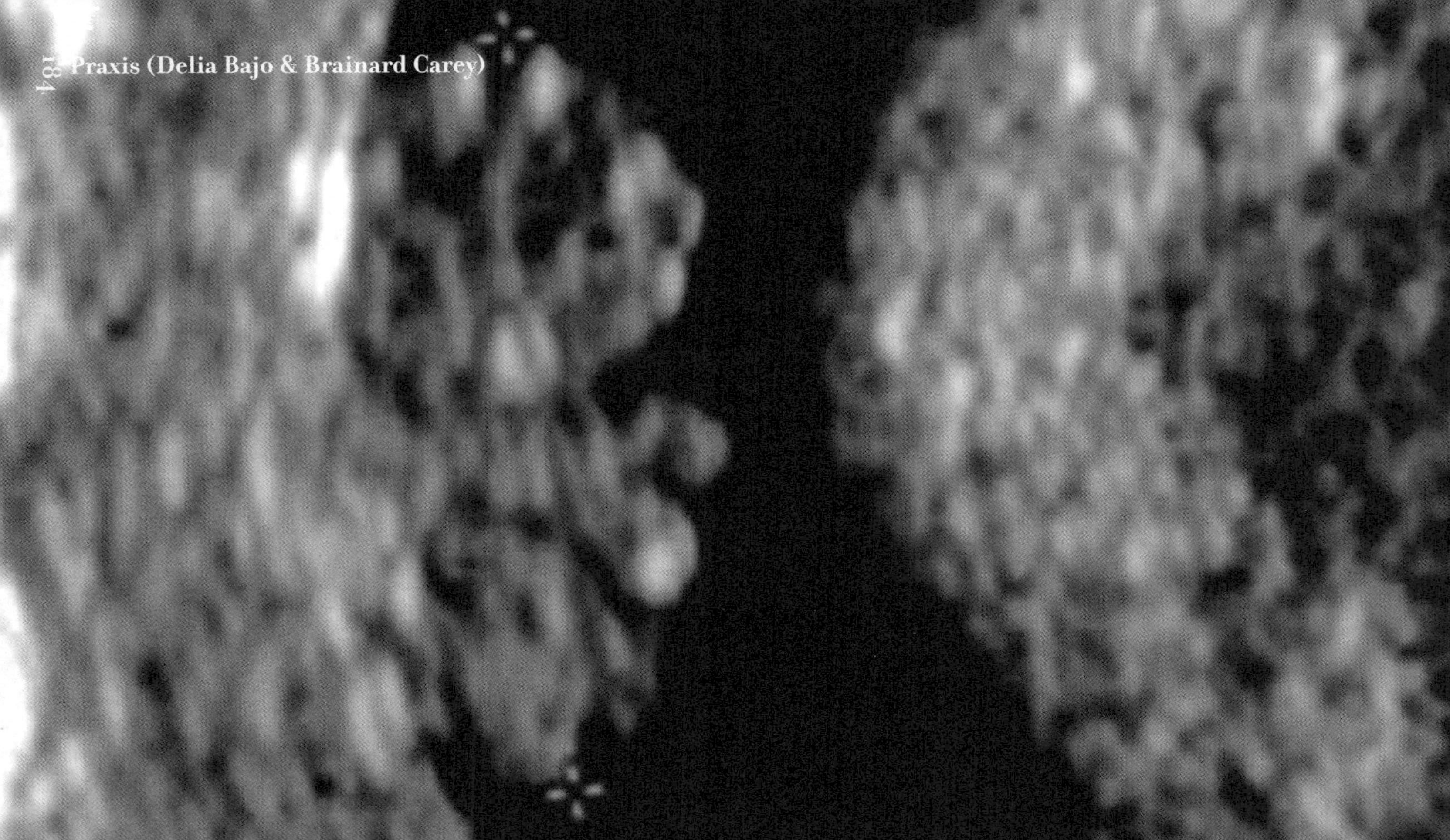
184 Praxis (Delia Bajo & Brainard Carey)

I want to hear your voice again

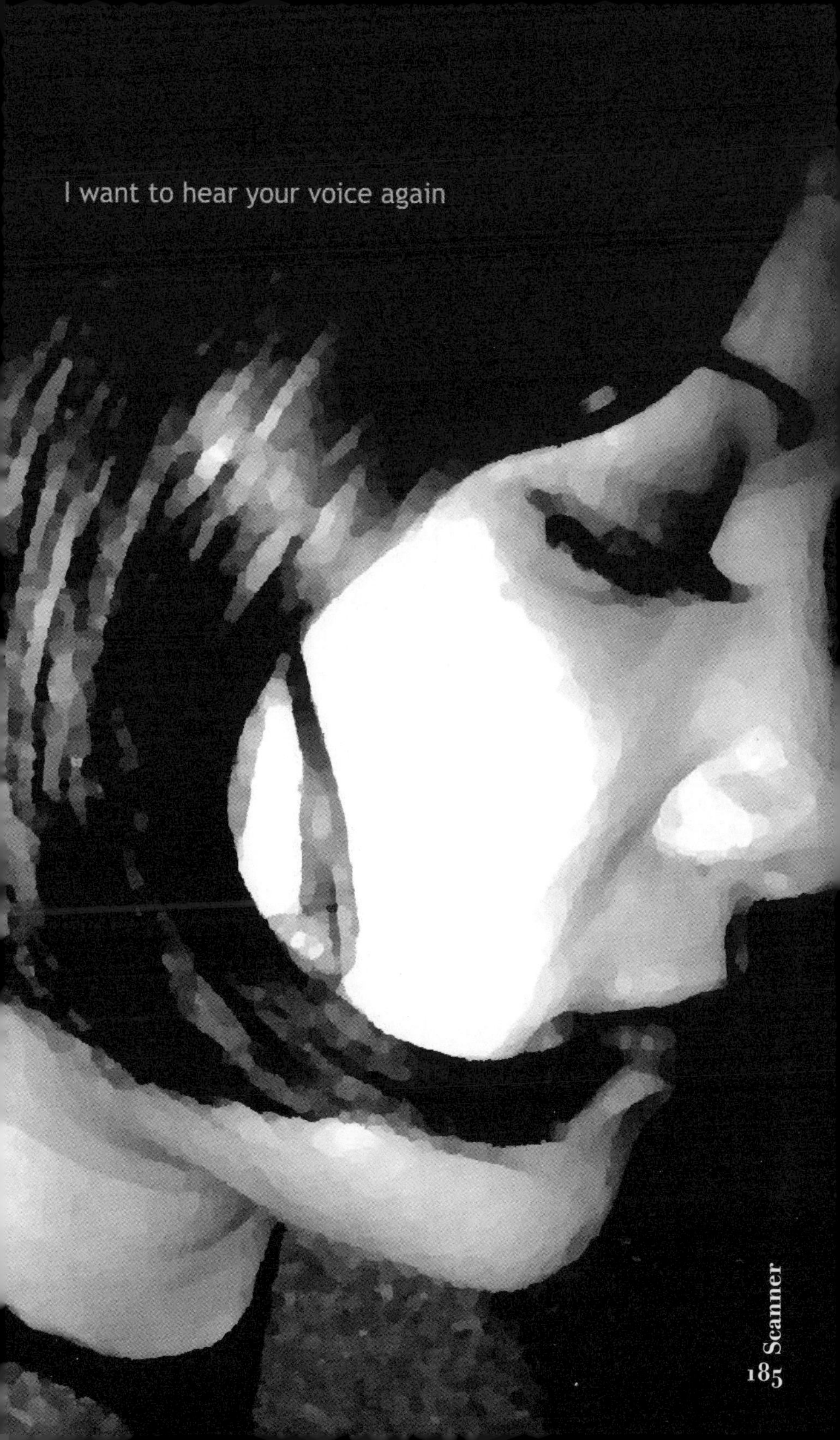

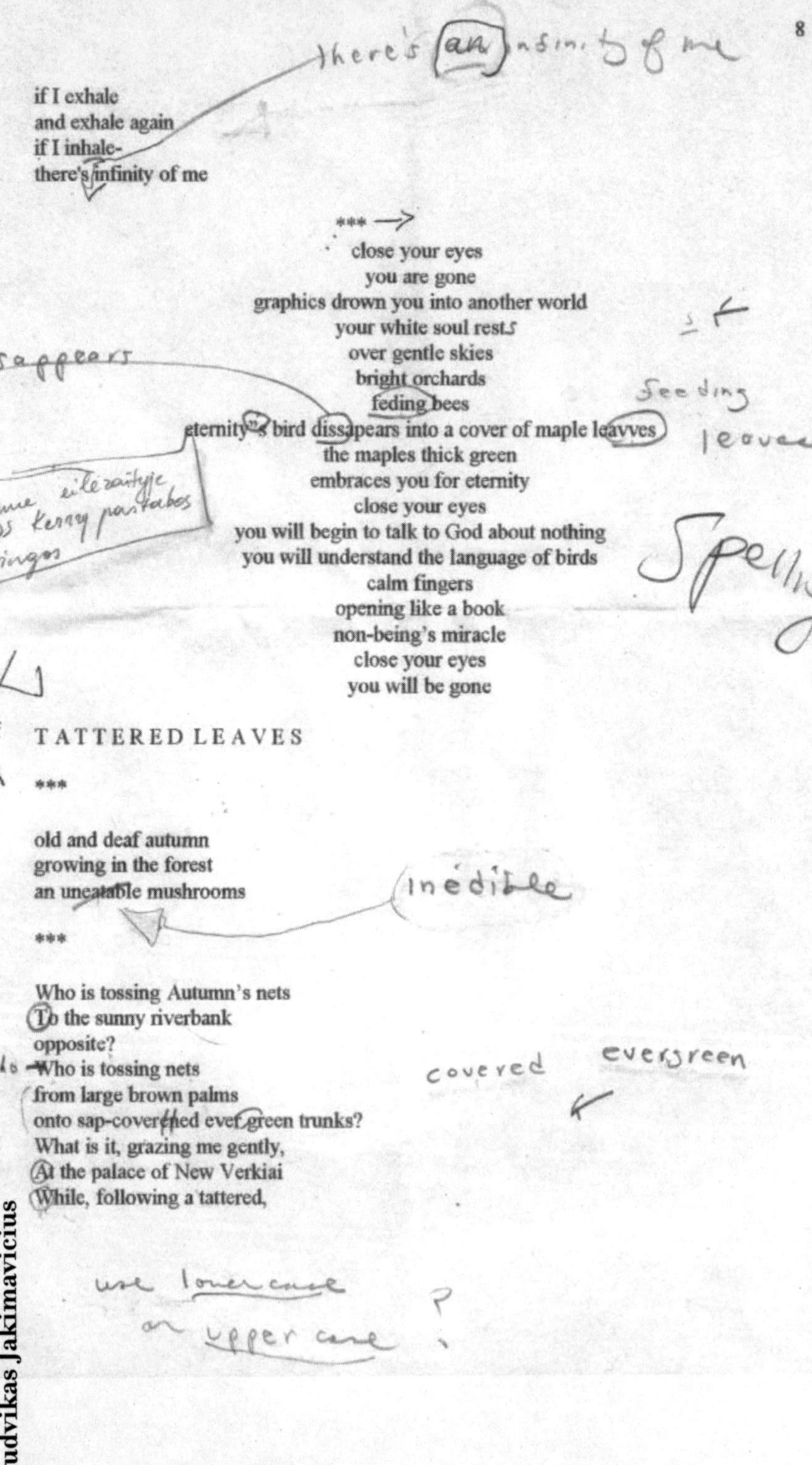

there's (an) infinity of me

if I exhale
and exhale again
if I inhale-
there's infinity of me

*** →

close your eyes
you are gone
graphics drown you into another world
your white soul rests
over gentle skies
bright orchards
feding bees
eternity's bird dissapears into a cover of maple leavves
the maples thick green
embraces you for eternity
close your eyes
you will begin to talk to God about nothing
you will understand the language of birds
calm fingers
opening like a book
non-being's miracle
close your eyes
you will be gone

disappears

šitame eilėraštyje visos kirčiy pantoebos keiringos

feeding leaves

spelling

THE TATTERED LEAVES

***

old and deaf autumn
growing in the forest
an uneatable mushrooms

inedible

***

Who is tossing Autumn's nets
To the sunny riverbank
opposite?
Who is tossing nets
from large brown palms
onto sap-coveretred ever green trunks?
What is it, grazing me gently,
At the palace of New Verkiai
While, following a tattered,

covered   evergreen

use lower case or upper case?

Liudvikas Jakimavicius

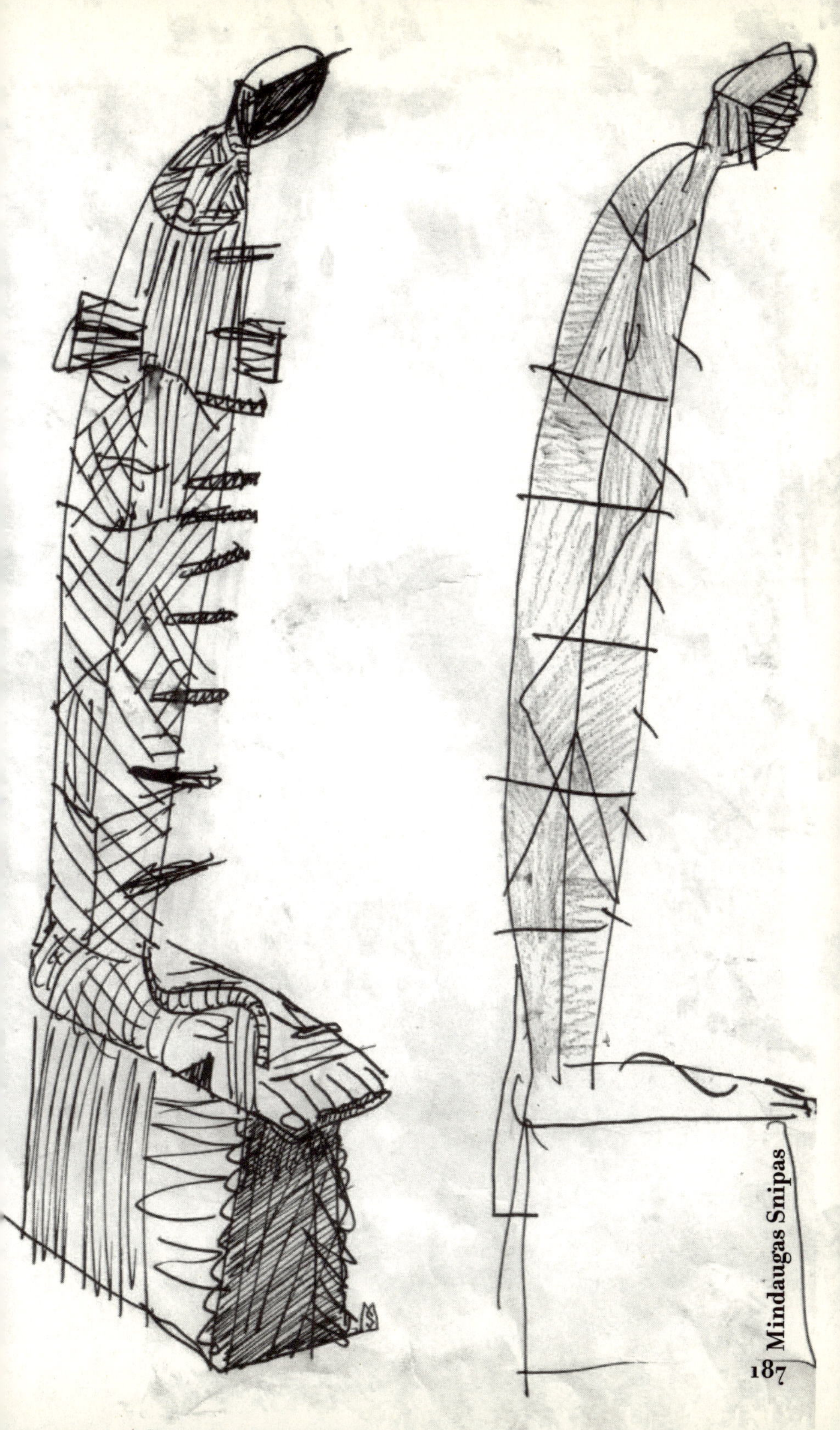

Mindaugas Snipas

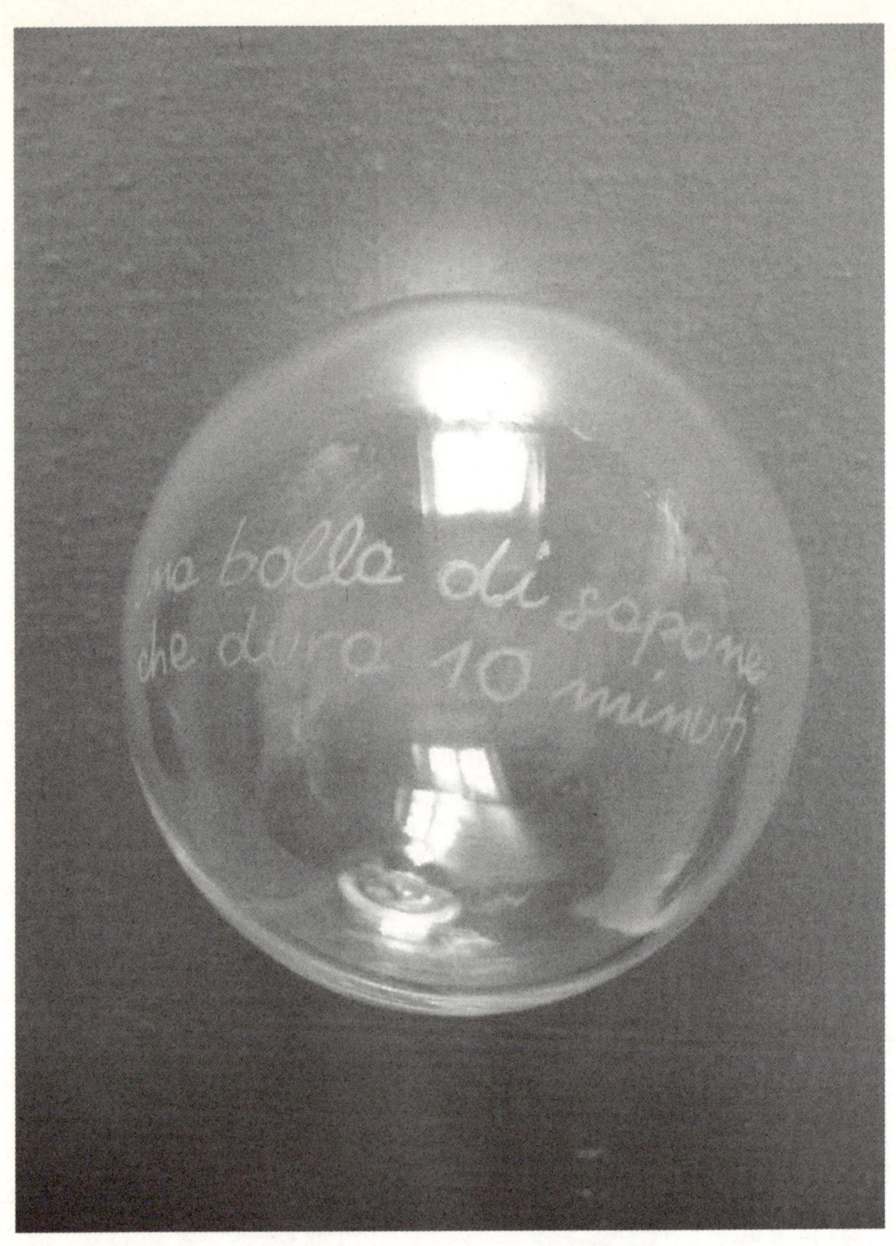

Alessandra Tesi

188

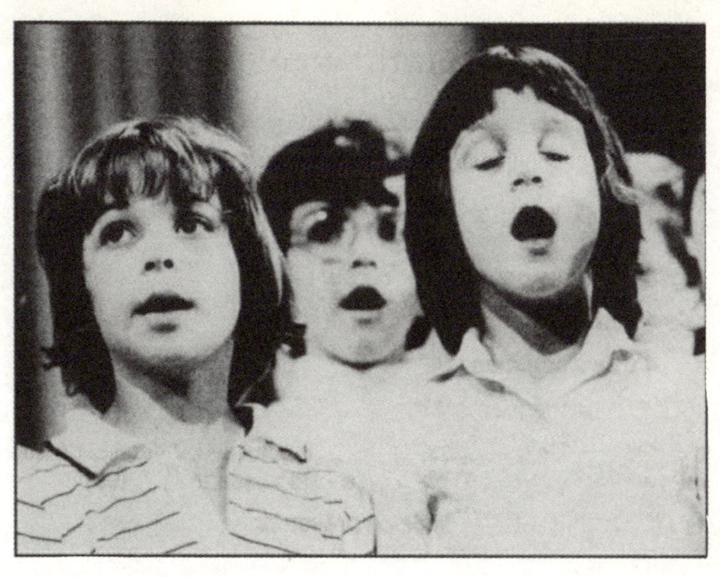

huge bird   yellow wings
four feet   no face
[dances & sings, for you my song]
[who utters in darkness]
[who utters at dawn :]
    I remember everything
I remember every single thing.

Nadia Lichtig

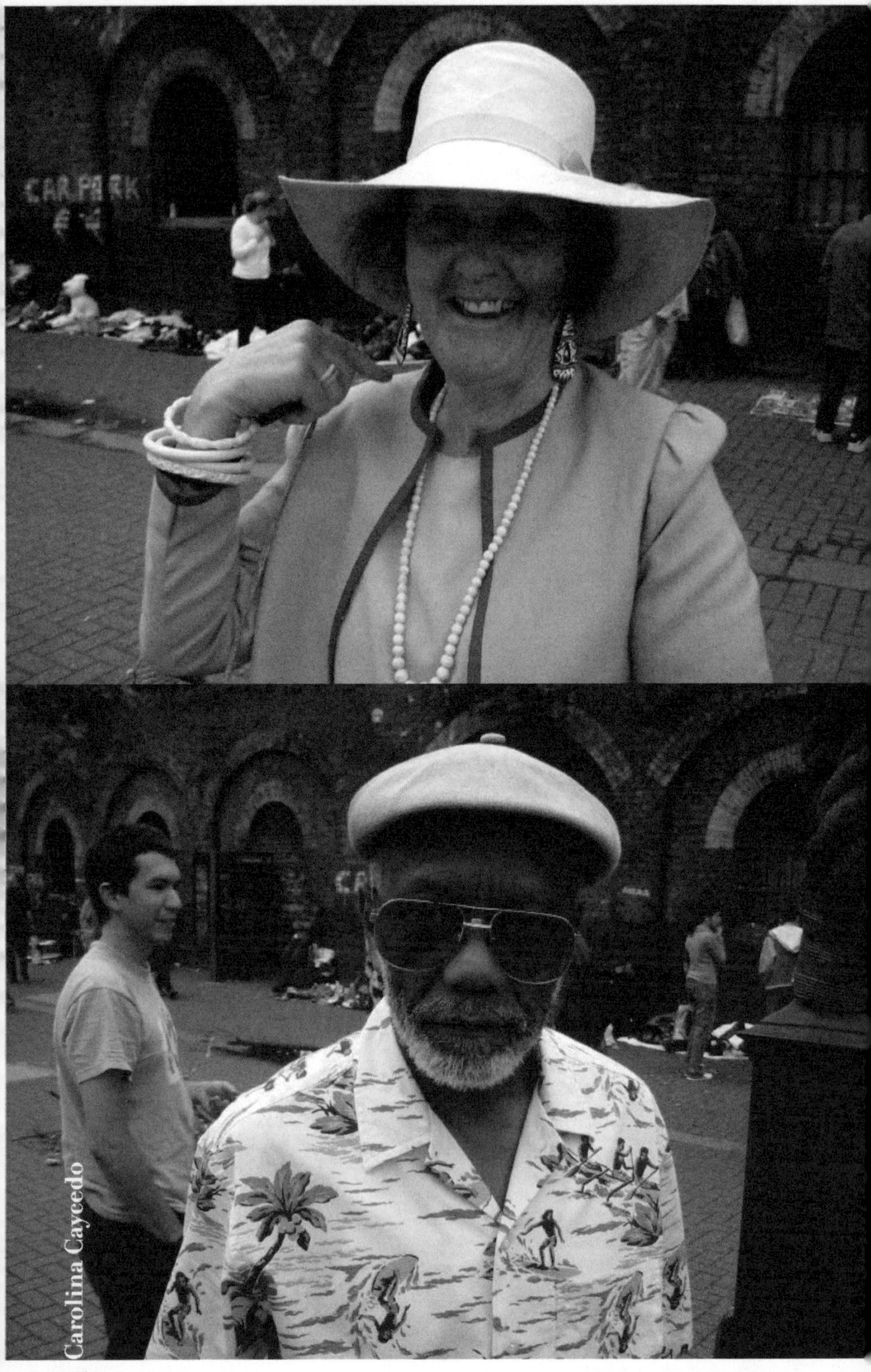

Carolina Caycedo

www.day-today.org

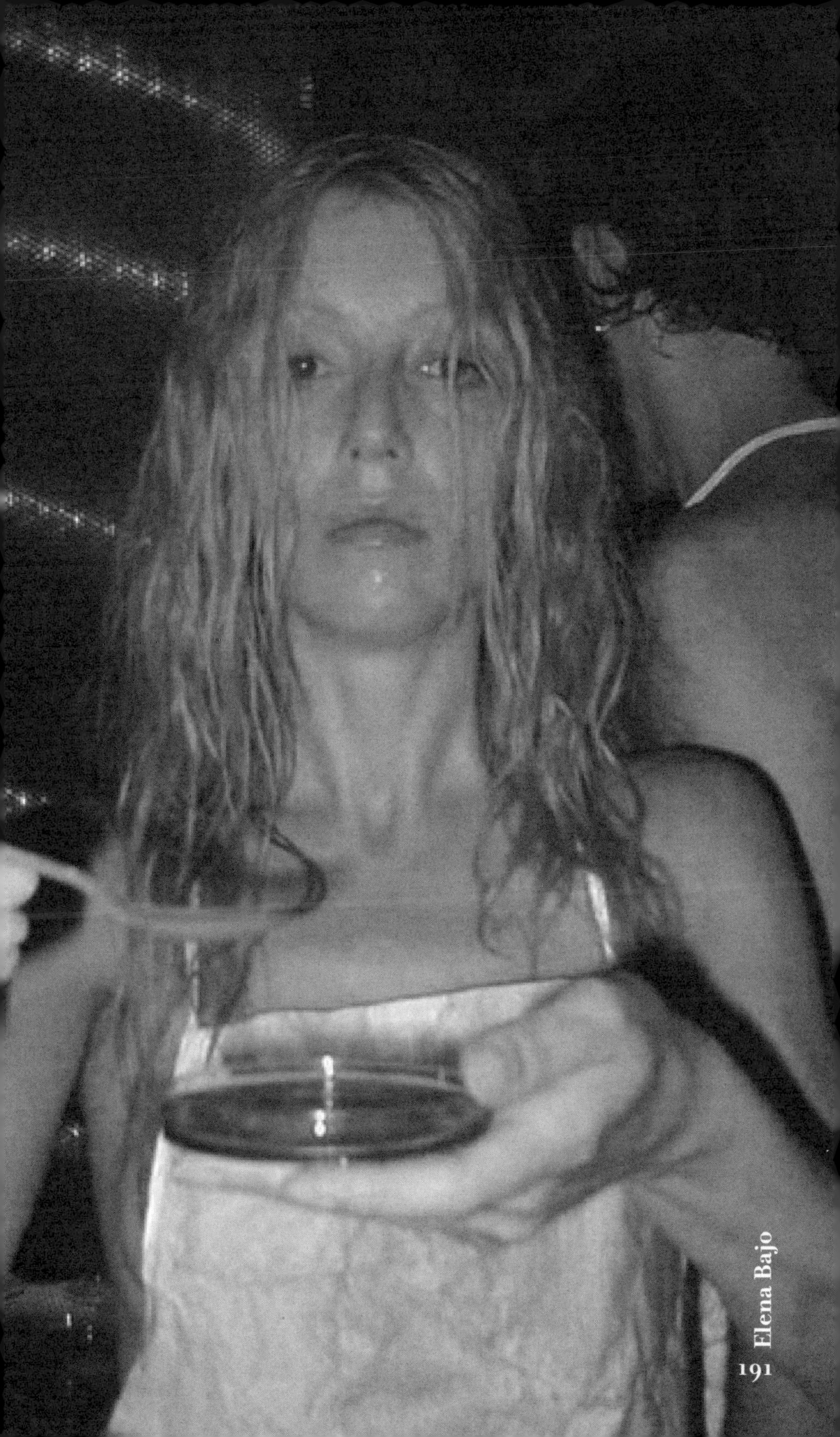

Elena Bajo

.... besseres Sprachverstehen!
Gut hören - besser leben!

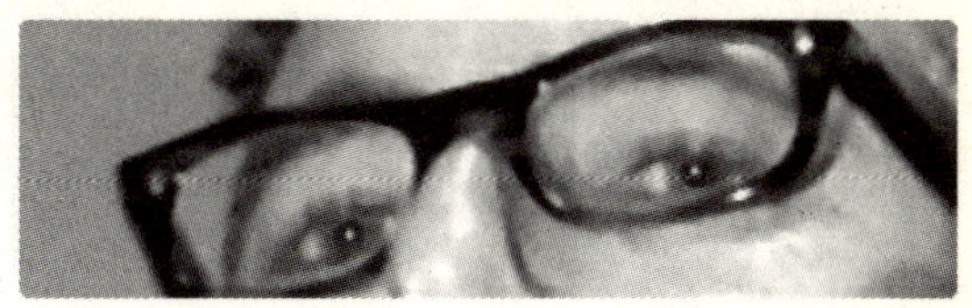

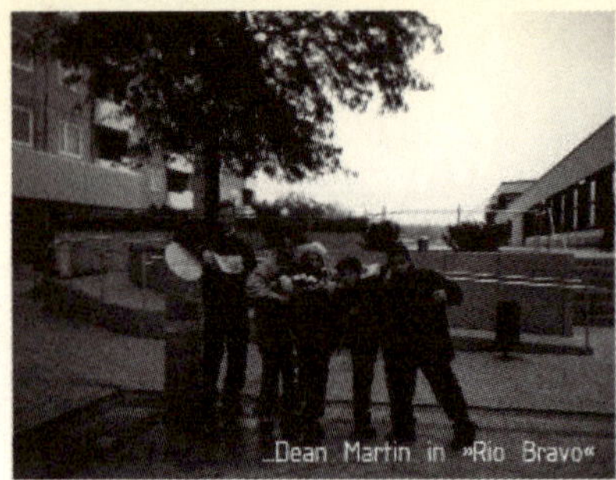

_Dean Martin in »Rio Bravo«

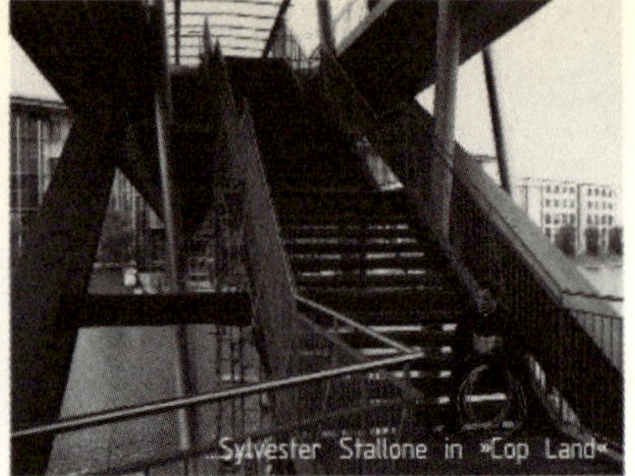

_Sylvester Stallone in »Cop Land«

WALKING DOWN THE TRAIL WITH

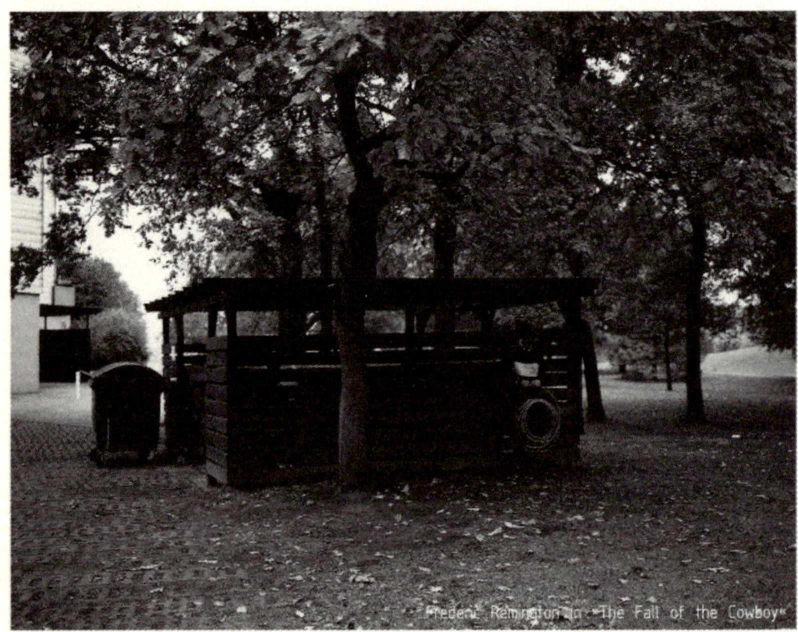

_Frederic Remington in »The Fall of the Cowboy«

The photographs were published in the local newspaper Wolfsburger Allgemeine Zeitung in October 2002 and were part of the exhibition series 'exotica' at the Kunstverein Wolfsburg, Germany.

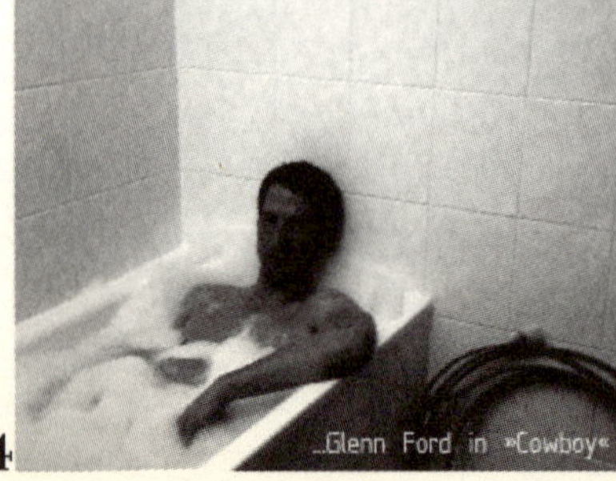

_Glenn Ford in »Cowboy«

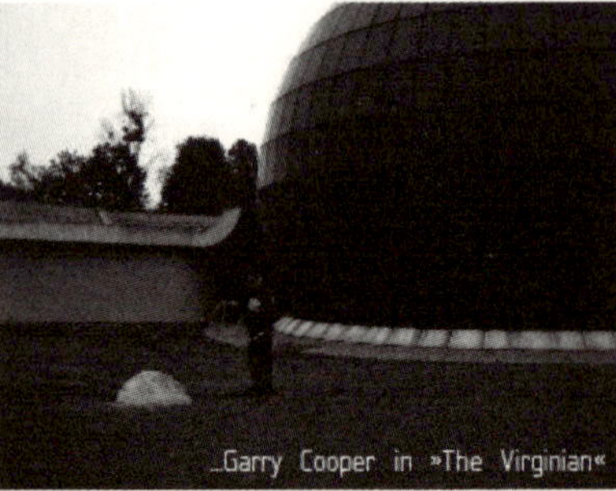

_Garry Cooper in »The Virginian«

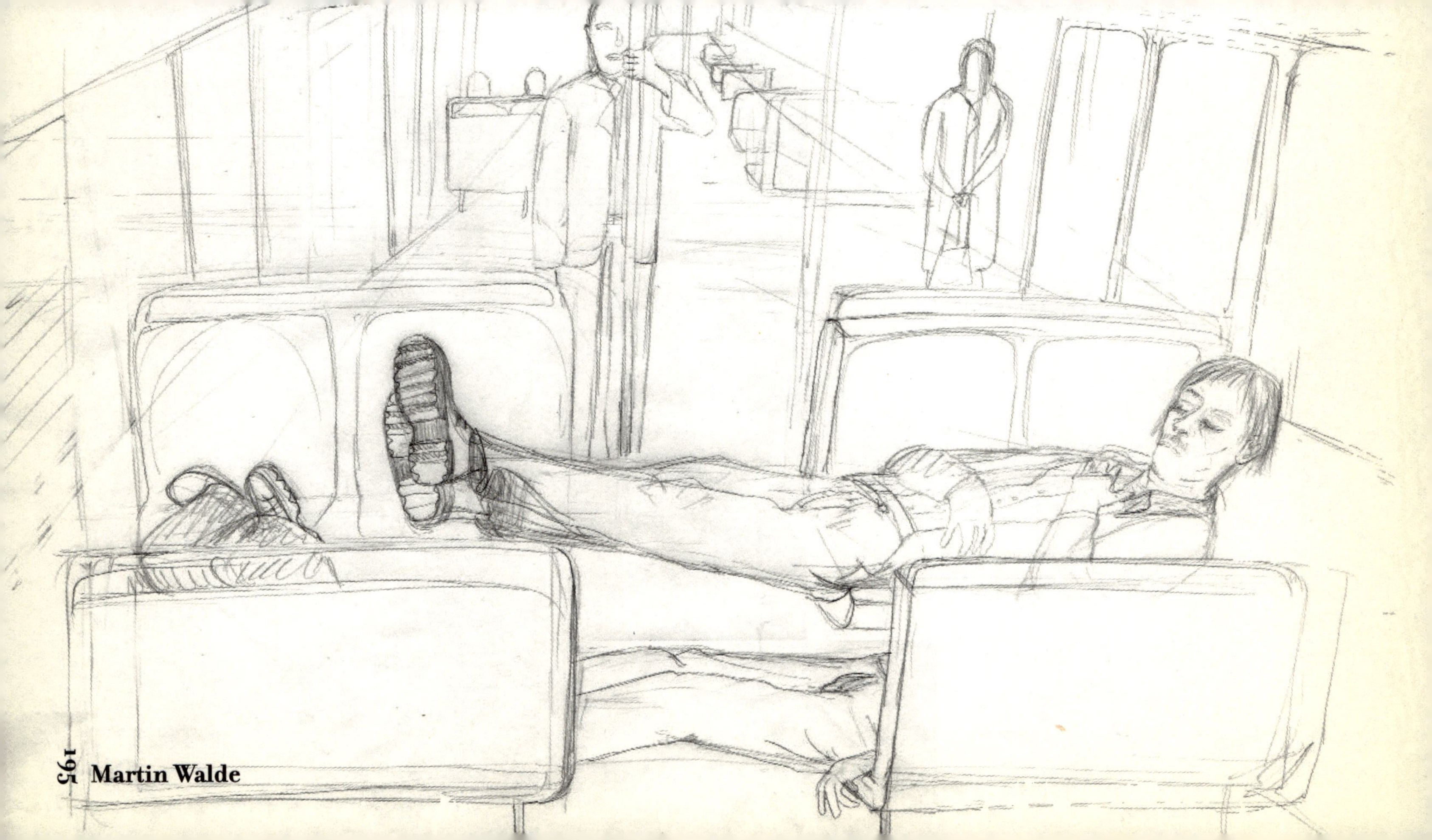

195 Martin Walde

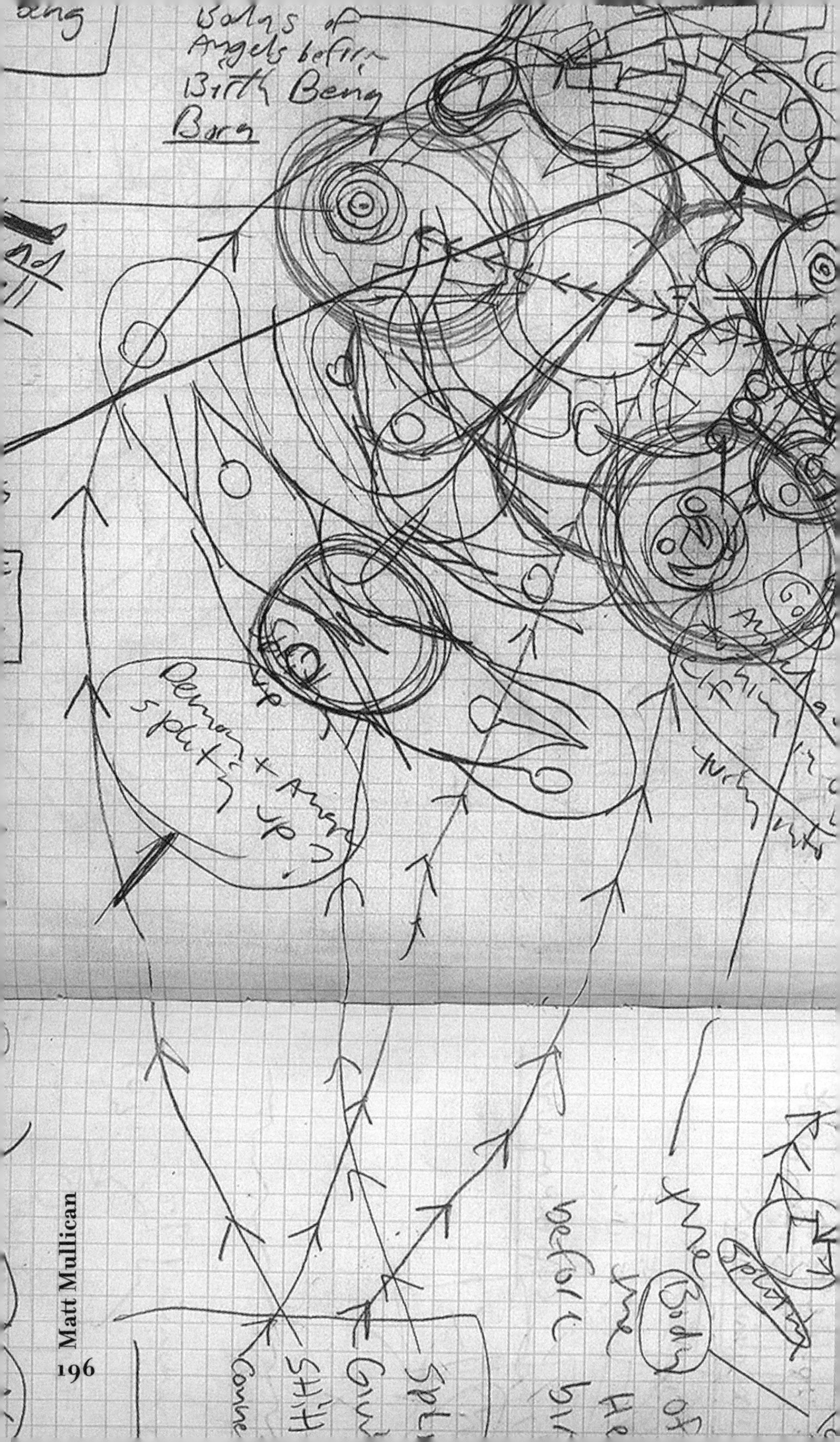

Births of
Angels before
Birth Being
Born

I know a guy who's tough but.
Sweet he's so fine he can't be.
Beat he's got everything that I.
Desire sets the summer sun on.
Fire I want candy I want candy.
Go to see him when the sun.
Goes down ain't no finer boy in.
Town you're my guy just what.
The doctor ordered so sweet.
You make my mouth water I.
Want candy I want candy candy.
On the beach there's nothing.
Better but I like candy when it's.
Wrapped in a sweater some.
Day soon I'll make you mine then.
I'll have candy all the time i want.
Candy I want candy I want candy.
I want candy I want candy.

I want candy performed by the.
Strangeloves covered by Bow.
Wow Wow appropriated by.
Experimental Jetset for One Star.
Press Paris 2002.

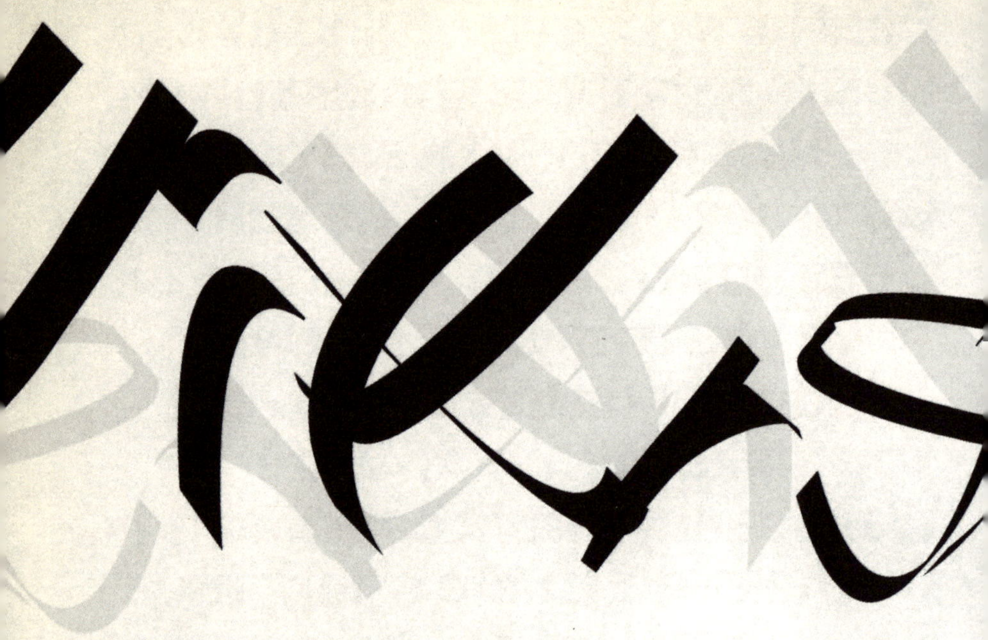

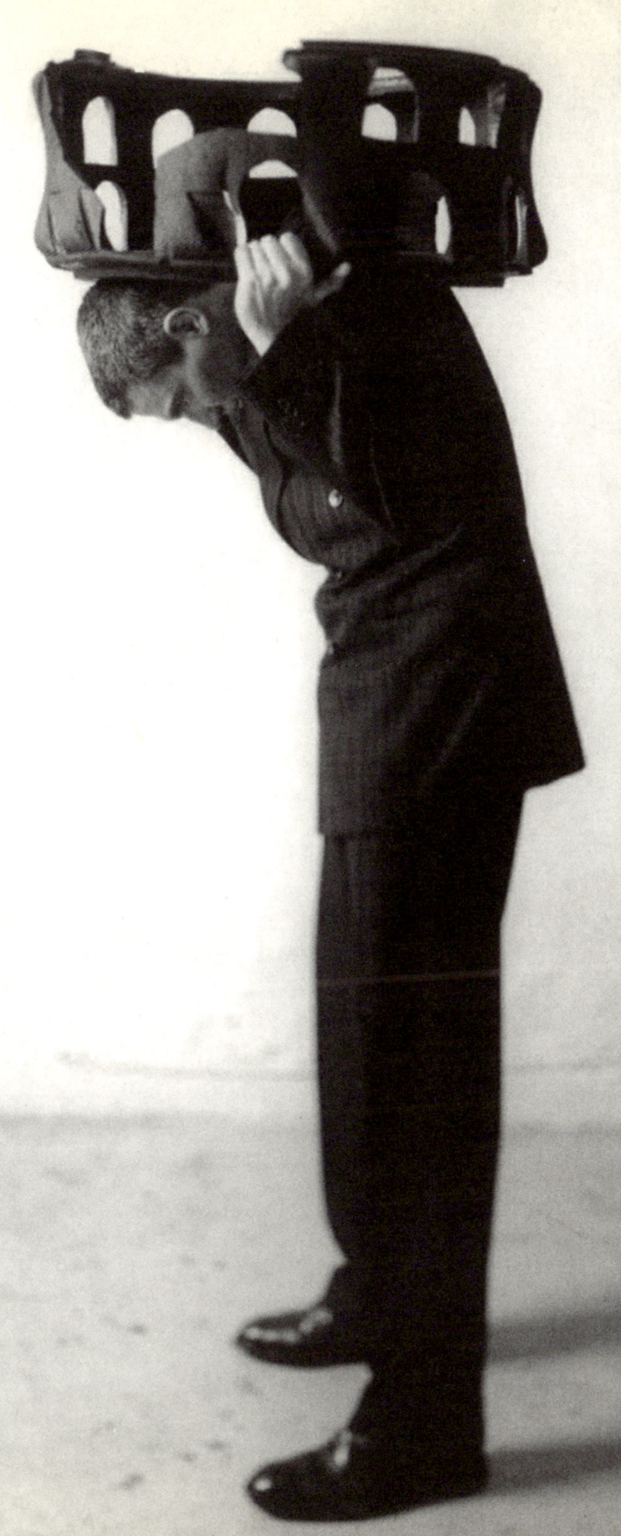

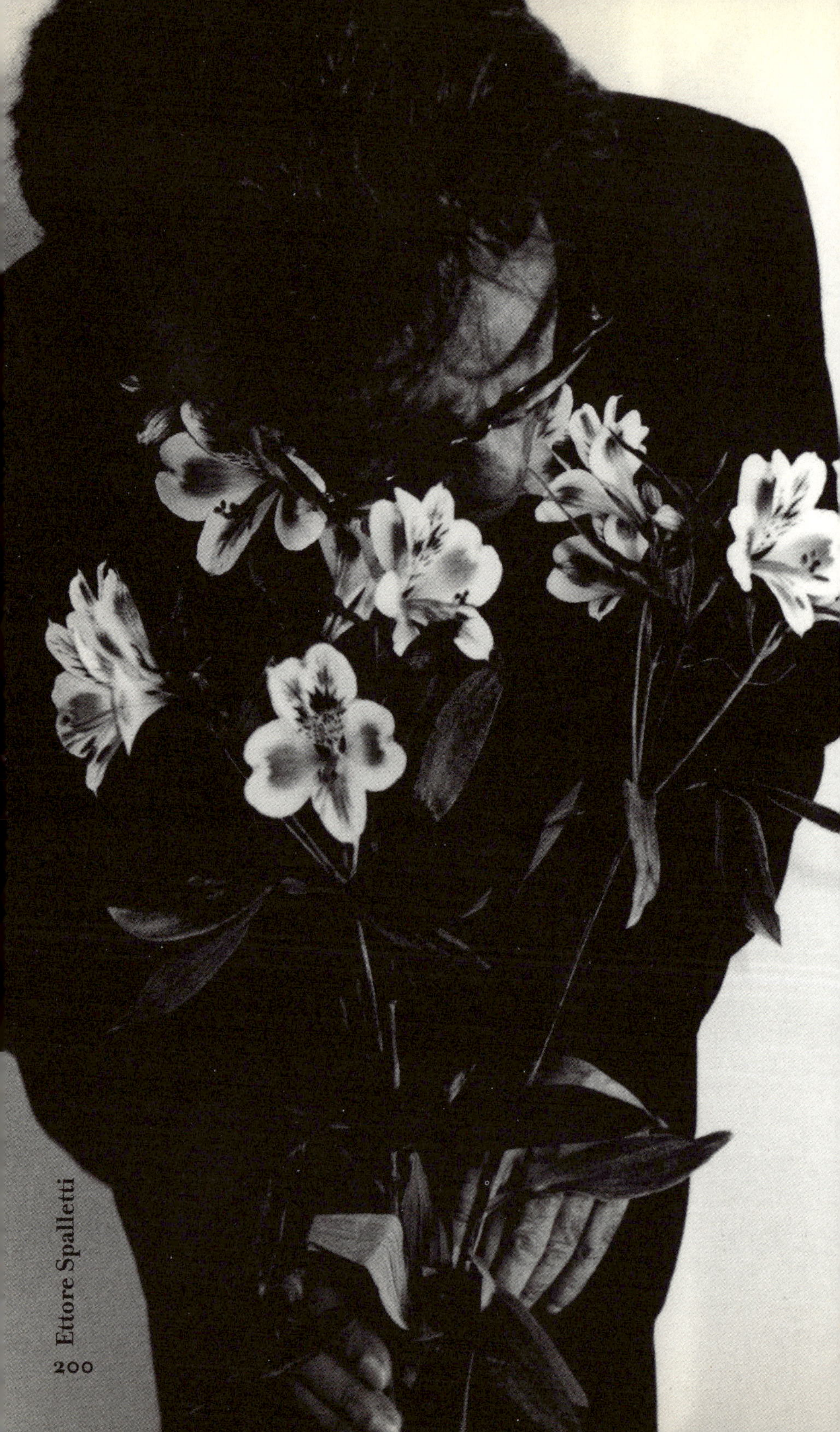

Ettore Spalletti

JIL SANDER
201 Mark Borthwick

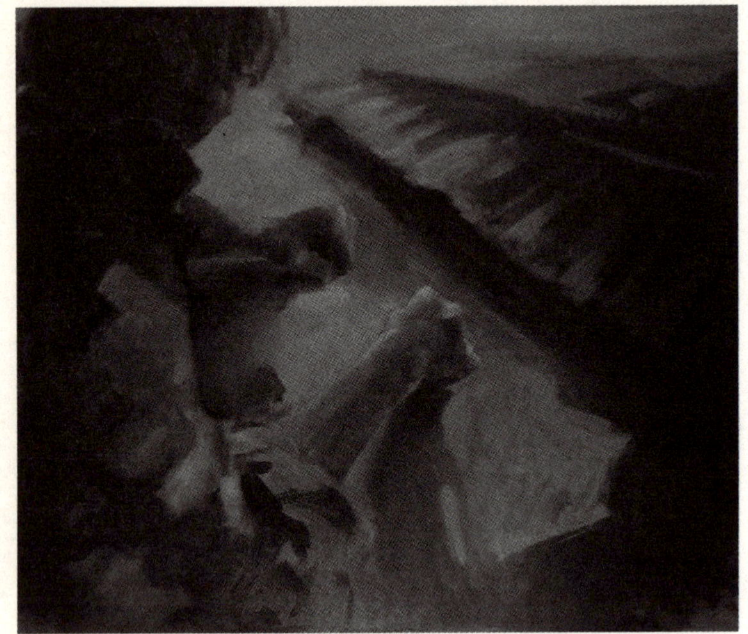

Letizia Fornasieri

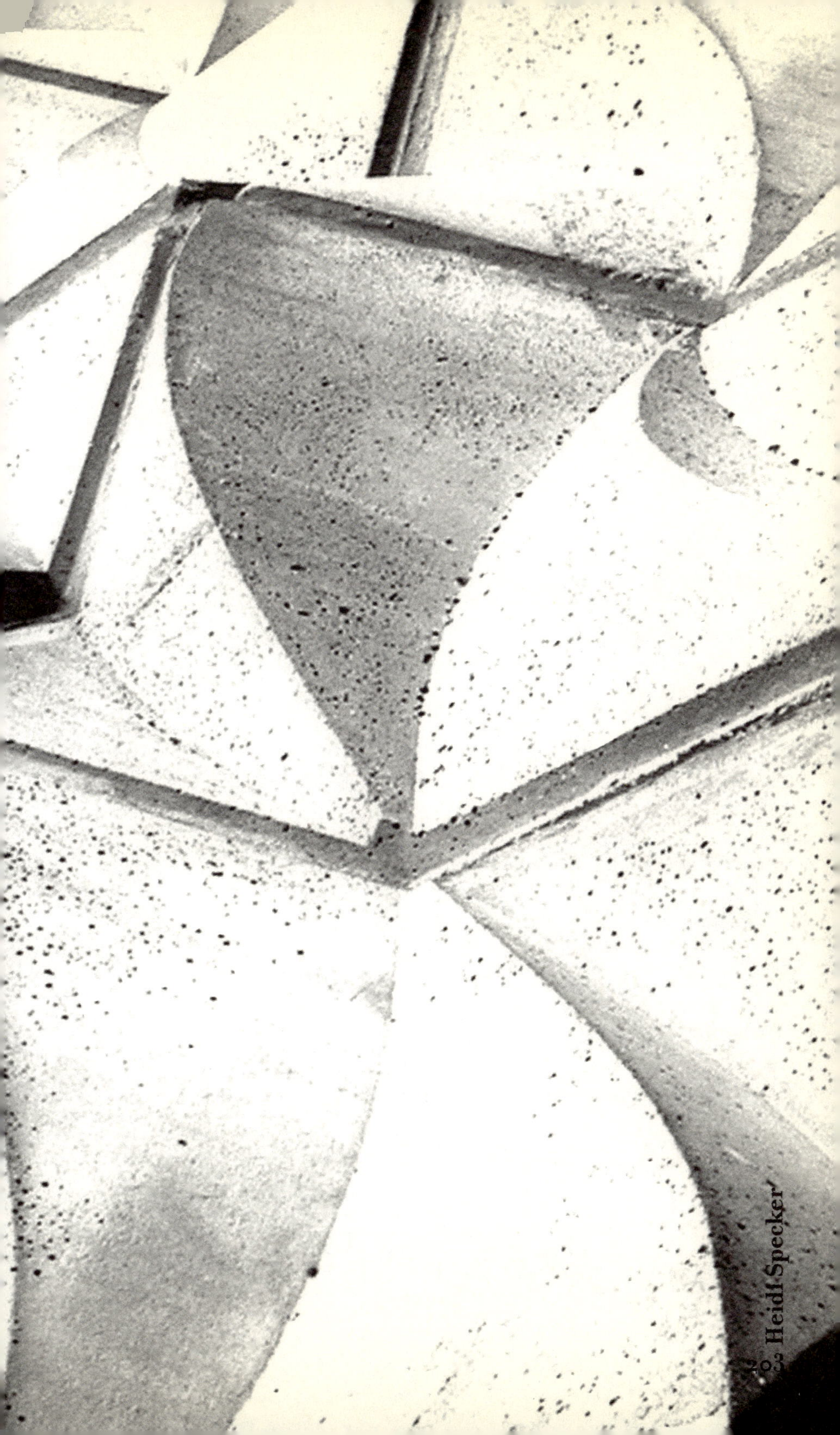
© Heidi Specker

Mariette, Amandine, Charlotte, Diane,
Brigitte, Marina, Marie Madeleine,
Christine,   Anne, Nathalie,
Marthe,   Juliette, Claire,
Sabine   Lydie, Armel,
Rose   Nathalie, Julie,
Edith   Rosalie, Emilie
Nadège   Pélagie, Edwige,
Céline   Elodie, Sylvie,
Carine   Marguerite, Aude,
Catherine   Delphine, Barbara
Jeanne   Lucie, Odile, Gaëlle,
Adèle, Epiphanie, Tatiana, Ivette
Agnès, Paule, Angèle, Martine, Marcelle.
Olive, Colette, Roseline, Françoise, Léa,
Mathilde, Larissa, Sandrine, Irène,
Marceline, Emma, Odette, Judith
Gisèle, Estelle, Sophie, Clotilde, Diane.

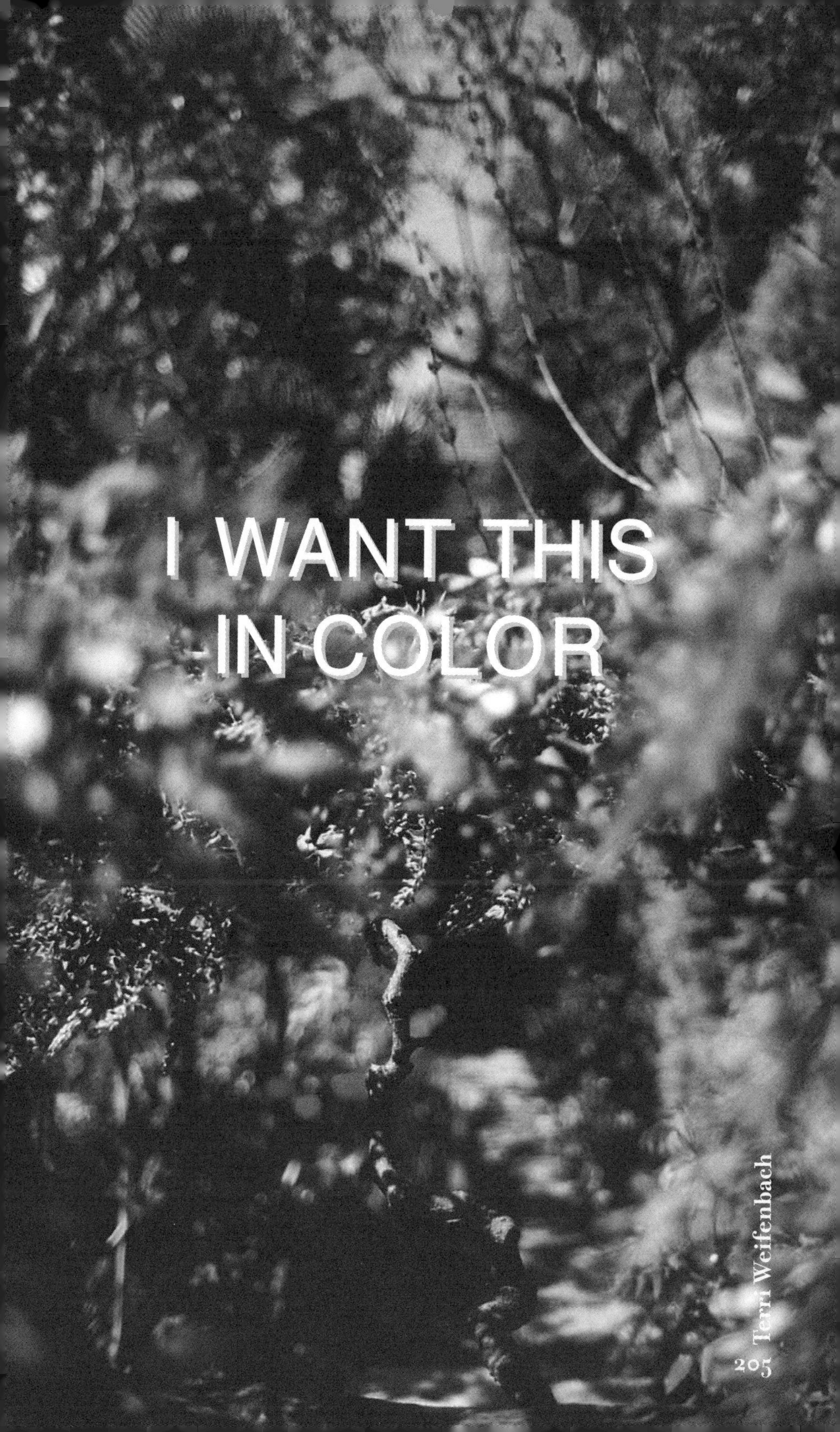

Terri Weifenbach

AIR CONDITIONNÉ DU MONDE ENTIER

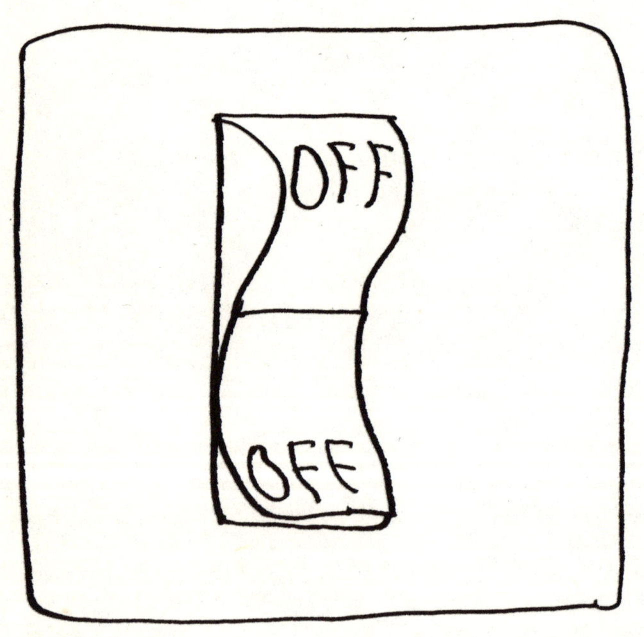

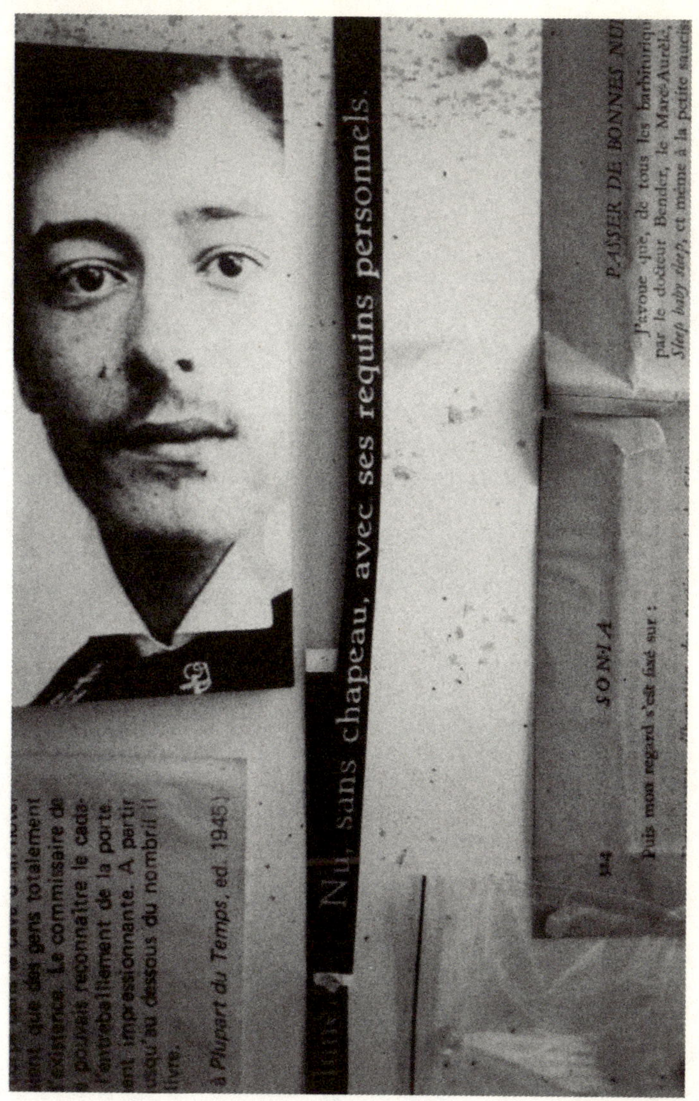

Michel Marécage

Sally Waterman

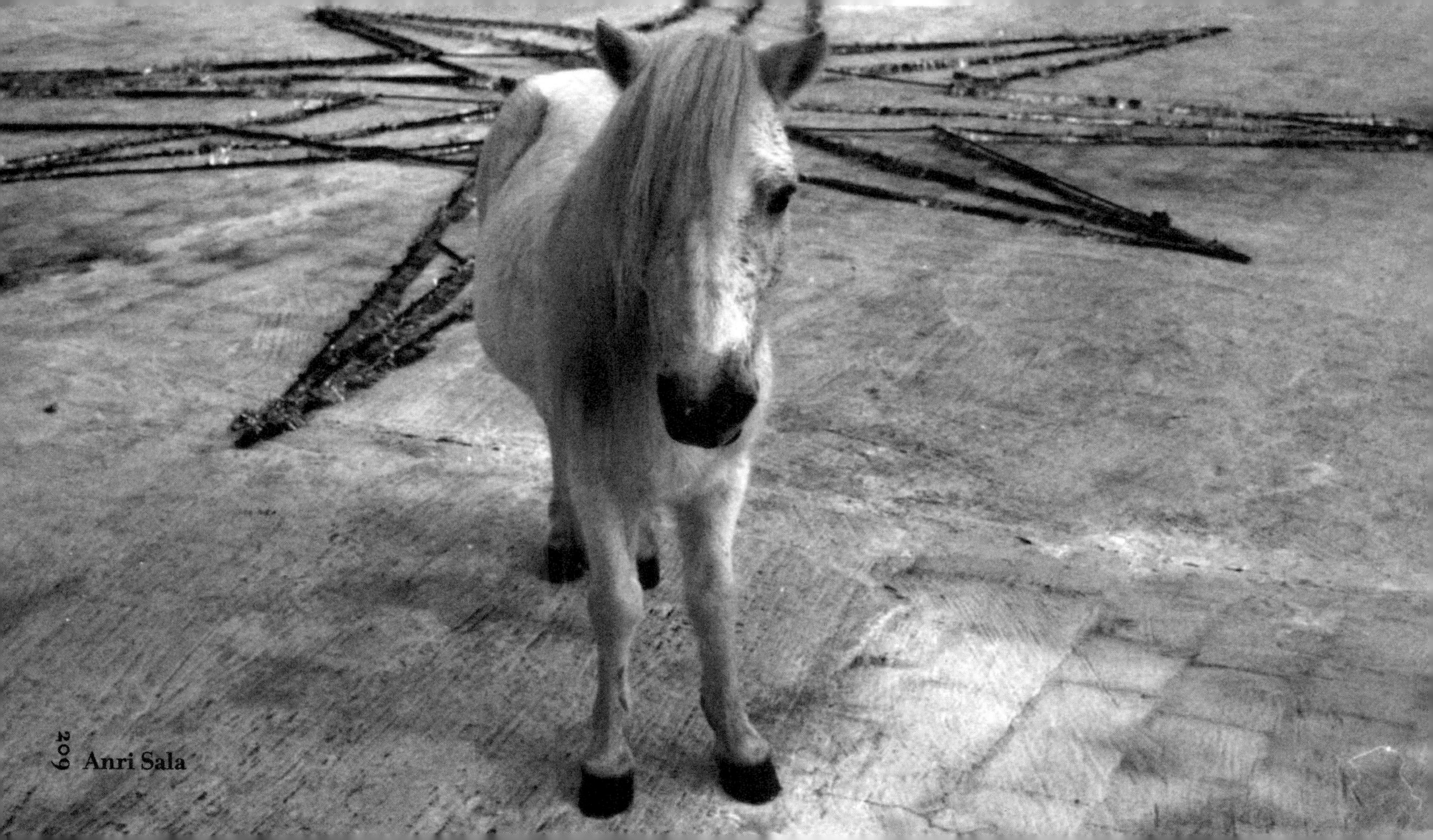

Anri Sala

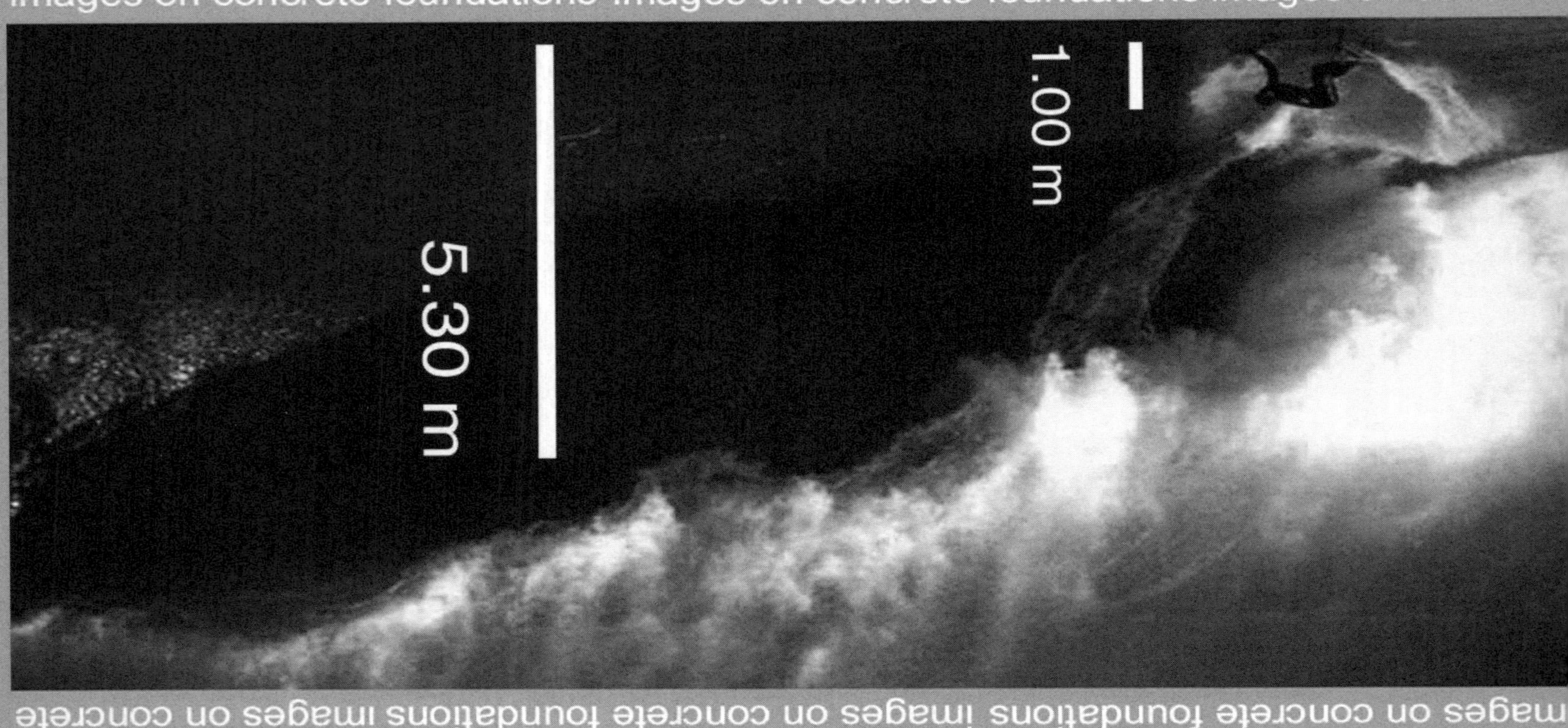

1.00 m
5.30 m

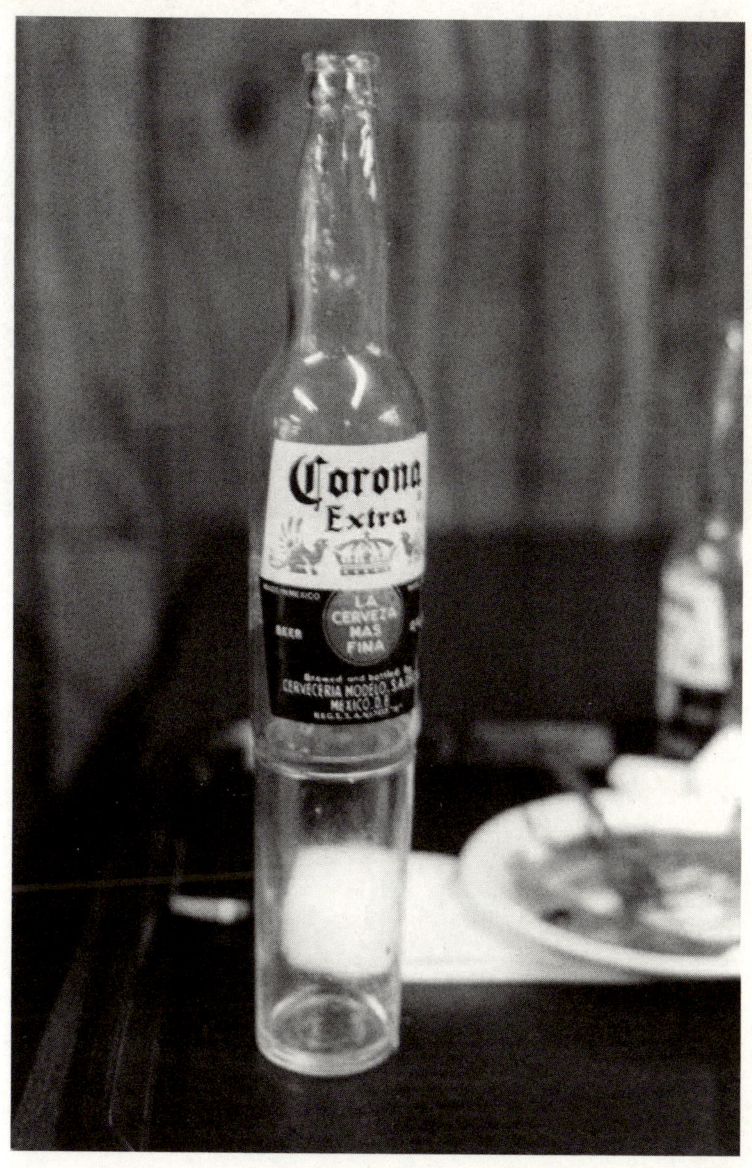

Hendrika Sonnenberg & Chris Hanson

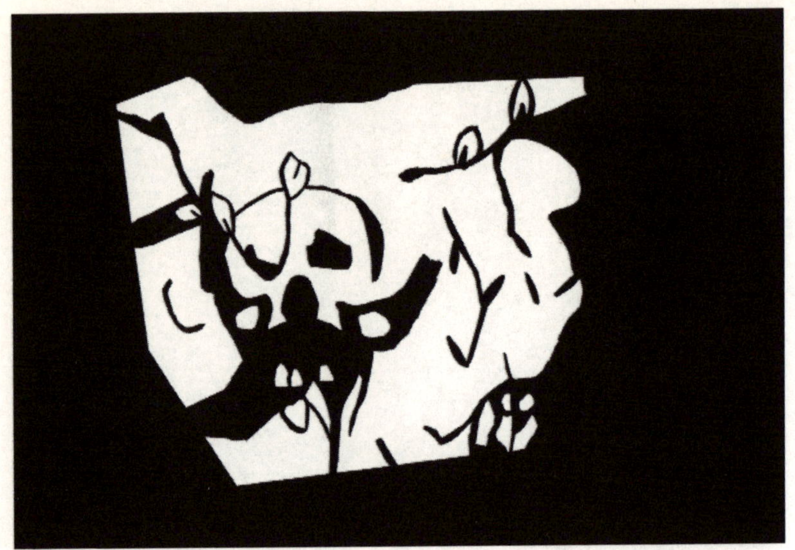

Christophe Brunnquell

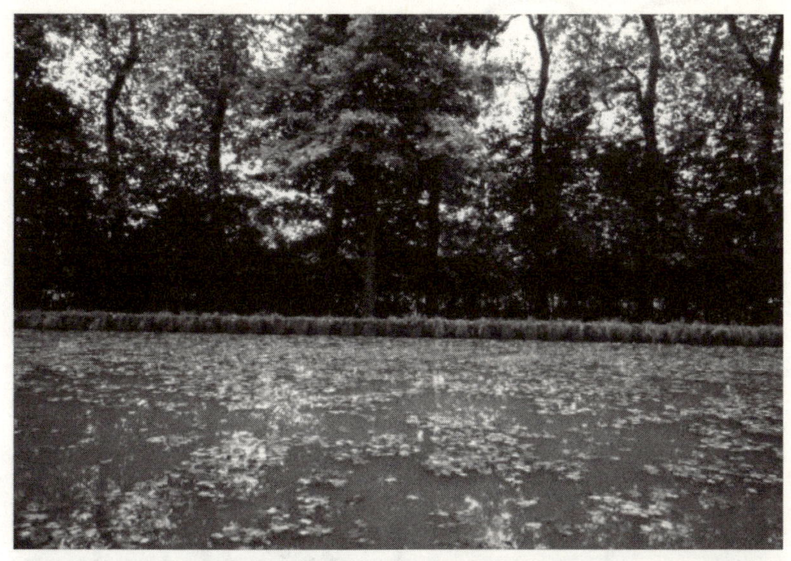

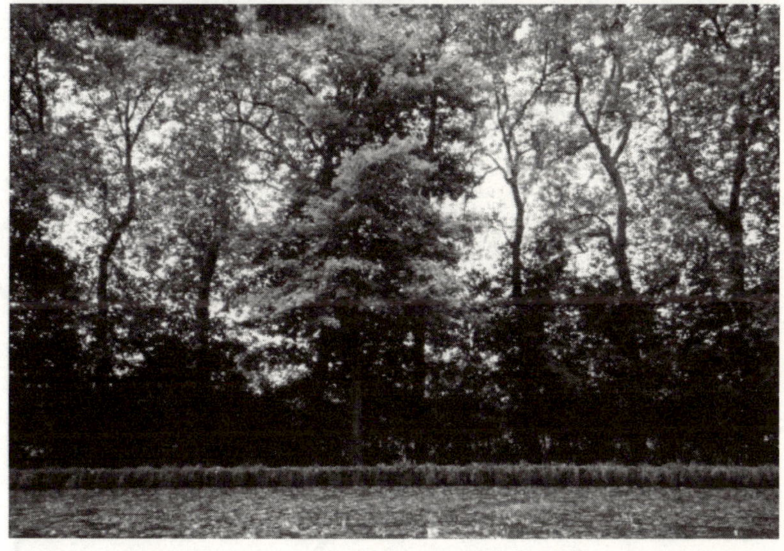

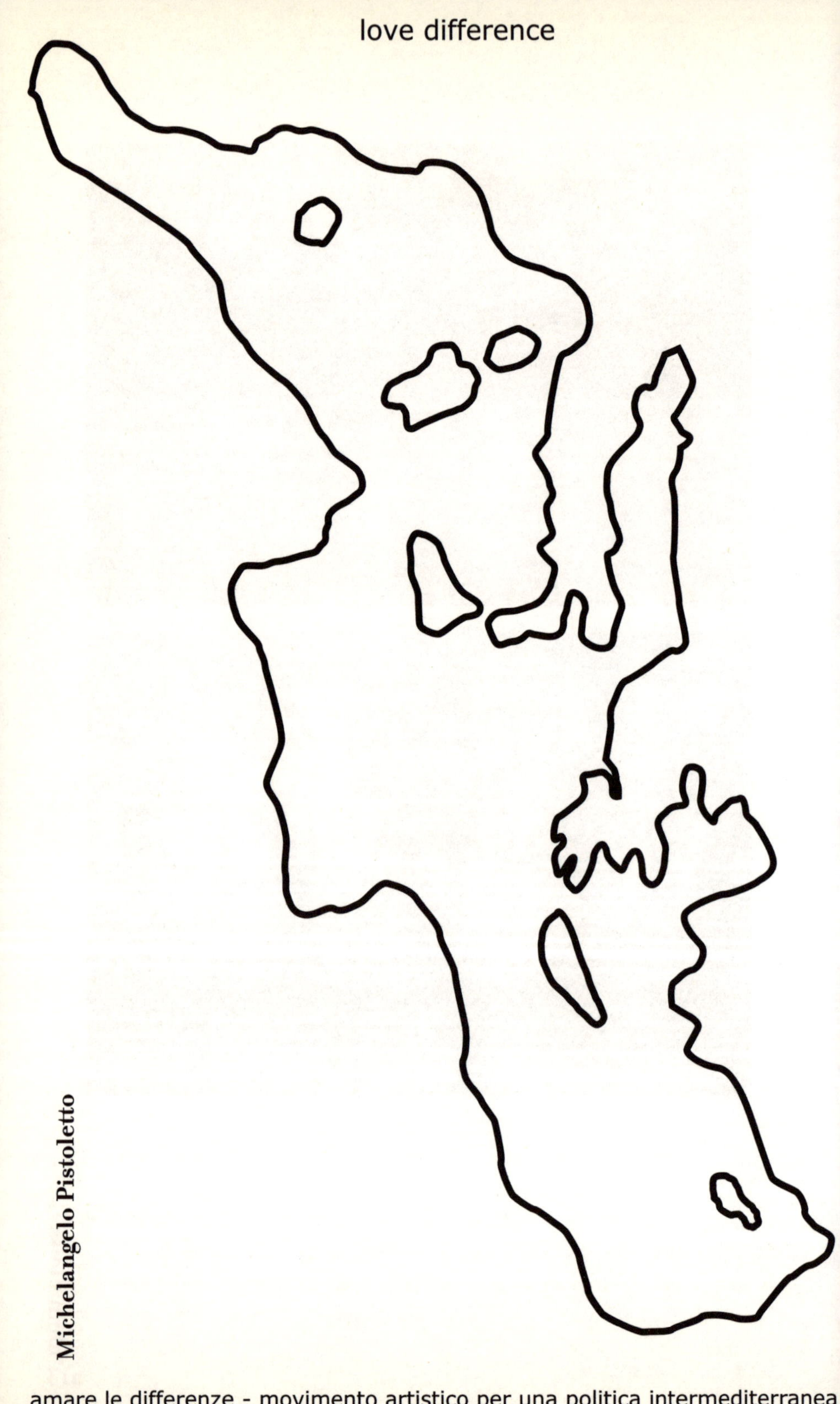

amare le differenze - movimento artistico per una politica intermediterranea

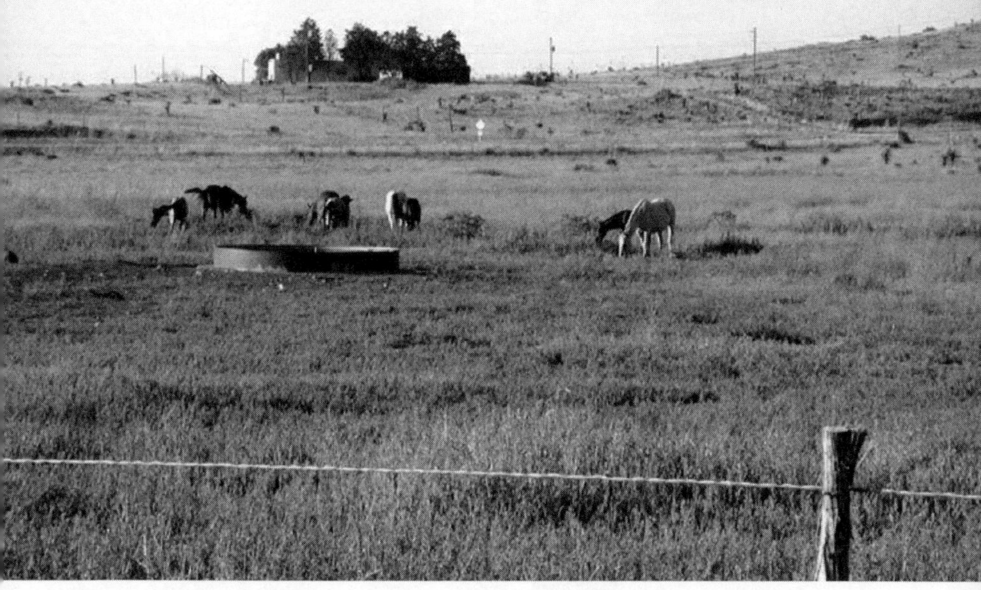

I want to make this easy and I want not to want to want I want not to make this easy and I want to want I want to make this easy and I want not to want to want I want not to make this easy and I want to want I want to make this easy and I want not to want to want I want not to make this easy and I want to want I want to make this easy and I want not to want to want I want not to make this easy and I want to want I want to make this easy and I want not to want to want I want not to make this easy and I want to want I want to make this easy and I want not to want to want I want not to make this easy and I want to want I want to make this easy and I want not to want to want I want not to make this easy and I want to want I want to make this easy and I want not to want to want I want not to make this easy and I want to want I want to make this easy and I want not to want to want I want not to make this easy and I want to want I want to make this easy and I want not to want to want I want not to make this easy and I want to want I want to make this easy and I want not to want to want I want not to make this easy and I want to want I want to make this easy and I want not to want to want I want not to make this easy and I want to want I want to make this easy and I want not to want to want I want not to make this easy and I want to want I want to make this easy and I want not to want to want I want not to make this easy and I want to want I want to make this easy and I want not to want to want I want not to make this easy and I want to want I want to make this easy and I want not to want to want I want not to make this easy and I want to want

Stephen Vitiello

IDIOMT!

before she began,
                    sprach es, in, with and through shim:
                                                            behavertraue!
    rest, orfeo, in pieces,
                        rache,
                                    sinn,   rasch rauscht der styx ...
pas de trois, barsten so seine, jene   veux pas mourir.
                    ihn, dem der rachen brannte, en arche soho logen,
            verbannte sie,   aus dieser order,
                            wordwise,
        wordnung,
                        languesome,
                                            entstand.
                verkannte sie, worldwise, to choose them;
        do now!   its thames!
                        loose them.
    seine seine.   hudson? no names! nihil!
                wieder cowen sie zungen wie chew
                                            income: no!
            not war das nicht, but hot: tohuwabohu
                    laughing
            wie der hit auf den stone dem ton quelle; rien rinn.
        wie sie sich legen: rein, this is it! quelle bruit: assassiné! das aas
sah es sans regret, so war es schon kabbalend: I am, sand,
                    will ich mich regen, rain.
                        let god go, do good, be no body, study, dye nasty!
        jaha, wie hoch! wähl, oh, him,
                                gebäre, shit!
                tell: no dogfood, see the holly growing, horch! enjoyce it,
        for rest,   wie sie zwitschern, sich wiegen,
            a pas lents pantelant, pense!
                            wie pan zwischen orchideen
            lass tanzen alle talente, comme platon sans pantalon,
        komm, lass sie, die singenden
                        sirenen,
                                    silenen,
                                        silence

Mais, dit-il, en s'adressant cette fois à moi, il y a une chose, dans un tout autre ordre d'idées, sur laquelle je veux t'interroger et, chaque fois que nous sommes ensemble, quelque dieu, bienheureux habitant de l'Olympe, me fait oublier totalement de te demander ce renseignement qui eût pu m'être déjà et me sera sûrement fort utile : quelle est donc cette belle personne avec laquelle je t'ai rencontré au jardin d'acclimatation et qui était accompagnée d'un monsieur que je crois connaître de vue et d'une jeune fille à la longue chevelure ?"

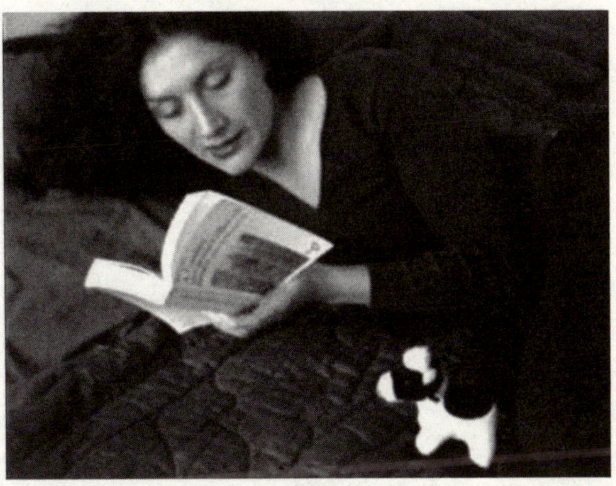

Emmanuelle Cordoliani le 14 janvier 2000 lit pour Véronique Aubouy la page 344 de *A l'Ombre des jeunes filles en fleur* de Marcel Proust.

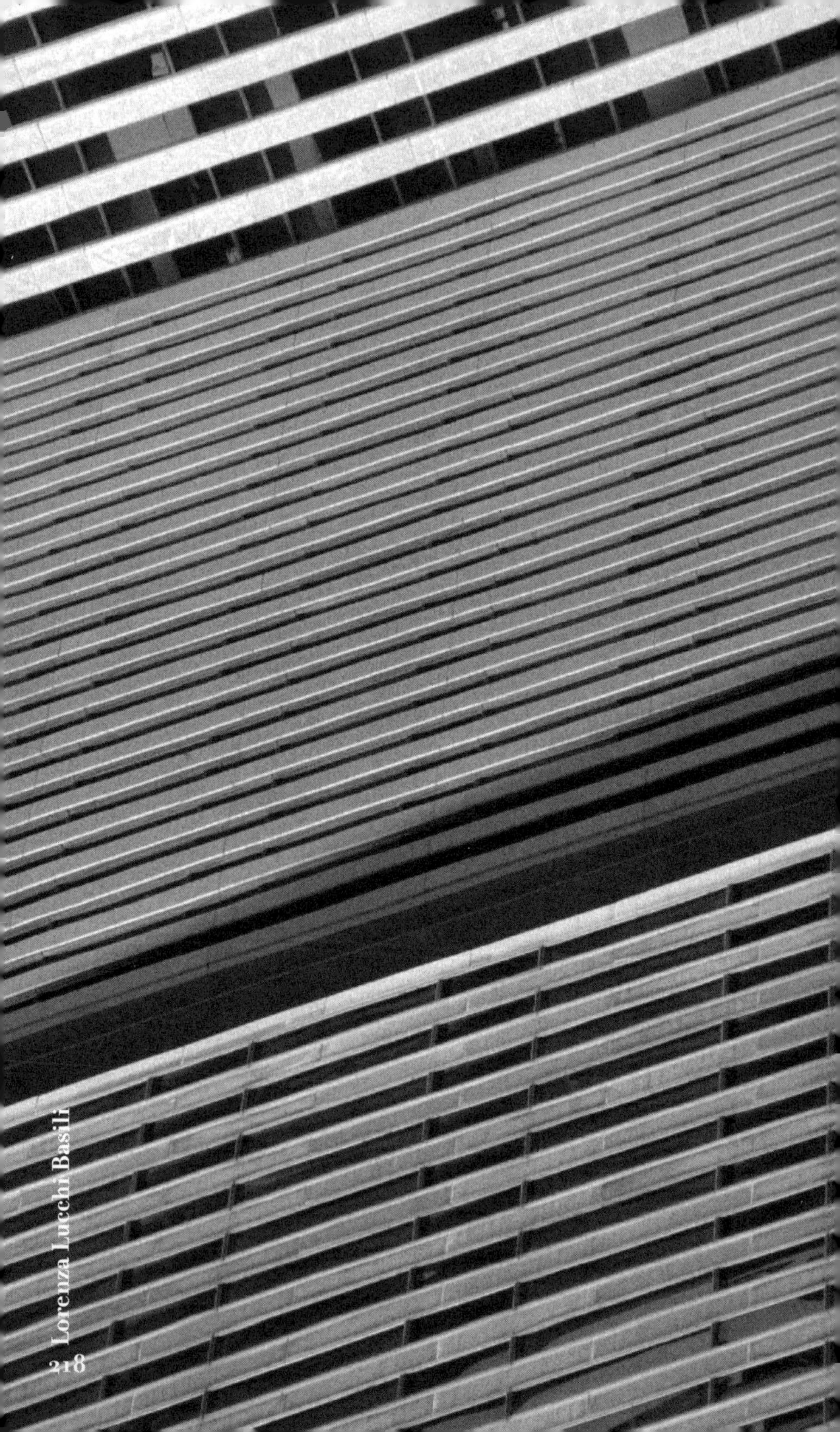
Lorenza Lucchi Basili

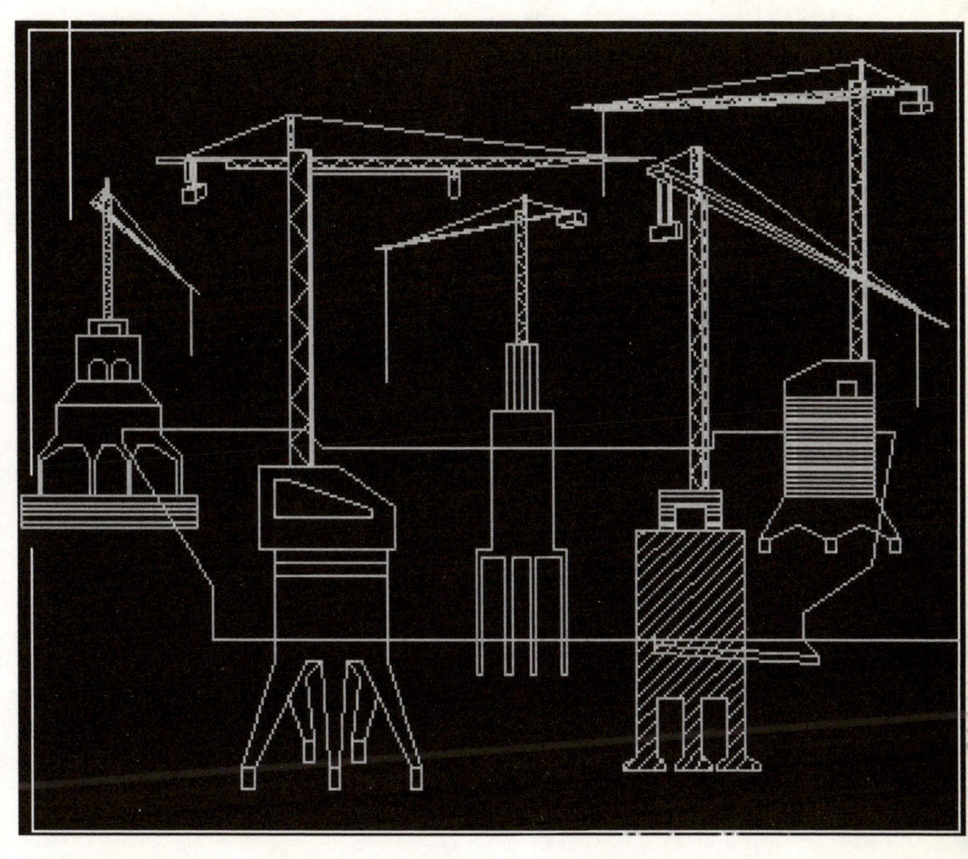

Carlos Garaicoa

Que l'art et les artistes soient toujours parmi nous.

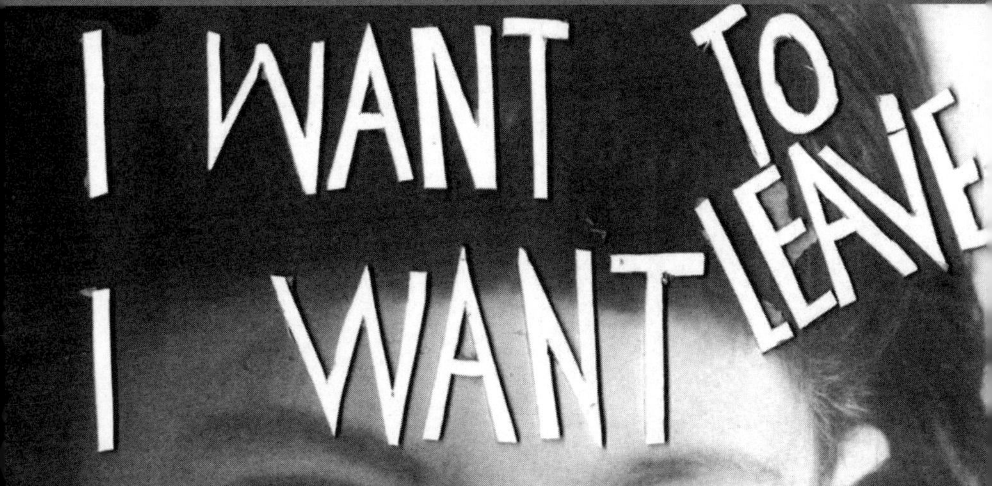

Ezequiel Suarez

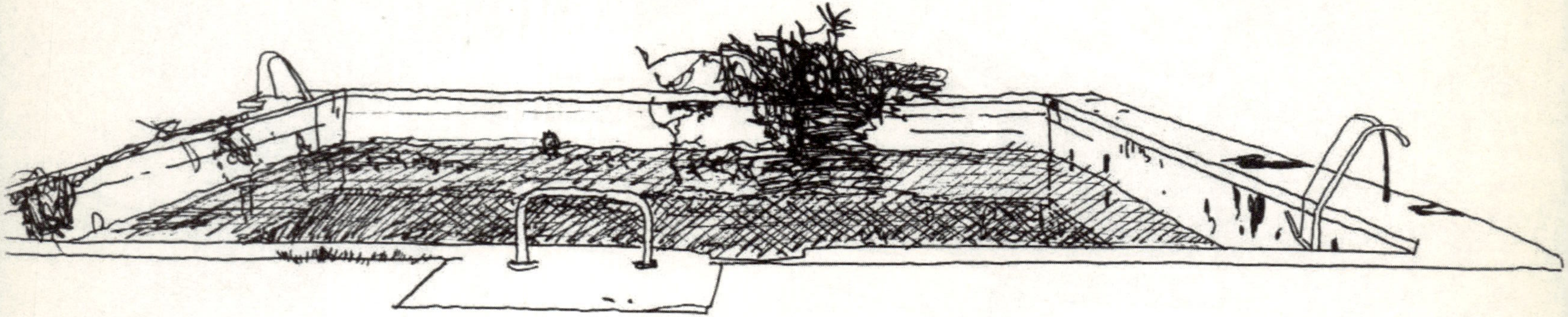

Eva Marisaldi

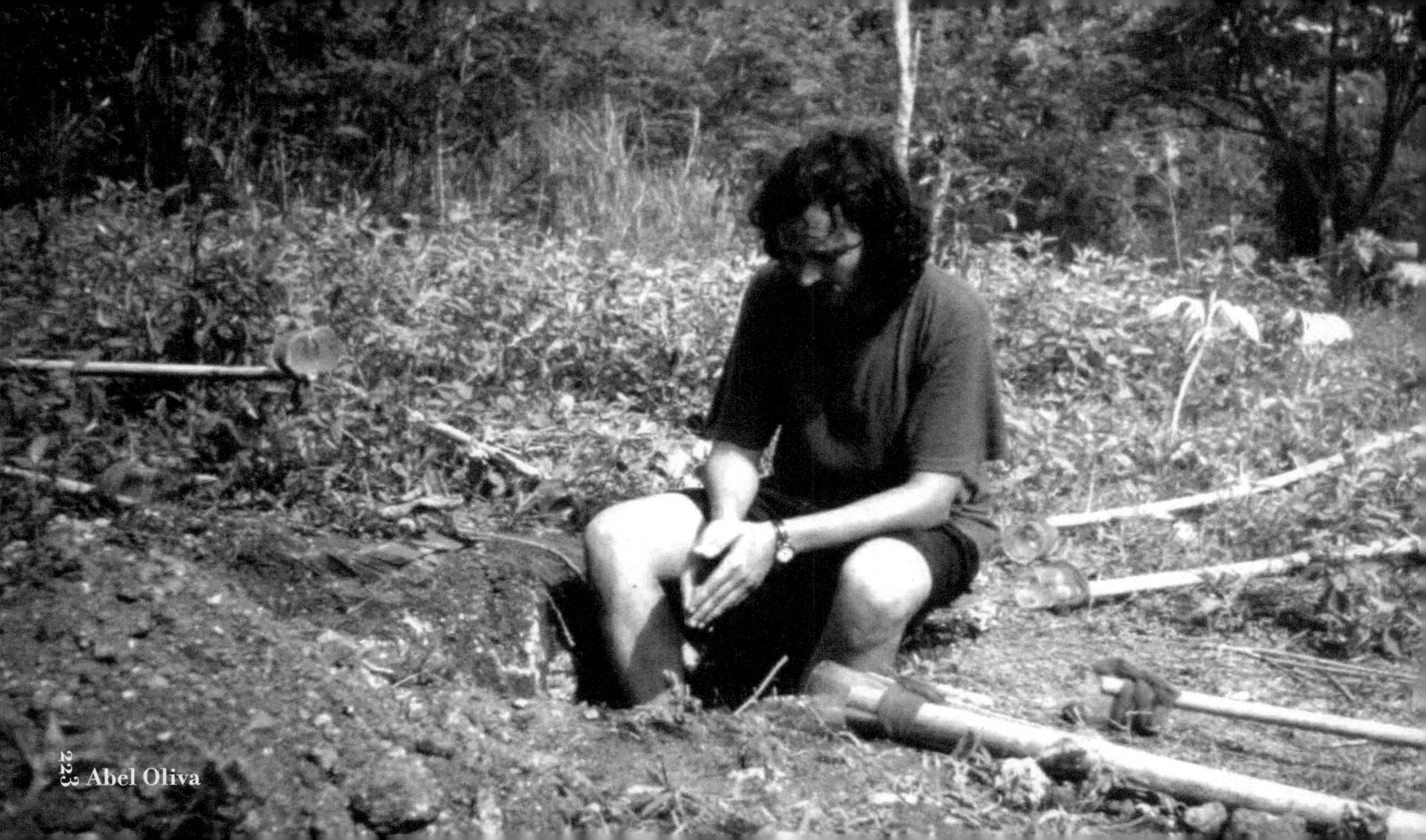

Abel Oliva

Martine Aballéa

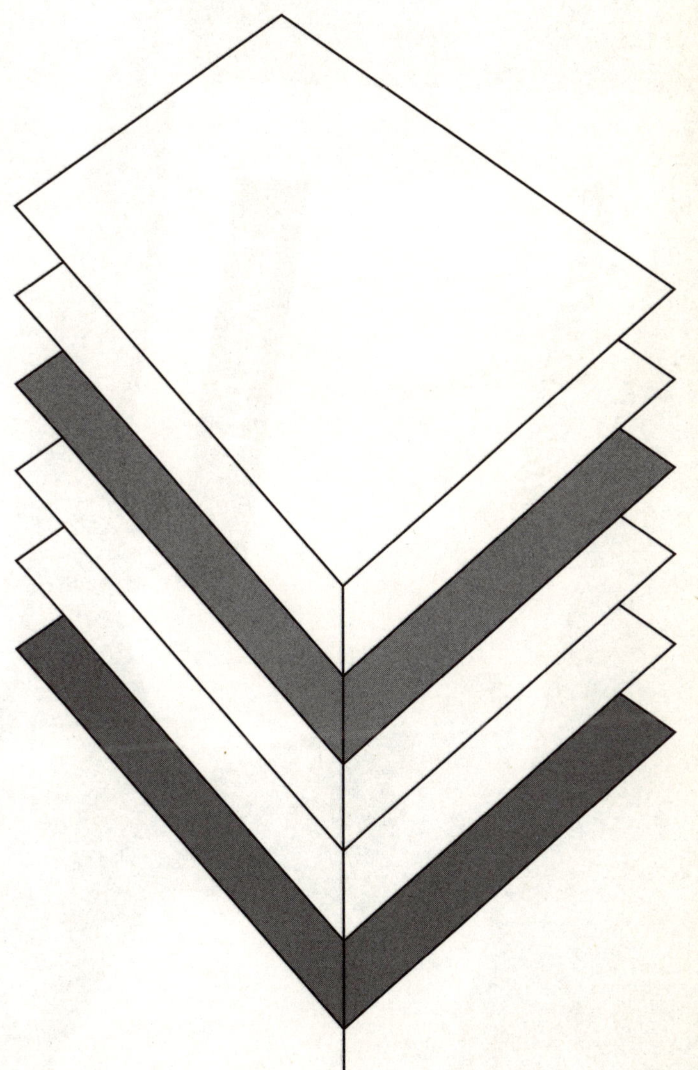

WOLFGANG
BERKOWSKI

226 Florian Böhm

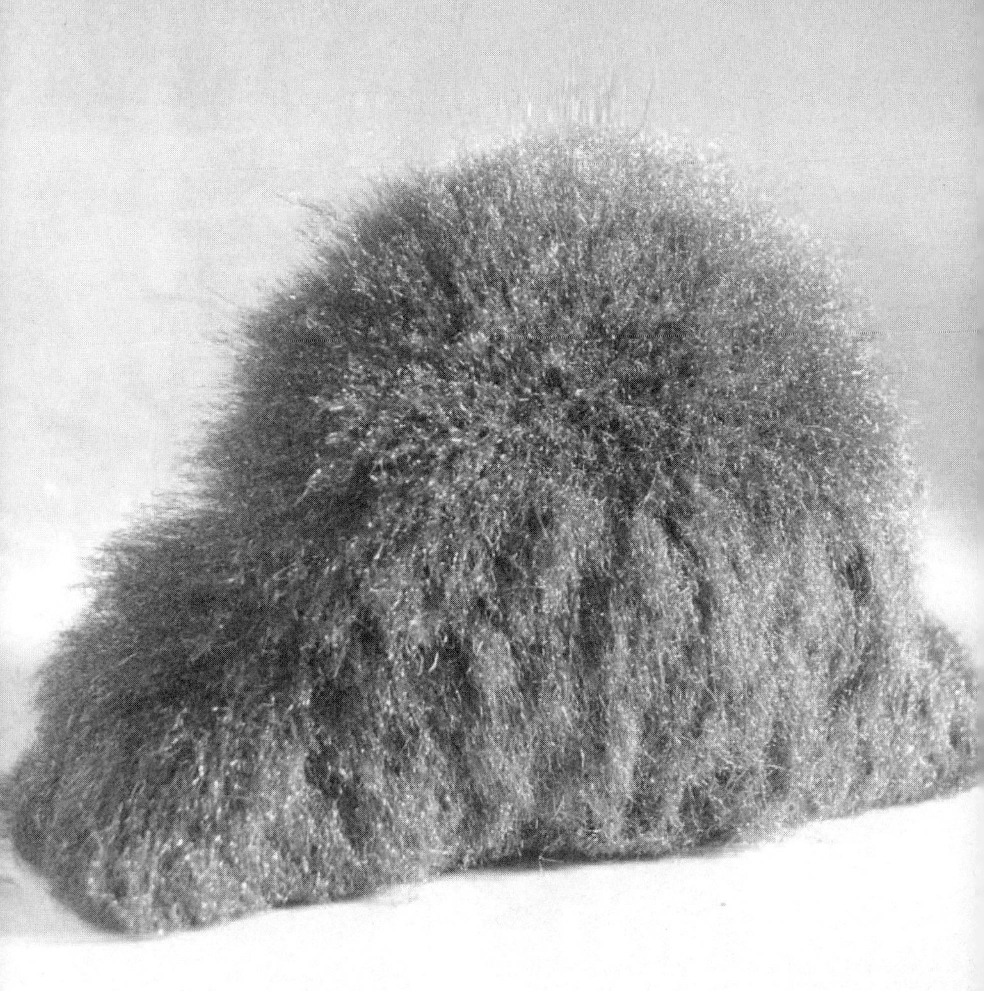

Dusty

R&Sie…/ Bangkok

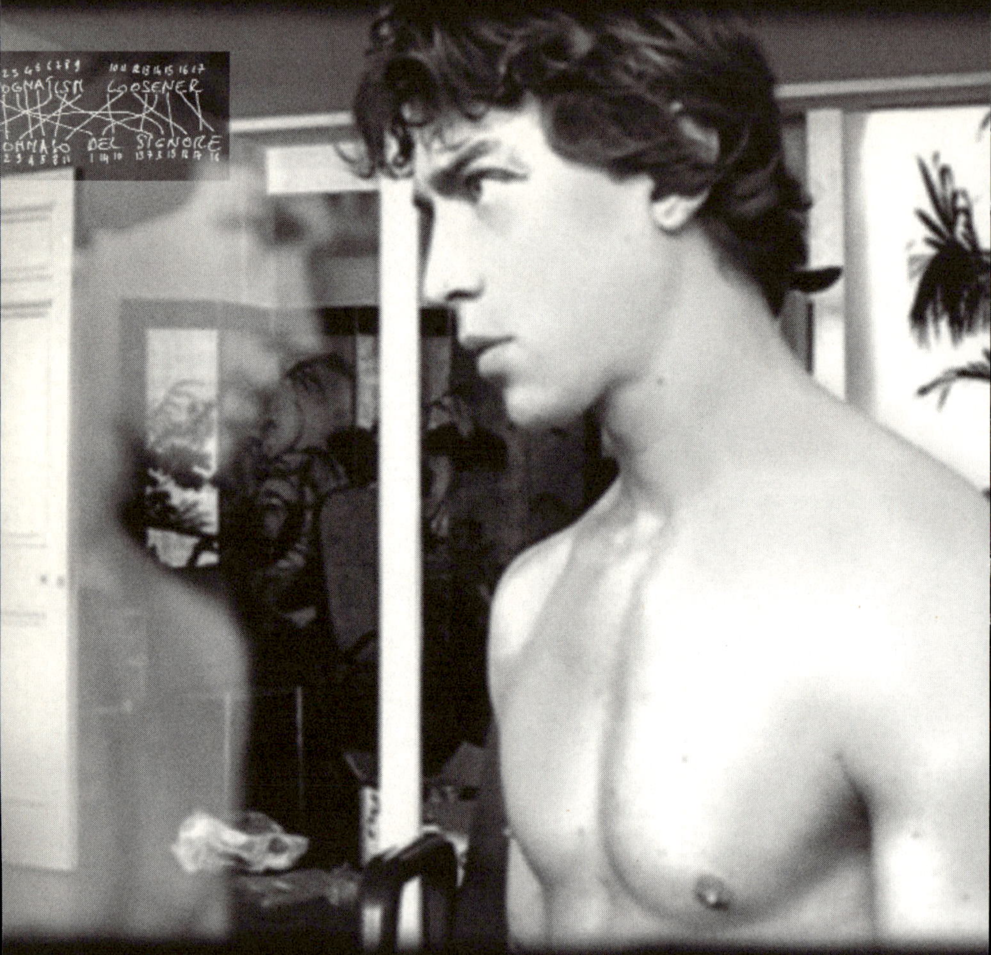

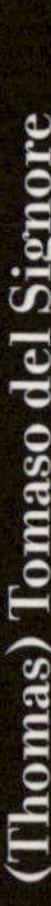

Confused, self destructive male narcisist, seeks same for love.

(Thomas) Tomaso del Signore

call : 0044 + 207 3578171 - e-mail : dogmatism_loosener@yahoo.co.uk

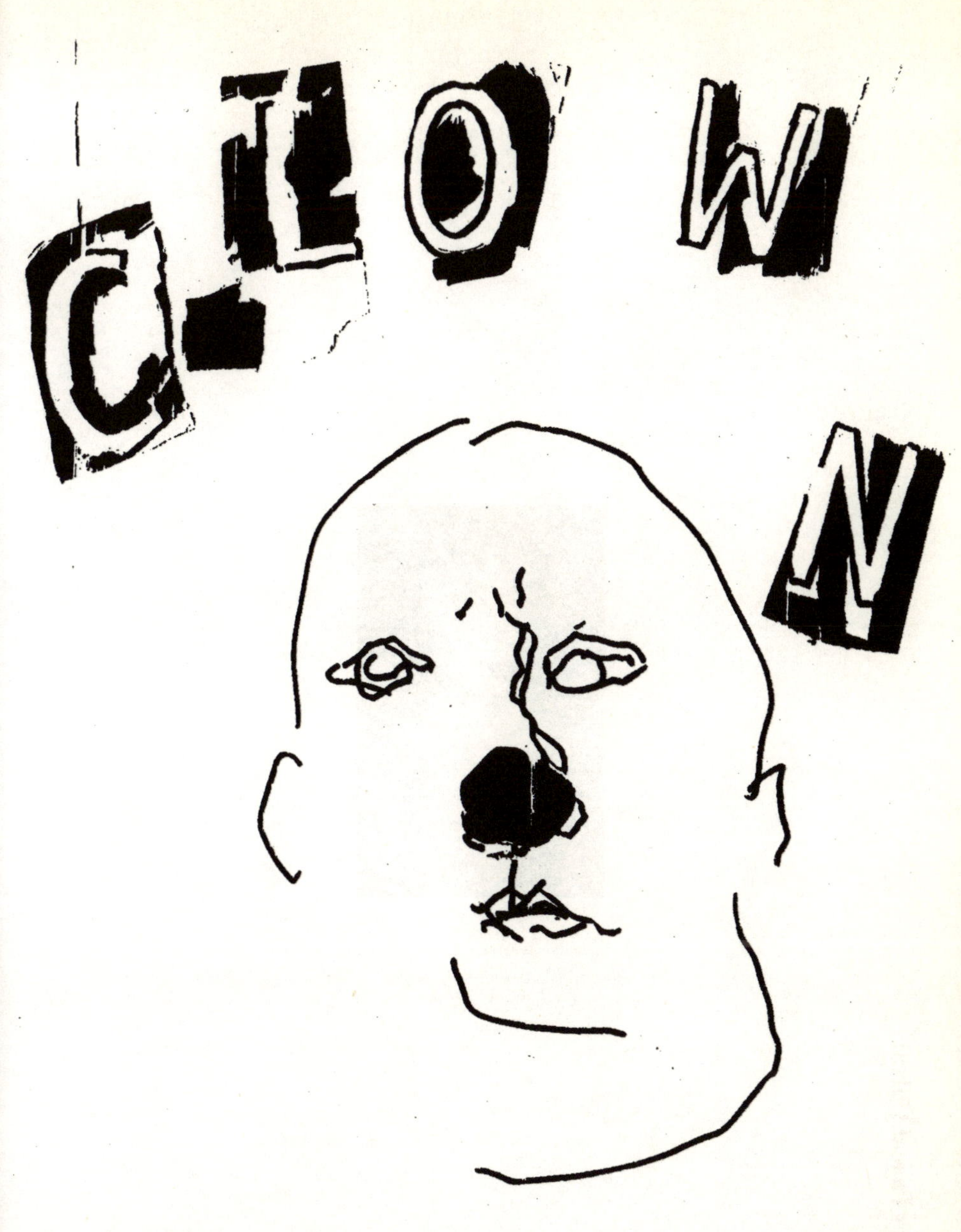

CLOWN
ça! claude Lévêque 2002

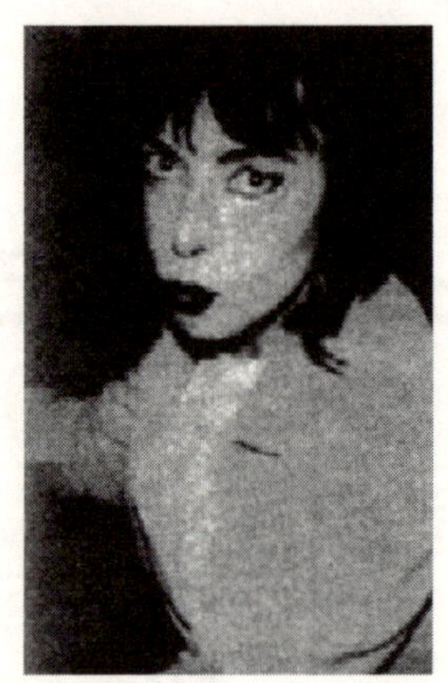

Jacqueline Dauriac et Pascal Colrat

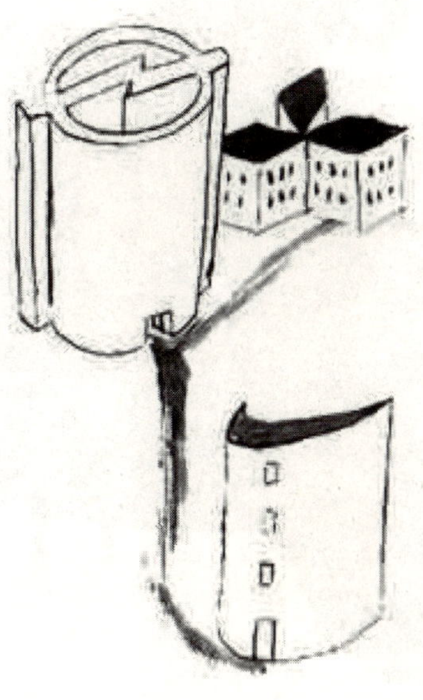

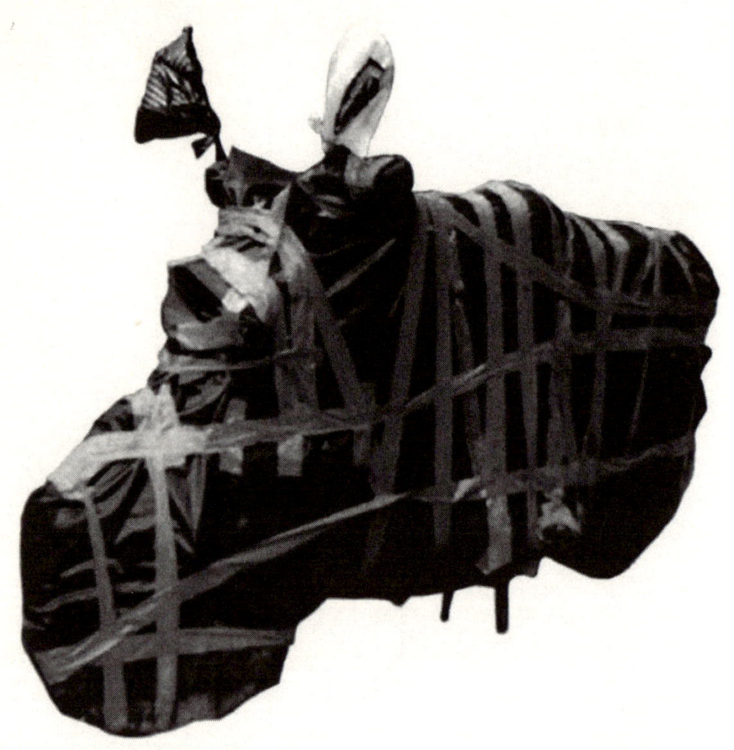

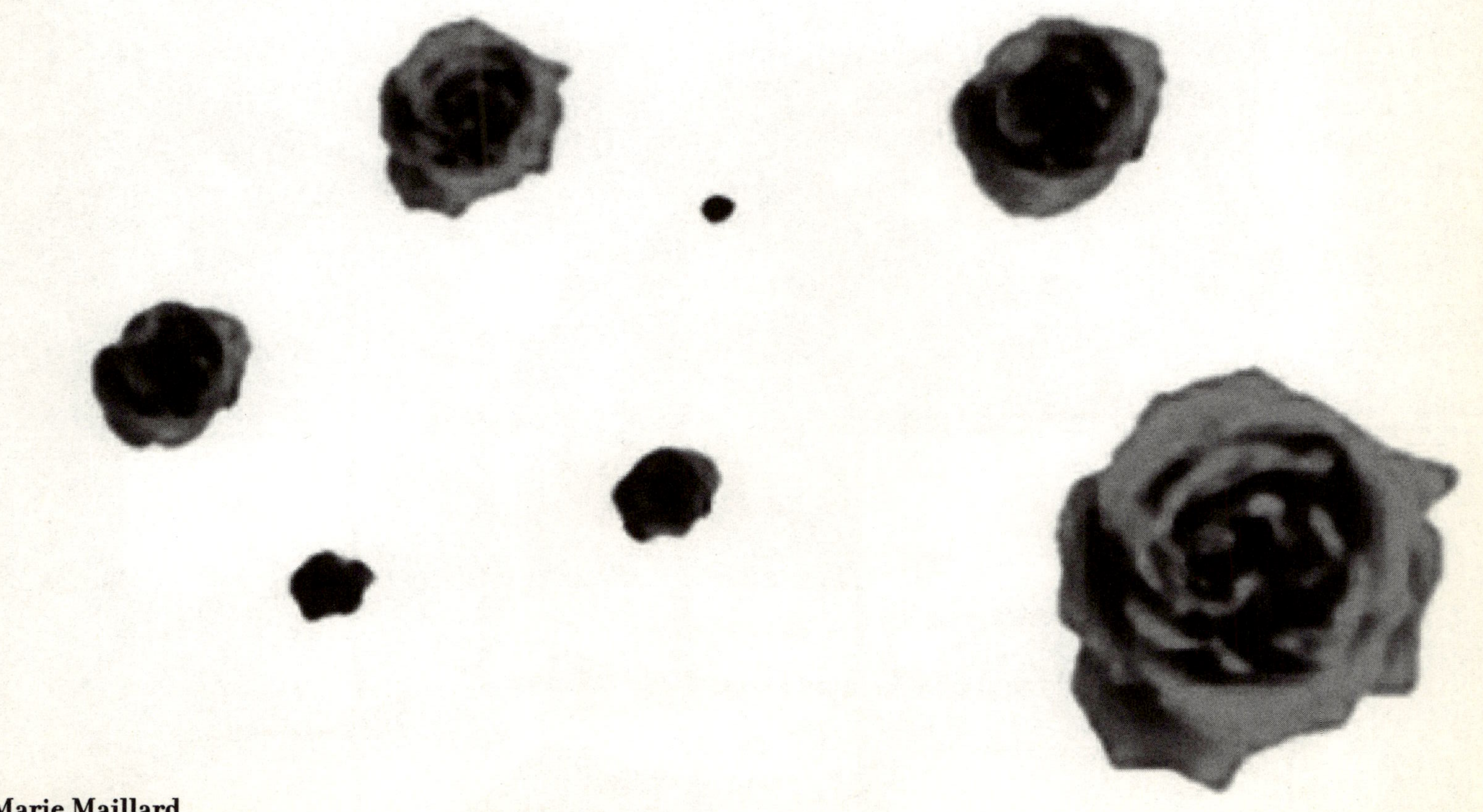

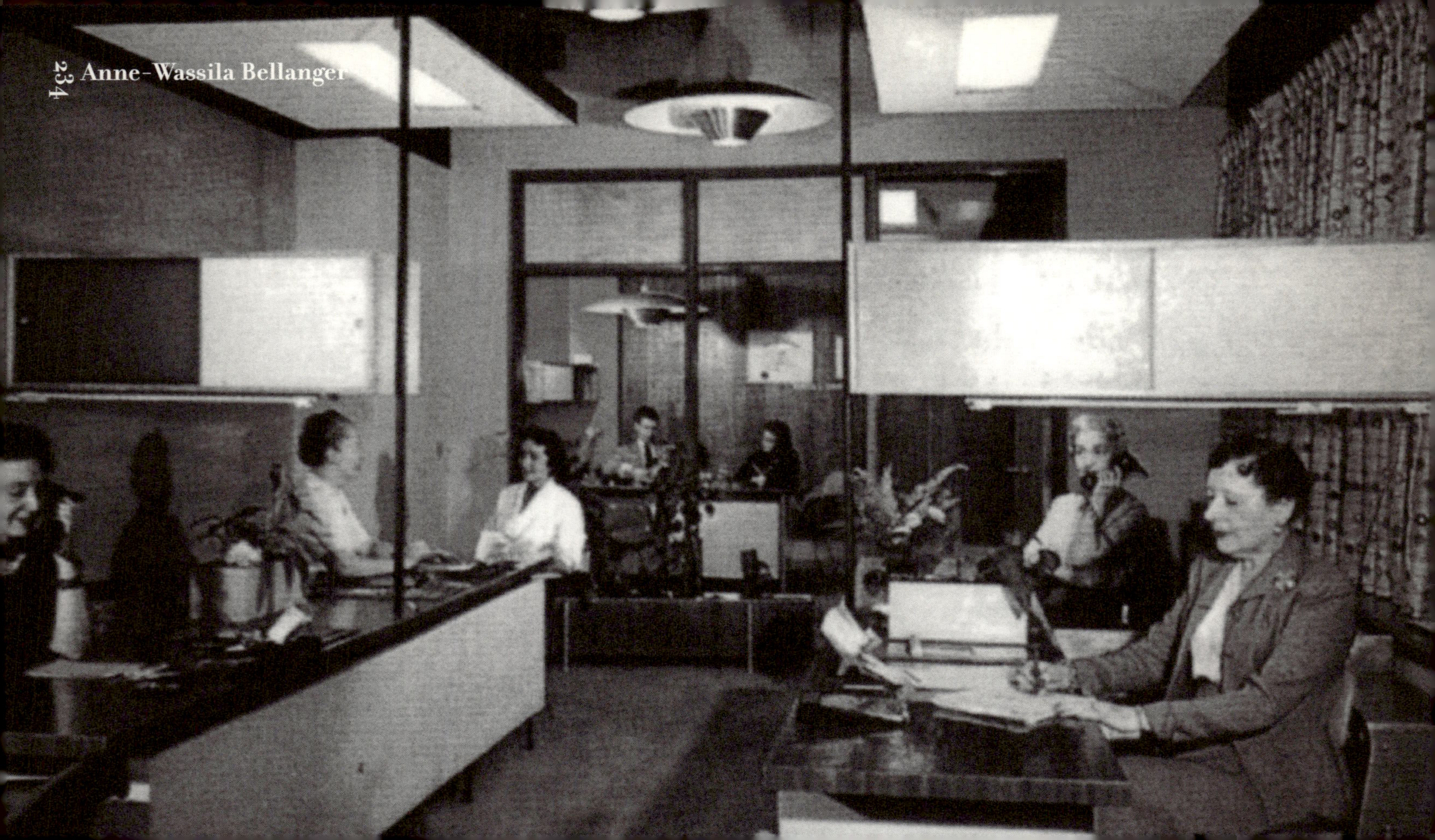

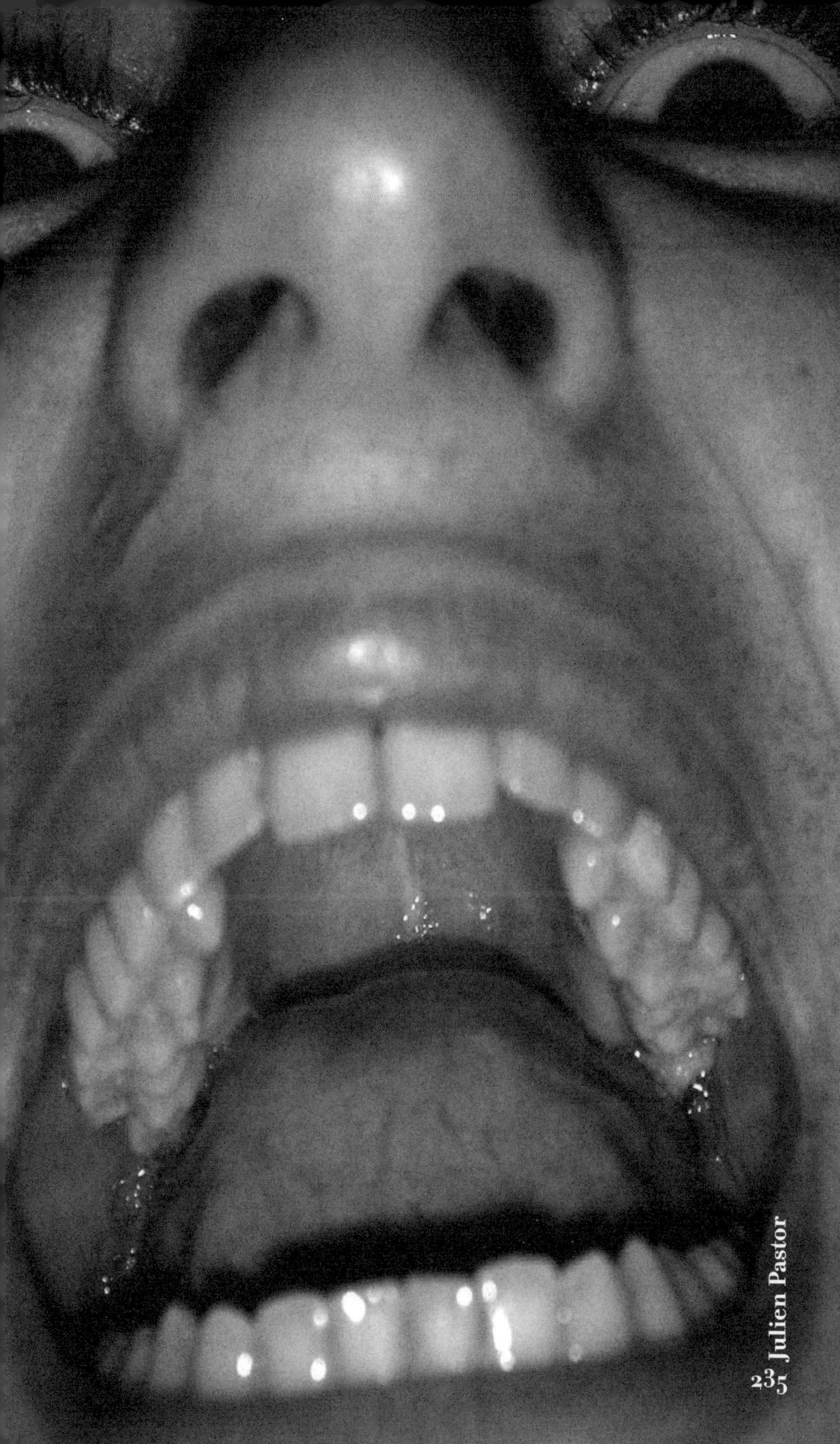

Julien Pastor

Je veux être invincible et musique

Je veux retrouver le vrai geste de l'enfant lors de son premier dessin

Je veux du succès avec les femmes les jolies et les moins connes

Je veux. être un vrai hédonniste pour faire rougir les culs bénis

Je veux. pardonner sans rédemption

Je veux, être sage et me ~~gausser~~ gausser des philosophes de tous poils

Je veux. qu'on arrête de tout expliquer et le dictat de la pensée

Je veux, être cruel avec ceux qui le sont.

Je veux, être sûr qu'aimer se conjugue à tous les temps

Je veux, qu'on laisse tranquille la Terre et la Nature qui nous

Je veux, revoir mon frère

Je veux, revenir en arrière, enfant pour ~~aller~~ manger des bonbons

Je veux, que les lettres L. E. F inscrit sur les mains soit vrai [dis soient ta

Je veux, être comme Diogène sans son tonneau

Je veux m'enivrer de connaissance sans me fatiguer

Je veux, me pas m'ennuyer lorsque j'aurai tout ce que je v

Je veux, avoir des dons ceux qui me fascinent

Je veux, être un vrai disciple d'Epicure

Je veux, retrouver l'innocence de l'enfant sans sa cruau

Je veux, mourir sans souffrir et le plus tard possib

Laurent Bréchet

Cheveux,

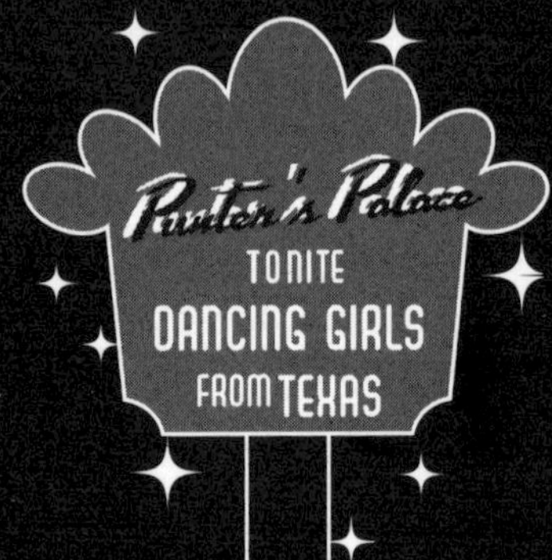

Panter's Palace
TONITE
DANCING GIRLS
FROM TEXAS
LIZ BANK
LIZVEGAS

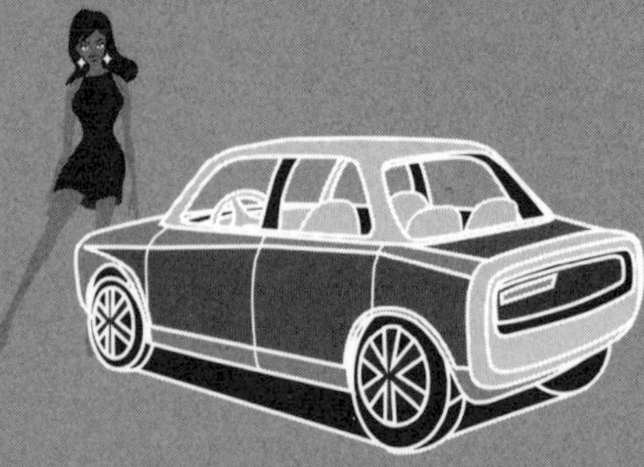

Liz Stirling

GET YOUR CHIPS OFF IN LIZVEGAS